T0293240

L'ÉCONOMIE CHINOISE À TRAVERS UN SIÈCLE DE CHANGEMENTS INÉDITS

www.royalcollins.com

L'ÉCONOMIE CHINOISE À TRAVERS UN SIÈCLE DE CHANGEMENTS INÉDITS

Li Daokui

Books Beyond Boundaries

ROYAL COLLINS

L'économie chinoise à travers un siècle de changements inédits

Li Daokui
Traduction : Agnès Belotel-Grenié

Première édition française 2024
Par le groupe Royal Collins Publishing Group Inc.
BKM Royalcollins Publishers Private Limited
www.royalcollins.com

Original Edition © People's Publishing House
This translation is published by arrangement with People's Publishing House.

B&R Book Program

Siège social : 550-555 boul. René-Lévesque O Montréal (Québec) H2Z1B1 Canada
Bureau indien : 805 Hemkunt House, 8th Floor, Rajendra Place, New Delhi 110 008

ISBN : 978-1-4878-1195-2

Table des matières

Le monde connaît de grands changements : comment lire le monde et l'économie chinoise ?

Pour comprendre le monde, il faut voir l'essence des changements sans précédent de ce siècle

L'essence de ce grand changement est la montée continue des pays émergents, représentés par la Chine, et le déclin de l'influence relative de l'Occident, avec les États-Unis comme « leader », et son incapacité à poursuivre sa capacité à dominer le monde à lui seul au cours du siècle dernier.

Une conséquence directe du déclin de l'influence relative des pays occidentaux est l'augmentation de la localisation, de la populisation et de l'ancrage local de leurs politiques. Pourquoi ? Parce que l'élite occidentale a longtemps dominé l'ordre international, et que le déclin de l'influence internationale de l'Occident a suscité la colère de la population contre l'élite. Aux États-Unis, par exemple, le président Trump, arrivé au pouvoir en 2017, représente une faction de la base dont l'aspiration fondamentale est de revitaliser l'économie et la société américaines, et en particulier son secteur manufacturier, caractérisé par la ville de Détroit, autrefois glorieuse et aujourd'hui en déclin. C'est là que se trouvent ceux qui ont voté pour lui. Les exigences de l'élite américaine, en revanche, sont davantage axées sur le contexte international, sur l'idéologie et cela est incompatible avec le président d'aujourd'hui. L'aile populaire de la politique américaine lance un coup de sabre aux élites nationales sous le prétexte de la Chine, affirmant que les élites sont trop tendres avec la Chine et ont trahi les intérêts américains. Et il y a également un mécontentement des élites à l'égard de la Chine, qui craignent surtout que la puissance de la Chine ne bouleverse l'ordre international que les États-Unis ont soigneusement créé. Sur les questions internationales, le dénominateur commun de ces deux factions est la Chine. C'est l'impact direct des changements sans précédent en cent ans sur la Chine.

Ce qu'il est particulièrement important de voir, c'est que la faction de la base représentée par ce président n'est pas essentiellement préoccupée par l'idéologie, ou par le rôle international de la Chine, ou par la propagande étrangère telle que « Mon pays est génial », mais plutôt par l'augmentation des emplois et des salaires des cols-bleus américains ! Ce qu'ils veulent restaurer, c'est la prospérité économique et la stabilité sociale de la glorieuse période d'isolement du passé ; leur cible principale, ce sont les nouveaux immigrants qui ne partagent pas les valeurs américaines traditionnelles, en particulier ceux de confession musulmane, et dans le système politique desquels la Chine n'est qu'un conflit externe, pas irréconciliable !

Ayant porté ce jugement, la base américaine, représentée par Trump, a su mettre le doigt sur les demandes de la base et a cherché à lui faire comprendre que l'essor de l'économie chinoise devait contribuer à résoudre ses maux économiques, notamment en développant activement les importations de voitures en provenance des États-Unis et en relançant l'économie de régions depuis longtemps en déclin comme Détroit, en échange de leur acceptation de la tendance historique de l'essor de la Chine. Il convient de noter que la coopération entre le gouvernement chinois et les populistes occidentaux n'est pas impossible.

Pour comprendre la Chine, il faut voir que la Chine sous les grands changements est différente du Japon, de l'Union soviétique et de l'Allemagne

Nous devons comprendre très clairement que la Chine d'aujourd'hui n'a rien à voir avec le Japon, l'Union soviétique ou l'Allemagne de l'époque.

Examinons d'abord la Chine d'aujourd'hui et le Japon d'alors. En termes de PIB par habitant à parité de pouvoir d'achat, le développement économique du Japon représentait déjà environ 80 % de celui des États-Unis, alors que celui de la Chine ne représente aujourd'hui que 29 % de celui des États-Unis. En tant que grande économie en phase de rattrapage, le potentiel de développement de la Chine est bien plus important que celui du Japon à l'époque. Et la dépendance de l'économie japonaise à l'égard des États-Unis à l'époque, en termes d'exportations vers les États-Unis par rapport aux exportations totales du Japon, était bien plus élevée que celle de l'économie chinoise aujourd'hui (les exportations japonaises vers les États-Unis représentaient environ 30 % des exportations totales en 1990, tandis que les exportations chinoises vers les États-Unis ne représentaient que 19,29 % des exportations totales en 2018). Plus important encore, le Japon était complètement dépendant des États-Unis en termes militaires, politique et institutionnel. La sécurité du Japon dépendait des accords de sécurité entre les deux pays et des forces américaines au Japon ; la Constitution du Japon d'après-guerre a été rédigée par les avocats militaires pendant l'occupation américaine du Japon. Les Japonais, qui étaient tirés par les Américains, ne pouvaient pas faire valoir leurs arguments, mais devaient s'adapter rigidement aux lignes indiquées par les Américains, entrant ainsi dans les « 20 années perdues ». Bien que la vie réelle des Japonais pendant ces 20 années de faible croissance ne semble pas être aussi mauvaise que beaucoup le pensent, il est indéniable que le Japon n'a pas poursuivi la tendance à rattraper les États-Unis sur toute la ligne, et aujourd'hui le Japon n'est plus un concurrent visible des États-Unis sur la scène politique et économique internationale.

La Chine d'aujourd'hui est complètement différente de l'Union soviétique pendant la période d'hégémonie américano-soviétique. Le développement socio-économique intérieur de la Chine était diversifié, la pensée de l'économie de marché était profondément ancrée et l'économie privée était beaucoup plus importante que l'économie d'État, tandis que l'Union soviétique avait un système socio-économique unique et rigide qui laissait peu de place au développement d'une économie de marché libre. La vitalité et la créativité de l'économie et de la société chinoises d'aujourd'hui sont loin d'être comparables à celles de l'Union soviétique. L'idéologie actuelle de la Chine est très cohérente avec l'idéologie internationale dominante, notamment la promotion de la construction d'une civilisation écologique, la conservation de l'énergie et la réduction des émissions, la lutte contre le changement climatique, la prise de responsabilités internationales telles que l'escorte de la navigation maritime et le maintien de la stabilité aux Nations unies, le soutien à la mondialisation, la participation active au fonctionnement des organisations internationales, le respect des régimes existants et le refus de jouer le jeu des coups d'État et le jeu de marionnettes. Au contraire, lors du différend entre les États-Unis et l'Union soviétique, l'objectif stratégique de l'Union soviétique était d'exporter la révolution et de subvertir des régimes étrangers indésirables. L'idéologie des États-Unis et celle de l'Union soviétique étaient presque totalement opposées et incompatibles.

La Chine d'aujourd'hui est également complètement différente de l'Allemagne à l'époque de la rivalité entre les États-Unis et l'Allemagne. À l'époque, l'Allemagne était pleinement développée sous la domination de l'ancienne pensée impériale et son idée de base était d'étendre son territoire par une ou deux guerres, élargissant ainsi ses intérêts à long terme. Cette époque est, dans l'ensemble, révolue. Dans *Une brève histoire d'aujourd'hui*, l'écrivain et historien israélien Yuval Hurali affirme clairement que le monde en général, y compris le gouvernement des États-Unis, a abandonné la stratégie consistant à obtenir des intérêts nationaux et un développement national à travers une ou deux guerres. Par exemple, bien qu'Israël soit pleinement capable d'éliminer ou d'annexer militairement les pays voisins, cela ne lui serait pas bénéfique, mais conduirait à un désastre. La Russie n'est pas une exception dans la question de la Crimée. La Russie n'a pas simplement eu recours à la force et pris la Crimée par la force, et les États-Unis et l'Europe ne se sont pas affrontés et n'ont pas utilisé la force contre la force.

Il est particulièrement important de noter que les liens économiques, sociaux et humains entre la Chine et les États-Unis aujourd'hui sont bien plus importants que ceux qui existaient à l'époque entre les États-Unis, le Japon et l'URSS. À cette époque, l'économie japonaise ne bénéficiait que de très peu d'investissements de la part des grandes entreprises américaines et les investissements directs étrangers représentaient moins de 1 % des investissements japonais en moyenne chaque année. Et aujourd'hui, la Chine est le marché numéro un, ou l'investisseur numéro un, pour presque toutes les grandes entreprises des États-Unis. La Chine compte beaucoup plus d'étudiants étrangers aux États-Unis que le Japon à l'époque où ils y étudiaient. Le degré de convergence des intérêts et de compréhension mutuelle entre la Chine et les États-Unis est bien plus important que celui entre les États-Unis et le Japon. Il est particulièrement intéressant de noter que le gouvernement chinois contemporain compte pas mal de décideurs politiques qui ont travaillé ou étudié aux États-Unis, ce qui est rare parmi les décideurs politiques du gouvernement japonais d'hier et d'aujourd'hui, et j'ai constaté que dans le ministère japonais des Finances et la Banque centrale japonaise, rares sont ceux qui ont étudié aux États-Unis. Par conséquent, il est absolument impossible de copier simplement le modèle et les résultats du différend américano-japonais, du différend américano-soviétique et du différend américano-allemand pour analyser le monde d'aujourd'hui.

La Chine n'est en aucun cas le Japon, l'Union soviétique et l'Allemagne du passé et ne retombera jamais dans les mêmes erreurs !

Pour faire face aux grands changements, nous devons faire nos propres grandes choses

Avant tout, il est important de comprendre que le développement rapide d'une civilisation ancienne aussi gigantesque que la Chine au cours des 40 dernières années environ n'est en aucun cas dû aux États-Unis, même si une coopération sincère entre la Chine et les États-Unis en a été le catalyseur. Être soi-même est fondamental !

Les frictions commerciales entre la Chine et les États-Unis nous ont montré sans ambiguïté que l'ancienne façon de penser le développement économique de la Chine ne fonctionne plus. L'ancien mode de pensée consistait à compter sur les exportations pour compenser l'absence de marché intérieur, attirer les capitaux étrangers et permettre aux investisseurs étrangers d'apporter de nouvelles technologies. Ces idées ne sont plus viables dans le contexte actuel des relations entre la Chine et les États-Unis et de nouvelles idées sont nécessaires.

Comment avoir de nouvelles idées ? Nous devons revenir à l'expérience la plus fondamentale de la réforme et de l'ouverture et faire nos propres devoirs. Trois points essentiels doivent être résolus.

Premièrement, retrouver les incitations au développement économique. Le problème actuel est que les incitations au développement économique sont faibles, d'autant plus que les fonctionnaires locaux sont soumis à de nombreuses contraintes et leur autorisation sur les questions économiques est loin d'être suffisante. Il y a trop d'inspection, de supervision et de responsabilisation, mais les incitations positives sont loin d'être suffisantes. L'apprentissage à partir de documents ne mène pas à la réforme ; la pratique et l'innovation sont la véritable réforme. Nous devons relancer la dynamique qui existe depuis plus de 40 ans, depuis la réforme et l'ouverture, lorsque les gouvernements locaux se sont concentrés sur la construction économique, ont exploré et innové avec audace, et ont aidé les entreprises à se développer. Dans le même temps, les entreprises privées doivent bénéficier d'une protection claire de leurs droits de propriété et être traitées sur un pied d'égalité avec les entreprises publiques et les entreprises étrangères ; les entreprises d'État doivent diversifier leurs droits de propriété, confier un mandat clair à leurs dirigeants, établir un système d'entreprise moderne, faire des entreprises d'État de véritables entreprises orientées vers le marché, au lieu de départements gouvernementaux responsables devant les supérieurs, et mettre en œuvre le principe fondamental de l'État consistant à

« gérer le capital mais pas la gestion ». Le principe de base « gérer le capital et non les opérations » devrait être mis en œuvre.

Deuxièmement, les grandes questions d'ordre social, notamment l'éducation, les soins de santé et les soins aux personnes âgées, ne peuvent pas être pleinement introduites sur le marché, et les responsabilités du gouvernement sont indispensables. Bien des conflits actuels en Chine ne sont plus simplement économiques, mais sociaux, notamment en matière d'éducation, de soins de santé et de soins aux personnes âgées. Ces conflits ne peuvent pas être résolus simplement par des solutions d'économie de marché, l'intervention du gouvernement est indispensable. Ces conflits ne peuvent être résolus qu'en combinant des politiques de gestion publique avec des solutions de marché. Les questions de population, par exemple, exigent une libéralisation complète des politiques de planning familial à partir de maintenant, avec des incitations appropriées à avoir des enfants, mais des politiques publiques très précises et flexibles sont nécessaires. Dans le cas de l'éducation, par exemple, il est important de souligner l'importance du leadership du gouvernement dans le secteur de l'enseignement obligatoire et non l'introduction aveugle de capitaux privés. Le capital privé est inévitablement orienté vers le profit, et l'éducation de base orientée vers le profit est inévitablement orientée vers l'efficacité à court terme, ce qui fausse l'objectif de l'éducation obligatoire : l'objectif fondamental de l'éducation obligatoire est le développement équitable, avec les mêmes opportunités pour tous ceux qui la reçoivent. L'enseignement supérieur devrait également mettre l'accent sur le développement de la qualité à long terme plutôt que sur l'acquisition de diplômes à court terme. En ce qui concerne les questions de retraite, le système de retraite actuel doit être revu et assoupli, et complété par une variété de régimes de retraite.

Troisièmement, dans le contexte des frictions commerciales entre la Chine et les États-Unis, il convient de mettre davantage l'accent sur la mentalité d'ouverture au monde extérieur et sur un état d'esprit d'apprentissage ouvert. L'essence de l'ouverture au monde extérieur est l'apprentissage, et pas simplement l'accès aux marchés, aux capitaux ou aux technologies. Il est fondamental, pour le progrès économique et le développement social, que le gouvernement, les entreprises et les citoyens apprennent sérieusement de toutes les bonnes pratiques des pays étrangers.

La première étape consiste à s'informer soigneusement et humblement sur l'esprit de l'État de droit aux États-Unis. L'esprit de l'État de droit est l'une des caractéristiques les plus précieuses des États-Unis. Aux États-Unis, après tout incident majeur, une solution sera éventuellement recherchée au niveau juridique, et la décision de la Cour suprême fédérale des États-Unis est considérée comme la solution finale. Dans ce conflit entre la base et les élites aux États-Unis, les deux parties ont cherché une solution au niveau de l'État de droit. La Chine doit en tirer les leçons et faire de l'État de droit une force de cohésion fondamentale. C'est ce que nous devrions apprendre des États-Unis, c'est que les litiges se terminent toujours par une décision du tribunal, qu'il s'agisse de démolitions ou de politiques nationales.

En outre, nous devons nous inspirer de l'esprit de la gestion fine japonaise. Bien que les entreprises et les gouvernements japonais aient commis de nombreuses erreurs stratégiques, ils ont un don pour la gestion méticuleuse qui n'a pas son pareil dans le monde. C'est une chose que nos entreprises et tous nos citoyens doivent apprendre avec soin.

Nous devons également tirer des enseignements de l'approche précise adoptée par l'Allemagne pour réglementer l'économie de marché. L'Allemagne dispose d'un système très efficace de réglementation précise dans les secteurs de l'immobilier et de la finance. Pourquoi l'Allemagne a-t-elle voulu réglementer l'économie de marché avec précision ? En effet, l'Allemagne a fait l'expérience des difficultés d'une économie de marché de type laisser-faire pendant la République de Weimar, entre la Première et la Seconde Guerre mondiale, et après la Seconde Guerre mondiale, elle a fait le bilan de son expérience pendant cette période et a développé l'idée d'une économie sociale de marché. À ce jour, il n'y a pas eu de crise majeure sur les marchés immobiliers ou financiers allemands – au contraire, l'économie réelle allemande, y compris l'industrie manufacturière, a prospéré.

En même temps, nous devons apprendre soigneusement de la pensée stratégique britannique. Au cours des 500 dernières années, le Royaume-Uni a été largement immunisé contre les grandes questions stratégiques et a remporté toutes les compétitions stratégiques avec la France, les Pays-Bas, le Portugal, l'Espagne, l'Allemagne, le Japon et d'autres pays. Le Royaume-Uni a le don de suivre le cours de l'histoire. Le Royaume-Uni est désormais optimiste à l'égard de la Chine et a pris la tête des pays occidentaux en proposant d'adhérer à la Banque asiatique d'investissement dans les infrastructures et participe activement à la promotion de l'internationalisation du RMB. D'un point de vue britannique, nous devrions avoir confiance dans la poursuite de la mobilité ascendante de la Chine. Au cours des 500 dernières années, la Grande-Bretagne ne s'est jamais trompée dans son jugement des grandes forces de l'histoire, et aujourd'hui, elle a choisi la Chine par des actions pratiques, alors n'avons-nous pas confiance en nos propres chances nationales ?

En tant qu'universitaire, j'ai depuis longtemps le privilège de voyager entre mon pays et l'étranger, de participer à des conférences et à des forums, de visiter et de faire des recherches dans diverses universités, entreprises, structures gouvernementales et organisations internationales, et d'interagir de près avec des collègues économistes nationaux et internationaux ainsi qu'avec des dirigeants d'entreprises et de gouvernements. Ces dernières années, j'ai été directement confronté aux grands changements que connaît le monde, et je me sens parfois obligé d'exprimer mes sentiments. Le corps principal de ce livre est une analyse basée sur ces activités de recherche, et une partie de celui-ci est une version condensée d'autres rapports de recherche. Ces articles ont pour thème les grands changements mondiaux et la réponse économique et sociale de la Chine. Les articles sont souvent limités aux événements actuels en cours et peuvent ne pas résister à l'épreuve des changements futurs. Les lecteurs sont invités à les examiner attentivement.

En parcourant les pages de ce livre, je suis frappé par le fait que tout livre ou article est le résultat d'un effort collectif, et qu'un grand nombre de personnes qui travaillent dans l'ombre doivent être remerciées en particulier. La première est la brillante rédactrice en chef du magazine New Fortune de Shenzhen, Mme Liu Lingyun, qui m'envoie régulièrement des messages par WeChat ou des courriels depuis une dizaine d'années, triant certains sujets brûlants et m'invitant à y répondre par des articles. Et les articles que j'ai écrits, transformés par sa plume magique, deviennent souvent des articles à la mode sur Internet. Voilà pour les origines de nombreux textes du livre. Nous ne nous sommes pas rencontrés plus de trois fois au cours des dix dernières années, et cette collaboration mensuelle n'a jamais cessé, ce qui peut être considéré comme un petit miracle de la création de texte à l'ère de la communication électronique. Au fil des ans, mes étudiants de master et de doctorat, parmi les plus assidus et les plus compétents au monde, ont été les premiers à commenter et à traiter les articles de ce livre, ainsi qu'à collecter et à vérifier le matériel de recherche sous-jacent. Parmi eux figurent Hu Sijia, Chen Dapeng, Zhang Chi, Li Yusha, Wang Xushuo, Zhang He et Lang Kun. Je tiens à remercier tout particulièrement Cao Chun, rédacteur en chef de People's Publishing House, qui m'a fait prendre conscience d'une vérité très simple mais méconnue : dans le monde d'aujourd'hui, tout le monde pense qu'il peut écrire, devenir une célébrité sur Internet et écrire des livres, mais ils oublient que des éditeurs en chef diligents, extrêmement responsables et perspicaces, sont l'ingrédient magique qui transforme les écrits de tous les jours en publications de qualité.

COMPRENDRE
LE MONDE

La Chine doit apprendre des États-Unis, du Japon et de l'Allemagne afin de progresser

Que doit encore faire la Chine pour progresser ?

Il ne fait aucun doute que nous devons faire preuve d'ouverture d'esprit et nous inspirer du meilleur des autres pays développés de manière globale. C'est la clé de la capacité de la Chine à devenir un pays majeur et puissant ayant une grande influence à l'échelle mondiale. Si nous ne pouvons pas apprendre continuellement, il est très probable que nous tomberons sous le seuil de passage de pays modérément développé à développé, de grande puissance à puissance forte.

Au début de la réforme et de l'ouverture, le principal objet d'étude des Chinois, du moins dans le domaine économique, était le Japon. À cette époque, l'amitié sino-japonaise était à son apogée et la Chine envoyait délégation après délégation au Japon pour étudier. À cette époque, des dirigeants chinois tels que Hua Guofeng et Hu Yaobang se sont rendus au Japon, et les économistes et experts en gestion chinois étudiaient attentivement le « modèle japonais ». Tout cela laisse encore des traces aujourd'hui, par exemple, la création du Centre de recherche sur le développement du Conseil d'État est dans une certaine mesure le résultat de l'étude du Japon. Les prédécesseurs en économie de l'époque, Ma Hong et d'autres, ont mis l'accent sur l'apprentissage du Japon.

Au cours des années suivantes, la cible des études chinoises s'est progressivement déplacée vers les États-Unis, un grand nombre d'étudiants chinois et de chercheurs invités s'y rendant pour des visites, des études et des échanges. Les États-Unis étant aujourd'hui la première puissance mondiale, il est normal que cette tendance se poursuive jusqu'à aujourd'hui. Cela est particulièrement évident dans les universités et les établissements d'enseignement supérieur, où l'élite des universités est connue sous le nom de Harvard, Stanford et MIT (Institut de Technologie du Massachusetts). Cela est logique dans une certaine mesure, car les États-Unis sont les leaders mondiaux dans le domaine des sciences, de l'enseignement supérieur et de la recherche, mais il est important de noter que les États-Unis ne sont pas sans problème. La crise financière mondiale qui a éclaté aux États-Unis en 2008 en est la preuve. Depuis 2012, bien que l'économie américaine ait été la première à se redresser avant celle des autres pays développés, elle n'a pas apporté tous les bénéfices à tous les secteurs de la société, ce qui a entraîné une flambée de protestations. Les problèmes sociaux se multiplient aux États-Unis, et le fossé entre les riches et les pauvres tend à se creuser de manière significative.

Ces dernières années, la Chine a également étudié et examiné de plus près le modèle européen. Une raison importante à cela est qu'au niveau stratégique international, les États-Unis reconnaissent de plus en plus la Chine comme un concurrent potentiel, tandis que l'Europe, et l'Allemagne en particulier, se rapproche de plus en plus de la Chine, et même le Royaume-Uni, un allié de longue date des États-Unis, a adopté divers gestes stratégiques et amicaux envers la Chine.

Que devons-nous apprendre des grandes puissances qui ont des atouts différents ? Il est clair qu'il est important d'apprendre les meilleurs éléments de réussite de tous les pays, de les incorporer et de les intégrer dans les atouts traditionnels de la Chine en matière de politique, d'économie et de gouvernance, afin que la Chine puisse véritablement devenir un pays majeur et puissant ayant une grande influence à l'échelle mondiale.

Apprendre l'essence de l'avantage américain : tolérance et ouverture fondées sur l'état de droit

La force des États-Unis en tant que superpuissance mondiale aujourd'hui repose sans aucun doute sur l'innovation. De la science et de la technologie au système d'entreprise et au modèle commercial, les États-Unis ont longtemps été enviés et poursuivis par d'autres pays, y compris d'autres pays développés. Sur quoi repose donc le dynamisme de l'Amérique en matière d'innovation ? C'est son esprit d'ouverture, de tolérance et de diversité. Ce n'est que par l'inclusion que des idées apparemment déviantes peuvent finalement se transformer en étincelles d'innovation. Un aspect important de l'inclusion est sa dimension culturelle et ethnique.

Le pluralisme culturel ethnique, quant à lui, découle de l'ouverture de ses institutions. « La société ouverte » a longtemps été prônée par George Soros et son mentor admiré (Karl Popper) à la London School of Economics, où l'ouverture garantissait l'intégration de personnes aux idées différentes dans la société dominante. Aux États-Unis, les génies de l'innovation, d'Elon Musk à Bill Gates, en passant par Steve Jobs, Mark Zuckenberg et, autrefois, Thomas Alva Edison et Nikola Tesla, sont à la fois des génies et des excentriques à tous points de vue, avec leurs propres excentricités de comportement et de pensée ; mais ils ont tous été tolérés par la société américaine et sont finalement devenus des géants de la transformation sociale.

Le fondement de la tolérance américaine, de l'ouverture, de la liberté est l'état de droit. Dans n'importe quel événement social majeur, de l'affaire du siècle O. J. Simpson à la course à la présidence entre Al Gore et George W. Bush, la grande majorité du public est prête à accepter le résultat s'il est porté au niveau juridique et tranché par le système judiciaire, à tel point que beaucoup d'Américains interpellent aujourd'hui George W. Bush, mais peu crient pour Al Gore, tandis que la plupart des Américains croient que O. J. Simpson est coupable, mais personne n'a contesté publiquement la décision du juge. C'est comme si personne n'avait dit que la balle frappée par Jordan la dernière fois qu'il a remporté le championnat aurait dû être déclarée invalide pour une faute offensive. Respecter le jugement du système judiciaire, c'est comme respecter les règles du jeu représentées par les arbitres sportifs, et admettre sa défaite. Cela reflète le bel esprit de l'état de droit aux États-Unis !

Lorsque je faisais mon doctorat aux États-Unis, l'un de mes professeurs était Oliver Hart. À l'époque, il était professeur au MIT et ensuite, il est allé à Harvard. Sa contribution scientifique a consisté à rassembler la jurisprudence des tribunaux et à approfondir la signification des « droits de propriété », ce que j'ai toujours considéré comme un travail qui méritait un prix Nobel d'économie. Pendant que j'écrivais ma thèse, il y a eu un cas célèbre à Boston, un étudiant international irlandais a été accusé d'avoir maltraité un bébé jusqu'à la mort et a été condamné à la prison à vie en première instance, ce qui a provoqué un tollé, mais le juge a ensuite commué la peine en délit. J'ai demandé à plusieurs reprises au Professeur Hart, en utilisant cet exemple, pourquoi l'impartialité et l'efficacité des tribunaux ne devraient pas être introduites dans l'étude des droits de propriété et, en fait, du droit et de l'économie dans son ensemble, puisque les juges sont aussi des êtres humains et sont donc forcément sujets à des interférences humaines et même à la corruption. Il a souri sans répondre. À un moment, il m'a dit poliment que personne ne croirait ce type de recherches aux États-Unis, où l'on considère qu'un tribunal est un tribunal et que l'impartialité d'un tribunal ne peut être mise en doute. Je n'ai jamais oublié cette conversation, et le respect du système judiciaire aux États-Unis, de l'élite au peuple, est quelque chose qui nous impressionne, nous les étrangers. Pendant de nombreuses années, je me suis demandé si le monde universitaire américain avait ses propres zones interdites.

En tant que pays multiethnique doté d'un vaste territoire et d'une longue histoire, la Chine est très différente des autres pays d'Asie de l'Est tels que la Corée du Sud et le Japon. Il est donc tout à fait possible et souhaitable que la Chine apprenne des États-Unis en termes d'ouverture, de tolérance et de diversité, et le point de départ de cet apprentissage devrait être le système éducatif.

Si l'enseignement supérieur américain est très apprécié dans le monde entier, il convient de noter que l'aspect le plus créatif des États-Unis réside dans le nombre important d'écoles primaires et secondaires distinctives. Bien que de nombreuses écoles primaires et secondaires aux États-Unis soient de qualité extrêmement médiocre, notamment dans les communautés pauvres, il convient de rappeler qu'il existe un grand nombre d'écoles primaires et secondaires d'élite aux États-Unis. Par exemple, la Phillips Exeter Academy, où Mark Zuckenberg a étudié, a formé un grand nombre d'élites et est censée être plus prestigieuse que l'université de Harvard aux États-Unis, il est plus difficile d'y entrer qu'à Harvard. De nombreuses écoles primaires et secondaires de grande qualité, même si elles ne sont pas des écoles d'élites, ont un grand caractère. Ces dernières années, j'ai été en contact avec un certain nombre d'écoles primaires et secondaires américaines et j'ai été extrêmement impressionné par le fait que, dès le premier jour d'école, on insiste sur le fait que les élèves doivent être tolérants et égaux, qu'ils ne doivent pas être discriminés en raison de leur apparence, de leur couleur, de leur intelligence, de leur milieu familial ou de toute autre raison, et qu'ils doivent se respecter mutuellement. Cette atmosphère inclusive permet à chaque élève de jouer et de s'épanouir en toute liberté.

Ces dernières années, l'enseignement supérieur chinois a progressé à un rythme rapide, qu'il s'agisse du nombre d'articles scientifiques publiés, du nombre d'étudiants de premier cycle partis à l'étranger pour remporter divers concours ou de la quantité et de la qualité des chercheurs de haut niveau attirés par le pays, rattrapant rapidement leur retard par rapport à de nombreux pays. Sauf surprise majeure, il est prévisible que dans les 20 prochaines années, la Chine disposera effectivement d'un certain nombre d'établissements d'enseignement supérieur qui figureront parmi les meilleures universités du monde. Cependant, il est inquiétant de constater que notre enseignement primaire et secondaire n'est pas suffisamment inclusif, ouvert et diversifié pour permettre l'émergence d'un large éventail de talents. C'est une chose que nous devons apprendre des États-Unis.

Apprendre de l'esprit de gestion méticuleuse du Japon

Tout Chinois qui s'est rendu au Japon a été impressionné par sa gestion méticuleuse. Au Japon, l'essence de la gestion méticuleuse est évidente dans tous les aspects de l'exploitation, des distributeurs automatiques en bord de route et des restaurants rapides aux métro, entreprises et services gouvernementaux. La compétitivité durable de l'industrie automobile japonaise est le reflet de sa gestion méticuleuse : l'étroite coordination entre la production de composants automobiles et les usines d'assemblage garantit que la qualité des composants automobiles japonais est économique et durable, surpassant les concurrents d'autres pays au même prix. La gestion méticuleuse du Japon se traduit souvent directement par des avantages technologiques et militaires.

Bien sûr, on ne peut pas dire qu'une gestion méticuleuse constitue l'ensemble des éléments du développement réussi d'une société. Objectivement parlant, les points forts du Japon résident dans l'accent mis sur la technologie et les détails, tandis que ses faiblesses résident dans son incapacité à penser de manière stratégique. En fait, l'erreur de longue date du Japon est qu'il n'a pas fait assez de gestion stratégique et n'a pas fait assez de recherche directionnelle, mais a concentré une grande partie de ses efforts sur la gestion des détails. Le ralentissement économique du Japon depuis une vingtaine d'années résulte aussi des échecs successifs de son système économique et de sa grande stratégie politique sous la pression des États-Unis, depuis l'appréciation excessive du yen jusqu'à une politique monétaire excessivement souple et une expansion budgétaire extrême, chaque mesure étant prise de manière passive. Mais cela n'empêche pas les entreprises, le gouvernement, les écoles et les autres secteurs de la société chinoise d'apprendre sérieusement l'essence de la gestion méticuleuse japonaise. Cet esprit de gestion méticuleuse devrait être plus important que les pratiques spécifiques et les dispositions institutionnelles.

La Chine est un vaste pays, mais en raison de son faible niveau de développement économique sur une longue période, sa population est habituée à se contenter de conditions de vie élémentaires et est beaucoup moins exigeante que les Japonais en termes de sophistication de la gestion. Dans le même temps, le degré de raffinement varie au sein de la Chine, les métropoles côtières du Sud ayant un degré de raffinement plus élevé que les grandes villes du Nord.

L'apprentissage de la gestion méticuleuse du Japon devrait être une leçon nécessaire pour la croissance continue de la Chine en tant que puissance économique et militaire, et le Japon est le professeur de la Chine à cet égard.

Apprendre de l'Allemagne pour réguler avec précision l'économie de marché

L'économie de marché allemande a évolué au fil des ans depuis la Seconde Guerre mondiale et présente des caractéristiques exceptionnelles. Quel est le facteur le plus important ?

En 2015, j'ai édité le livre *The Way Forward for the Chinese Economy: Chinese Lessons from the German Model* avec Roland Berger, un économiste et consultant en gestion allemand de premier plan. D'une manière générale, la caractéristique la plus frappante de l'économie de marché allemande est qu'elle est pleinement consciente qu'une économie de marché non réglementée peut entraîner diverses défaillances du marché et des problèmes d'équité sociale, et qu'elle doit donc être réglementée avec précision.

Le système allemand d'économie de marché a été affiné après une réflexion approfondie sur l'expérience douloureuse de la République de Weimar pendant la Seconde Guerre mondiale. La leçon fondamentale que les Allemands en ont tirée est qu'une économie de marché sans entrave est un déluge qui peut conduire à d'énormes fluctuations macroéconomiques, tout comme une démocratie sans entrave peut conduire à un désastre politique : cette année-là, Hitler a pleinement profité du sentiment nationaliste pour entraîner l'Allemagne sur la voie du fascisme dans une démocratie qui n'avait pas le sens véritable de l'État de droit.

Le système d'économie de marché allemand dispose d'une série de systèmes de réglementation très précis. Dans le secteur immobilier, par exemple, un accent particulier est mis sur la réglementation du marché de la location, à la fois pour protéger les promoteurs qui investissent dans la construction d'immeubles locatifs, pour les encourager à construire des immeubles locatifs et pour protéger les locataires qui les louent, les propriétaires ne pouvant généralement pas facilement augmenter les prix ou expulser les locataires. Le gouvernement allemand a une approche très prudente en matière de prêts immobiliers et n'encourage pas les familles à contracter des prêts pour acheter des maisons. Par exemple, en termes de droits de succession, le système fiscal allemand est ouvert aux entrepreneurs qui poursuivent l'activité de leurs prédécesseurs : si la génération suivante est en mesure de continuer à exploiter une entreprise productive transmise par la génération précédente pendant plus de dix ans, ils sont presque entièrement exonérés des droits de succession. En d'autres termes, l'impôt sur les successions a été soigneusement conçu pour garantir la pérennité des entreprises nationales allemandes.

Le système allemand protège également avec précision les groupes vulnérables de l'économie de marché. Il est indéniable que l'économie de marché peut être extrêmement injuste pour certains participants, qu'il s'agisse de ceux qui ont la malchance d'avoir des accidents entraînant un handicap ou une maladie, ou de ceux qui sont naturellement moins compétitifs sur le marché et dont la capacité de concurrence est limitée. Pour ce groupe, le système allemand est assez tolérant et suffisamment subventionné. À la fin du XXe siècle et au début du XXIe siècle, sous la direction du chancelier Gerhard Schroder, l'Allemagne a entrepris une réforme radicale de la politique d'aide sociale, en regroupant toutes les prestations sociales sous un même toit et en veillant à ce que chaque famille ayant besoin d'aide reçoive un ensemble de mesures de la part du gouvernement, tout en encourageant le contrôle public pour éviter les abus. Cela garantit à la fois l'équité et l'efficacité.

En Allemagne, ce type de conception institutionnelle est courant dans la réglementation qui régule avec précision les défauts de l'économie de marché. Apprendre l'essence de l'économie de marché allemande, c'est briser le mythe de la toute-puissance de l'économie de marché et le dogme de la toute-puissance du gouvernement, et régler les problèmes qui se posent dans l'économie de marché de manière réaliste et précise.

Après des années de réforme et d'ouverture, la Chine a clairement vu les forces et les faiblesses d'une économie de marché, ainsi que les capacités et les limites du gouvernement, et il est donc particulièrement nécessaire d'apprendre de l'expérience allemande.

Dans l'ensemble, la Chine a beaucoup d'atouts à faire valoir ; pour continuer à progresser, en particulier, elle doit s'inspirer des meilleurs modèles des grandes économies du monde. Le style américain d'ouverture, de diversité et d'inclusion, le style japonais de gestion méticuleuse et les mesures et systèmes allemands de régulation précise de l'économie de marché devraient être trois leçons essentielles pour la poursuite du développement ascendant de l'économie chinoise. Si ces trois disciplines sont étudiées et pratiquées avec soin, la Chine sera en mesure de les intégrer et de devenir, à terme, une puissance spéciale et importante, dotée de forces propres et d'une grande influence mondiale.

Une nouvelle normalité pour la Chine et le monde depuis Davos

Dans le cadre de la nouvelle normalité de la Chine et du monde, la réunion annuelle du Forum économique mondial (FEM) de Davos en 2015 a également présenté des nouveautés qu'il convient de rappeler et d'analyser.

La géopolitique et le choc des civilisations modifient le paysage mondial

Le thème de la conférence de cette année « Le nouveau paysage mondial » et l'impact géopolitique sur le paysage mondial figure en bonne place dans l'ordre du jour. Les attentats terroristes perpétrés à Paris à l'approche de la conférence ont rendu cette question encore plus importante.

Lors de la conférence annuelle, le président ukrainien Petro Porochenko, le Premier ministre irakien Haïdar al-Abadi et le secrétaire d'État américain John Kerry se sont exprimés ou ont participé à un dialogue centré sur la géopolitique et la manière de répondre aux attaques terroristes. Dans son discours à la conférence, M. Haïdar al-Abadi a clairement indiqué que la situation actuelle au Moyen-Orient est si complexe qu'elle ne peut plus être décrite comme un simple choc des civilisations, mais a évolué vers un conflit entre des groupes extrémistes tels que l'État islamique (EI) et la société islamique dominante. Stabiliser le Moyen-Orient, tout en mobilisant les principales forces politiques en dehors du Moyen-Orient, dans des pays islamiques tels que l'Indonésie et la Malaisie, afin de s'attaquer aux groupes extrémistes musulmans, constitue donc une étape importante dans la réponse mondiale aux terroristes extrémistes.

En d'autres termes, les attaques terroristes dans les rues de Paris ne peuvent pas être expliquées et on ne peut y répondre simplement par une confrontation entre l'Occident et les pays islamiques, et le soi-disant mouvement « PEGIDA »[1] qui a émergé en Allemagne me semble complètement dévoyé. Les divisions au sein des pays islamiques sont peut-être plus importantes que celles qui les opposent à l'Occident, et si l'on ne parvient pas à saisir cette occasion, le conflit s'intensifiera et le terrorisme restera non seulement incontrôlé, mais se propagera. La victimisation d'otages japonais au Moyen-Orient en janvier 2015 reflète, je pense, également cela, car le Japon n'est pas dans le conflit le plus direct avec le monde islamique en termes de religion.

La crise en Ukraine s'est également infiltrée dans de nombreux sujets du Forum économique mondial. L'un des petits-déjeuners auxquels j'ai assisté, sur la réponse économique de la Russie à la crise ukrainienne, a rassemblé des centaines de personnes et a été aussi important et bien suivi que n'importe quel autre petit-déjeuner à huis clos à Davos. Les participants comprenaient un large éventail de personnes provenant de pays tels qu'Israël, l'Afrique du Sud, les États-Unis et la Russie. Les organisateurs russes espéraient tirer des enseignements utiles des exemples d'Israël et de l'Afrique du Sud en matière de gestion des sanctions internationales, mais l'opinion générale des participants des autres pays était que la crise russe était « inévitable » et que l'économie risquait de continuer à décliner à l'avenir, une situation que les autorités russes avaient largement sous-estimée. J'étais le seul représentant de la Chine dans la salle et, dans mon discours final, j'ai fortement suggéré que le gouvernement russe devait renforcer sa coopération économique avec les pays de l'Est afin d'atténuer partiellement ses difficultés économiques.

L'influence de la Chine est omniprésente

Dans l'ensemble, les participants à la conférence restèrent relativement optimistes quant aux perspectives de développement économique de la Chine.

En particulier, le discours du Premier ministre Li Keqiang, prononcé au moment le plus important de ce cycle de réunions, contenait un certain nombre d'idées nouvelles, utilisant des proverbes européens familiers aux participants, l'expérience de transformation de Davos et les éléments de base du ski, tels

---

1. Européens patriotes contre l'islamisation de l'Occident, mouvement allemand de droite populiste défendant le nationalisme allemand, anti-islam, d'extrême droite et opposé à l'immigration

que « vitesse, équilibre et courage », pour décrire la détermination de la Chine à faire avancer la restructuration économique, ce qui a eu un très bon effet de communication.

Il était particulièrement intéressant de noter que l'accent mis sur le développement économique de la Chine a été progressivement remplacé par l'impact de la Chine sur l'économie mondiale, de sorte que certaines des sessions sur l'économie chinoise elle-même, comme le déjeuner auquel j'ai assisté sur les perspectives de l'économie chinoise, n'ont pas fait l'objet d'un débat aussi animé que les années précédentes, et que les risques pour l'économie chinoise ont peut-être été considérés comme largement gérables. Cependant, dans d'autres séminaires, la question de l'économie chinoise est inconsciemment abordée. Par exemple, lors du séminaire sur les perspectives de développement économique de l'Inde, presque tous les intervenants ont parlé de la Chine, qui est devenue la référence la plus importante et le moteur des réformes de développement en Inde.

Par ailleurs, à la suite des diverses discussions sur l'Inde et des conversations avec les participants indiens, je suis arrivé à la conclusion fondamentale que ce cycle de réformes en Inde a de très bonnes chances de réussir. D'après les différentes réactions des participants, il est apparu que le Premier ministre Narenda Modi était effectivement un réformateur relativement énergique et engagé et que, contrairement à l'élite politique locale traditionnelle, il était plus en phase avec le contexte local, apparemment plus habitué à s'exprimer en hindi. De ce point de vue, la Chine doit accorder plus d'attention à l'Inde et les entrepreneurs chinois doivent également accorder plus d'attention au développement du marché indien.

Segmentation du paysage économique mondial

Pendant le Forum de Davos, la Banque centrale européenne a officiellement lancé l'assouplissement quantitatif, qui a également légèrement dépassé les attentes précédentes en termes de force, et un important revirement de l'économie européenne est en train de se produire. L'opinion de base des participants était que l'assouplissement quantitatif serait bon pour la reprise de l'économie européenne, mais qu'il entraînerait également certaines divisions politiques en Europe. La chancelière allemande Angela Merkel n'était pas du tout satisfaite de la politique de la BCE, estimant que l'assouplissement était allé trop loin et qu'il entraverait le processus de réforme dans certains pays de la zone euro. L'Allemagne, leader de l'Europe, ne semble pas jouer un rôle de premier plan dans la mise en œuvre de la politique d'assouplissement, mais s'en plaint.

En outre, de nombreux participants ont estimé que l'assouplissement des banques centrales en Europe et au Japon, la contraction progressive de la politique monétaire au Royaume-Uni et aux États-Unis, et l'abandon du contrôle des changes en Suisse entraîneraient une volatilité importante des taux de change sur les marchés internationaux des changes. L'une des caractéristiques de la nouvelle normalité dans la finance mondiale est peut-être la fluctuation massive des taux de change, c'est-à-dire la séparation du dollar américain, en tant que monnaie internationale la plus importante, des autres grandes monnaies internationales. Dans ce processus, il devrait en fait y avoir de bonnes opportunités pour l'internationalisation du CNY en tant que monnaie plus stable et progressivement plus influente pouvant offrir de nouvelles options aux investisseurs du monde entier.

En 2015, le Fonds monétaire international (FMI) a discuté de l'opportunité d'inclure le CNY dans le panier de devises des droits de tirage spéciaux (DTS). En pratique, le CNY devrait faire partie du panier de devises du FMI. Le FMI lui-même est très favorable à cette réforme, mais le problème réside principalement aux États-Unis, et il appartiendra au Trésor américain de décider s'il a la magnanimité d'autoriser le CNY à rejoindre le panier de devises. Si les États-Unis manifestaient clairement leur opposition, cela montrerait au monde entier la poursuite de l'unilatéralisme et de la pensée hégémonique des États-Unis. Même si les États-Unis devaient gagner sur cette question, ils perdraient leur prestige en tant que leader économique et financier du monde.

Le nouveau segment de l'économie mondiale se compose d'économies qui se redressent plus rapidement, comme le Royaume-Uni et les États-Unis à court terme, d'économies à croissance plus lente, comme la Russie, qui est profondément touchée par la chute des prix des ressources et la géopolitique, d'une économie qui se redresse progressivement, comme l'Europe, et d'une économie qui continue de progresser régulièrement, comme la Chine, qui est le dernier modèle de segmentation et de diversification de l'économie mondiale.

L'impact de la technologie sur la société a fait l'objet d'une attention particulière lors du Forum économique mondial, où M. et Mme Bill Gates ont souligné, dans l'un de leurs dialogues, l'utilisation de la technologie pour aider les régions défavorisées à sortir de la pauvreté. Les taux de mortalité infantile et juvénile ont chuté de manière spectaculaire grâce à la disponibilité de semences de cultures supérieures, telles que les semences de maïs tolérantes à la sécheresse, et à l'introduction de vaccins à faible coût. Ils ont notamment souligné que la Chine était le principal contributeur à la réduction de la pauvreté et ont exprimé leur optimisme quant aux perspectives de développement durable du pays. Bill Gates a dit que depuis une trentaine d'années, les pays développés disent que la Chine ne fait pas ceci ou cela, mais ils ont toujours eu tort et la Chine est en pleine croissance. Il a fait valoir que si la Chine ne pouvait maintenir qu'un taux de croissance économique de 5 % à l'avenir, sa contribution à l'économie mondiale, y compris à la réduction de la pauvreté, resterait importante.

Le Forum de cette année a également permis aux P.-D.G. de Facebook, Microsoft, Google et Vodafone de parler du paysage mondial. L'une de leurs observations fondamentales est que les développements technologiques modifient le comportement du grand public en politique et qu'à l'avenir, la politique sera plus sensible aux sentiments du grand public.

Lors d'une autre session de dialogue, j'ai été particulièrement frappé par la façon dont plusieurs experts de Davos se sont adressés par vidéo à des jeunes de quatre régions du monde. Les jeunes de Madrid, des Philippines et de Tunisie contrastaient fortement avec les experts seniors présents dans la salle, avec un large éventail d'âges et de perspectives. Je pense que dans quelques années, le Forum économique mondial sera probablement organisé d'une manière très différente, avec de nombreuses sessions auxquelles participeront des jeunes du monde entier, et qu'il ne sera plus entièrement un lieu de rassemblement de l'élite, mais deviendra probablement une réunion plus inclusive et largement représentative des jeunes sur les grandes questions de l'économie et de la politique mondiales.

La grande résurgence du nationalisme occidental

Les pays développés occidentaux sont en pleine révolution politique et économique. Cela s'est traduit par le résultat du référendum du 23 juin 2016 sur le Brexit, la victoire de Donald Trump à l'élection présidentielle américaine le 8 novembre et l'échec du référendum sur les amendements constitutionnels en Italie le 4 décembre.

La grande résurgence du nationalisme occidental

Quel regard devons-nous porter au sujet de ce changement en Occident ? Sur cette question, j'ai interrogé l'ancien Premier ministre britannique James Gordon Brown lors d'un forum public début novembre 2016, et sa déclaration a été qu'il y a une insatisfaction générale de la réalité en Occident, jusqu'à l'insatisfaction des élites.

Au cours du dialogue, j'ai mentionné qu'une nouvelle vague de nationalisme avait lieu en Occident. Gordon Brown est d'accord. Au cœur de cette vague, a-t-il dit, se trouvent la montée du nationalisme occidental et la renaissance du système politique international westphalien de 1648, dans lequel les États-nation se gouvernent eux-mêmes sans interférer les uns avec les autres. L'ère de la mondialisation par le biais de l'hégémonie impériale — Espagne, Grande-Bretagne, États-Unis — semble être révolue.

Où sera donc dirigée la cible directe du retour du nationalisme occidental ? Comme le disent les spécialistes occidentaux, toute politique est locale, et la vague nationaliste occidentale vise principalement les élites politiques nationales comme Hillary Diane Rodham Clinton. Mais la raison sous-jacente des attaques contre les élites politiques nationales est le mécontentement face à la vague de mondialisation qui s'est produite au fil des ans.

Lawrence Henry Summers, ancien secrétaire américain au Trésor, ancien président de l'université de Harvard et économiste de premier plan, a clairement indiqué il y a huit ans, lorsqu'il faisait campagne pour le candidat à la présidence Barack Obama, que la mondialisation ne semblait pas avoir apporté autant d'avantages aux Américains qu'on le pensait, car les États-Unis n'étaient pas en mesure de compenser la population peu qualifiée qui avait été frustrée par la mondialisation. Malheureusement, malgré le fait que des élites comme Summers sont si éloquentes dans leur analyse des défauts de la mondialisation, cette fois-ci, il a complètement échoué à anticiper la victoire de Trump. Le 1er novembre 2016, une semaine avant l'élection américaine, il a juré, lors d'une conférence publique au Schwarzman College de l'université Tsinghua, que les chances de victoire d'Hillary étaient toujours supérieures à 85 %, malgré la réouverture de l'enquête du FBI sur Hillary Diane Rodham Clinton.

Promouvoir activement un nouveau type de mondialisation aux caractéristiques chinoises

Quels sont donc les effets négatifs de la vague de nationalisme occidental sur la Chine à court terme, et comment la Chine doit-elle réagir à long terme ?

Historiquement, la loi sur les tarifs douaniers Smoot-Hawley, introduite par les États-Unis entre la Première et la Seconde Guerre mondiale, a déclenché des représailles de protection commerciale en Europe, ce qui a directement conduit à la récession mondiale et indirectement à la montée d'Hitler. Cette leçon est encore fraîche dans nos esprits et ne devrait pas être autorisée à se répéter dans de nombreux secteurs de la société américaine.

Plus important encore, le commerce international est aujourd'hui beaucoup plus complexe qu'il y a 90 ans, les économies mondiales étant entrelacées et s'influençant mutuellement. Par conséquent, les États-Unis peuvent prendre certaines mesures de protection commerciale dans des domaines qui ont un grand impact sur l'opinion publique mais moins sur l'économie réelle, comme dans le cas de la protection spéciale des pneus. Globalement, les exportations courantes de la Chine sont passées de 35 % du PIB avant la crise financière à un peu plus de 20 %, tandis que l'excédent de la balance courante est passé de 8,8 % du PIB en 2007 à 2,2 % en 2016, selon les prévisions. En conséquence, la dépendance économique de la Chine à l'égard du monde extérieur a considérablement diminué et l'impact de la montée du nationalisme occidental et de l'antimondialisation ne devrait pas être significatif à court terme.

À long terme, la Chine devrait saisir la nouvelle vague de nationalisme initiée par les dirigeants conservateurs de l'Occident et agir conformément à cette tendance, en arborant le drapeau d'un nouveau type de mondialisation aux caractéristiques chinoises et en devenant un leader dans le nouveau cycle de mondialisation.

Plus précisément, la nouvelle mondialisation aux caractéristiques chinoises devrait présenter trois caractéristiques principales.

Premièrement, le nouveau type de mondialisation aux caractéristiques chinoises devrait être dominé par un grand nombre de pays émergents. La Chine devrait se rapprocher d'un grand nombre de pays émergents et resserrer ses liens commerciaux avec eux. Ils sont les plus grands bénéficiaires de la nouvelle mondialisation et il est important de trouver les moyens de conclure avec eux un cycle d'accords multilatéraux ou bilatéraux de libéralisation des échanges, tels que l'accord de partenariat économique global régional (RCEP) et la zone de libre-échange de l'Asie-Pacifique (FTAAP). La Chine devrait négocier activement avec eux pour former une vague d'intégration mondiale menée par les pays émergents, et pour contrer la vague d'antimondialisation dans les pays développés en « encerclant les villes dans les campagnes ».

Deuxièmement, les bénéficiaires d'un nouveau type de mondialisation aux caractéristiques chinoises devraient être le grand public. C'est extrêmement important. Contrairement à la mondialisation traditionnelle menée par les États-Unis dans le passé, la nouvelle mondialisation devrait mettre l'accent sur le fait que ses bénéficiaires sont le grand public, et se concentrer sur le renforcement du développement des infrastructures dans les pays à revenu faible et intermédiaire, sur l'augmentation des investissements dans les industries à forte intensité de main-d'œuvre et sur le transfert d'une partie des industries à forte intensité de main-d'œuvre chinoises vers ces pays. Dans le même temps, l'accent est mis sur l'intégration du commerce et des investissements réels, plutôt que sur la libéralisation et l'intégration des investissements financiers menés par Wall Street.

Troisièmement, il faudrait prendre pour priorité l'initiative « la Ceinture et la Route ». Nous conclurons aussi délibérément des accords bilatéraux ou multilatéraux sur l'intégration du commerce et des investissements, en utilisant l'initiative « la Ceinture et la Route » comme lien, et nous envisagerons la création d'une banque de développement « la Ceinture et la Route » et ferons bon usage des ressources financières internationales pour accélérer la construction de « la Ceinture et la Route ».

La Chine est devenue le deuxième investisseur étranger et le premier épargnant du monde. Dotée d'une économie de marché compétitive et adaptable, la Chine est bien placée pour participer à la mondialisation économique et la promouvoir face au retour du nationalisme occidental, et pour nouer des liens économiques et commerciaux plus étroits avec les pays émergents, renforçant ainsi progressivement son image de puissance responsable. Il s'agit d'une opportunité stratégique majeure pour le développement international de la Chine apportée à la Chine par la résurgence du nationalisme occidental dans le monde d'aujourd'hui.

Lire le Brexit britannique

Le résultat du référendum britannique du 23 juin 2016 sur le Brexit a incontestablement provoqué un choc soudain et violent sur l'économie mondiale, qui se remettait progressivement de la crise financière internationale. Certains l'ont comparé à la série de fluctuations financières déclenchées par la faillite de Bear Stearns ; d'autres ont affirmé que le référendum serait l'équivalent de la faillite de Lehman Brothers et plongerait le monde dans la récession ; certains financiers américains ont même prédit que le référendum britannique plongerait l'économie américaine dans la récession, et lui causerait une perte d'environ 20 à 30 % du PIB, soit plus que la crise financière internationale de 2008.

Quelle est donc la nature du référendum britannique sur le Brexit ? Du référendum britannique à la campagne présidentielle américaine, quels sont les éléments communs du modèle sur lesquels nous devrions réfléchir ? Une métaphore très simple peut être utilisée pour illustrer plus directement le mystère.

Imaginez un village paisible avec des centaines de familles vivant une vie en autosuffisance. Peu à peu, à mesure que le village s'intégrait dans le monde extérieur, certains villageois ont soudain découvert que leurs produits étaient extrêmement populaires à l'extérieur du village et ont donc fait fortune ; d'autres ont découvert que d'autres villages produisaient de meilleurs produits que les leurs et n'ont donc pas pu vendre leurs propres produits, ce qui a entraîné une chute spectaculaire de leurs revenus économiques ; enfin, certains villageois qui pratiquaient la culture ont découvert que la nourriture était moins chère que ce qu'ils cultivaient, mais ils ne savaient pas comment passer de la culture à la production de produits populaires à l'extérieur. C'est l'impact de la mondialisation sur ce village.

Si l'on considère ce village dans son ensemble, l'intégration dans le monde extérieur est indubitablement productive.

Au lieu de produire des produits qui n'étaient pas compétitifs à l'origine, il est simplement possible de les acheter pour la consommation à un prix moins élevé qu'auparavant, et le revenu total du village augmente considérablement. Mais le problème, c'est que cette douceur amère est inégale, et que de nombreux résidents qui doivent abandonner leur mode de vie d'origine se sentent très malheureux et désorientés en conséquence.

Dans le même temps, un autre groupe de personnes est extrêmement mécontent, à savoir les dirigeants du comité de village. Autrefois, le chef du village et le comité du village se réunissaient pour décider des grandes questions ; aujourd'hui, c'est différent, le village est intégré au monde extérieur, et de nombreuses questions au sein du village doivent être décidées par des dirigeants plus importants à l'extérieur. Par exemple, les normes d'hygiène et la qualité des produits du village sont fixées à l'extérieur. En outre, lorsqu'un autre village est en difficulté, notre village lui vient en aide, tout comme lorsque notre village rencontre des difficultés, un autre village lui vient en aide. En conséquence, beaucoup de choses sont décidées par les dirigeants de la grande communauté à l'extérieur du village, et les propos des dirigeants du village ne sont plus aussi efficaces qu'avant.

Cela a créé deux groupes de personnes qui sont mécontentes de la concurrence du grand marché et du grand cycle économique. Le premier est constitué par les vieux cadres qui ont l'habitude de prendre leurs propres décisions, ou par les jeunes dirigeants qui ont l'état d'esprit des vieux cadres ; le second est constitué par les villageois qui ne peuvent pas vendre leurs produits et ne savent pas comment changer leur activité. Ces deux groupes de personnes voulaient la même chose, alors le chef du village, qui avait un état d'esprit vieux jeu et voulait revenir à l'époque où il était responsable, a suggéré que nous devions simplement faire un vote à main levée pour décider si nous devions revenir à la vie heureuse d'un petit village. Le détail le plus important, c'est que les règles de vote ne sont pas basées sur la quantité d'argent en poche, un yuan pour un vote, mais une personne pour un vote, c'est une « grande démocratie ». Le calcul du chef du village était d'utiliser ce sondage pour voir combien de personnes étaient contre l'intégration de notre village dans le cycle économique externe. Si vous n'êtes pas d'accord, pourquoi ne pas simplement fermer la porte et le chef du village et le comité du village prendront leurs propres décisions comme avant.

Le moment du vote est très important. Récemment, de nombreux résidents ont été déprimés, en grande partie à cause du déclin cyclique du marché extérieur.

De nombreux villageois ne savent pas si c'est le déclin de l'économie de marché globale ou leur propre participation au cycle économique qui a affecté leurs moyens de subsistance, et de nombreux griefs sont imputés à la décision du village de rejoindre le marché plus large. Le résultat du vote a été que le village a annoncé qu'il ne se joindrait pas au grand marché extérieur et que les dirigeants du village continueraient à prendre des décisions à huis clos comme auparavant.

Les cadres du village, avec leurs petits bouliers, ont profité du ressentiment rageur des villageois pour reprendre le pouvoir dont ils avaient été privés par la violence de la simple démocratie, ce qui est l'essence du référendum britannique sur le Brexit. Pour le dire de manière plus académique, à l'ère de la concurrence mondiale, le gouvernement d'un pays est censé redistribuer activement les revenus afin que la majorité de la population puisse goûter aux avantages de la mondialisation, et en même temps renforcer l'éducation et la formation civiques afin que les villageois dont les intérêts ont souffert puissent améliorer leur compétitivité et mieux participer au cycle économique mondial.

Le référendum sur le Brexit est essentiellement une conspiration entre la tyrannie de la démocratie populiste et une élite extrêmement conservatrice qui veut être en charge de ses propres affaires, sans tenir compte des intérêts fondamentaux à long terme de son peuple. Ce n'est pas un complot, mais c'est une conspiration que tout le monde peut comprendre.

Ce genre d'histoire se déroule également aux États-Unis. Le candidat républicain, Donald Trump, est issu d'une élite d'extrême droite qui pense que les États-Unis sont un peuple supérieur doté d'institutions supérieures et que ses problèmes actuels sont, selon lui, dus à l'ouverture de ses portes à la concurrence internationale. Par conséquent, cette élite américaine d'extrême droite pense que l'on joue mieux derrière des portes fermées, que nous ne voulons pas d'immigration, que nous n'avons pas de libre-échange, que le président américain n'a pas à penser à ce qu'il se passe à l'extérieur, et que c'est une meilleure façon de diriger qu'auparavant. C'est une alliance politique entre un grand groupe de personnes défavorisées à la base et des tendances d'extrême droite dans un monde en récession, et c'est ce que le référendum sur le Brexit nous a appris.

Dans ce contexte, le monde a besoin d'une voix de la raison et d'un groupe d'hommes politiques ayant une vision à long terme.

Le chaos du marché économique provoqué par l'actuel référendum sur le Brexit est bien sûr très malheureux et douloureux pour les entreprises concernées, mais cette douleur est aussi la meilleure éducation, en particulier pour les personnes de la base qui ne savent pas ce qu'elles font en soutenant le Brexit et veulent revenir à l'ancienne époque de la non-mondialisation et de la fermeture, afin que d'autres « villageois » et « cadres de village » ayant des tendances similaires puissent bien réfléchir avant d'agir.

L'avenir du Royaume-Uni après le référendum est extrêmement incertain, et on ne peut exclure la possibilité que les rouages complexes du système politique britannique éliminent complètement l'impact politique du référendum, ou que le référendum conduise finalement le Royaume-Uni à quitter l'UE. Face à cette situation internationale complexe, la Chine, en tant que grand pays en développement, doit se préparer soigneusement à maintenir une communication étroite tant avec le gouvernement britannique, qui quitte l'UE, qu'avec l'UE.

Tout bouleversement mondial offrira des opportunités à ceux qui sont préparés et planifiés, ainsi que des défis importants à ceux qui ne sont pas préparés et sont pressés de réagir. En tant que pays en développement, la Chine devrait appartenir à la première catégorie, et devrait être en mesure de devenir un pays qui transforme la complexité en simplicité et les défis en opportunités.

Relecture des États-Unis

Le monde d'aujourd'hui est le témoin d'un changement de paysage jamais vu depuis un siècle. C'est le jugement de base des dirigeants chinois sur la situation actuelle. Le point clé de cette modification sans précédent du paysage est le changement soudain du comportement des États-Unis. Non seulement l'élection de Trump a été une surprise, mais la série de politiques qu'il a adoptée depuis son élection est encore plus déroutante : Qu'est-il arrivé aux États-Unis ? Que s'est-il passé aux États-Unis ? Les États-Unis que nous connaissions sont-ils les vrais États-Unis ? Cela ne peut que rappeler un incident survenu il y a 70 ans.

Le monde universitaire chinois a un besoin urgent dans la nouvelle ère de *Le chrysanthème et l'épée*[1]

En 1941, la guerre du Pacifique éclate et les États-Unis déclarent la guerre au Japon, entrant ainsi officiellement dans la Seconde Guerre mondiale. Les services de renseignement américains qui étaient désireux de comprendre le caractère national du Japon ont commandé un rapport à l'éminente anthropologue américaine Ruth Benedict. Ce rapport fournit une analyse complète de certaines des personnalités apparemment contradictoires des Japonais : d'un côté, le peuple Yamato est poli, doux et apprivoisé ; de l'autre, il fait preuve d'un esprit martial radical et sauvage.

En 1946, l'auteur de ce rapport a publié son livre *The Chrysanthemum and the Sword* (le Chrysanthème et l'épée), basé sur son rapport aux services de renseignement américains. Ce livre a joué un rôle clé dans la compréhension

---

1. Une étude du Japon en 1946 par l'anthropologue américain Ruth Benedict, afin de comprendre et de prévoir le comportement des Japonais pendant la Seconde Guerre mondiale en se référant à une série de contradictions dans la culture traditionnelle.

du Japon par les États-Unis et dans la gestion de ses problèmes d'après-guerre. Le monde universitaire chinois d'aujourd'hui a également grand besoin d'un « chrysanthème et d'une épée » de la nouvelle ère pour comprendre ce que sont les véritables États-Unis.

Pour parler franchement, même si de nombreux universitaires et élites chinois ont étudié et travaillé aux États-Unis et croient du fond du cœur qu'ils connaissent le mieux le pays, leur compréhension des États-Unis est en fait probablement extrêmement partielle. Cela s'explique par le fait que la grande majorité de ces personnes (moi y compris) sont allées aux États-Unis pour étudier, et qu'elles ont toutes fréquenté des universités d'élite aux États-Unis, où leurs mentors et leurs camarades de classe étaient l'élite de l'élite de la société américaine. En ce qui me concerne, presque tous mes mentors pendant mes études de doctorat à l'université de Harvard étaient Juifs et se qualifiaient tous de « Juifs réformés » (c'est-à-dire des Juifs qui ne croyaient pas au judaïsme sur le plan religieux). Après avoir obtenu mon diplôme, j'ai travaillé et suis allé comme chercheur invité à l'université du Michigan et à l'université de Stanford, puis j'ai souvent eu affaire à la Banque mondiale et à diverses institutions de Wall Street, et je suis entré en contact avec l'élite de l'élite américaine, qui, je le crains, ne représente pas pleinement les vrais Américains.

Aujourd'hui, le président Trump a été élu, principalement parce qu'il ne représente pas l'élite américaine, mais plutôt la base. Mais alors qu'est-ce qu'un Américain exactement ? À quoi ressemble la nation américaine ?

La double nationalité des États-Unis

Il faut reconnaître que les États-Unis ont aussi un aspect non élitiste et une origine nationale plus profonde. Samuel P. Huntington, le regretté politologue de Harvard (lui-même Juif), a écrit un livre avant sa mort, *Who Are We ?* Dans *Who are we ? America's Great Debate*, il est écrit que la nation américaine ne s'est pas formée en 1775, mais par l'arrivée des premiers colons en Amérique du Nord au début du XVIIe siècle. Ces premiers puritains anglais en Amérique du Nord n'étaient pas des colons, mais des immigrants, ils ne sont pas venus en Amérique du Nord au nom de l'Angleterre, ils ont fui les persécutions religieuses dans leur pays pour chercher une nouvelle existence en Amérique, et c'est à partir de ce moment-là que la nation américaine s'est formée.

Alors, qu'est-ce que la nation américaine exactement ? Dans cette perspective, la nation américaine peut être résumée de deux manières.

Tout d'abord, ils étaient de fervents protestants qui croyaient en Dieu et avaient une foi solide. Certains se demandent si la nation américaine a changé après ces 300 ans passés. Non, les États-Unis ont aujourd'hui le plus haut pourcentage de croyants de tous les pays occidentaux, bien plus que l'Europe ! Les États-Unis sont également le pays où le pourcentage de fréquentation des églises le week-end est le plus élevé et, en ce sens, ils sont de véritables héritiers de la tradition protestante. Trump lui-même est un chrétien doté d'un fort sens de l'autodiscipline et il n'a jamais été alcoolique. La perception générale selon laquelle les Américains sont libéraux et d'esprit libéral n'est pas une véritable tradition américaine. La tradition américaine remonte aux colons du début du XVIIe siècle.

Deuxièmement, le nationalisme américain est l'isolationnisme. Contrairement à tous les pays d'Europe (y compris la Grande-Bretagne), les États-Unis sont un grand pays continental avec peu de voisins (seulement le Mexique et le Canada) et, par conséquent, le peuple américain est isolationniste depuis sa fondation. En fait, l'histoire économique des États-Unis montre que pendant la majeure partie du temps écoulé depuis l'arrivée des colons en Amérique du Nord au début du XVIIᵉ siècle, les États-Unis ont été un pays fermé, sans aucune envie de s'étendre ou de coloniser à l'étranger. William Mckinley, le 25ᵉ président des États-Unis, qui a dû passer par une très douloureuse bataille d'idées avant de décider d'envoyer des troupes aux Philippines, a déclaré un jour : « J'ai demandé de l'aide …, j'ai fait les cent pas sur le sol de la Maison Blanche jusque tard dans la nuit…, je me suis agenouillé plus d'une fois et j'ai prié Dieu tout-puissant. Finalement, une nuit, j'ai entendu la voix de Dieu… qui me disait que nous n'avions pas d'autre choix que d'occuper les Philippines. » C'est fondamentalement différent de l'époque où la Grande-Bretagne faisait le tour du monde et étendait son territoire.

Au début du XIXe siècle, la Doctrine Monroe, la célèbre politique étrangère américaine, consistait essentiellement en une aversion pour l'influence de la Grande-Bretagne et des puissances européennes qui établissaient des colonies dans le monde entier et cherchaient à obtenir des sphères d'influence partout. Quiconque connaît l'histoire américaine sait que les États-Unis ont tenté de rester en dehors de la controverse lors de la Première Guerre mondiale, et que la même tactique a été utilisée lorsque la Seconde Guerre mondiale a éclaté, jusqu'à ce que le Japon attaque Pearl Harbour. On a dit que l'attaque japonaise sur Pearl Harbour était une conspiration du président Roosevelt pour éveiller l'esprit combatif du public américain et trouver une raison de participer à une guerre mondiale. Samuel P. Huntington, bien sûr, décrivait, dans son livre, l'Amérique traditionnelle, et son inquiétude était que la culture de ces colons aux États-Unis soit détruite par les immigrants ultérieurs, notamment du Mexique, et que si cela se produisait, les États-Unis ne seraient plus les États-Unis du passé et seraient décolorés.

Si l'on considère les principaux échanges entre la Chine et les États-Unis au cours de l'histoire, de la guerre de Sécession à la guerre froide en passant par la guerre de résistance, tous ont eu lieu après que les États-Unis avaient achevé leur triomphe internationaliste sur les sentiments isolationnistes puritains, et ce que nous connaissons comme des manifestations américaines n'ont été que de brefs moments dans la longue histoire des États-Unis et n'étaient pas la norme pour le pays. Les États-Unis que nous connaissons sont les États-Unis de l'élite, de l'internationalisme, et des « Juifs réformés » (dont le Dr Kissinger et le Dr Brzezinski). Le Trump que nous voyons aujourd'hui représente les États-Unis plus traditionnels, les États-Unis des puritains lorsqu'ils sont venus s'installer en Amérique. Il représente l'esprit des États-Unis, qui, selon Samuel Huntington, doit rester fidèle à ses racines.

Relire les État-Unis et explorer l'essence des idées de Trump

Nous devrions relire les États-Unis, en suivant la logique ci-dessus. Les États-Unis ont une double nature : une Amérique protestante qui vit dans la pauvreté et se contente de sa terre continentale comme foyer spirituel et matériel, et une Amérique élitiste, héroïque et hégémonique qui cherche à étendre sa puissance et à diffuser ses idées dans le monde entier. Ces deux caractéristiques ont interagi tout au long de l'histoire américaine, et il faut dire que les États-Unis que nous voyons aujourd'hui ont probablement retrouvé le côté traditionnel.

À la lumière de l'analyse ci-dessus, nous devons lire la pensée de Trump en substance.

Tout d'abord, Trump ne cherche pas nécessairement à faire tomber la Chine, et je crains qu'il ne pense pas de la même manière que Steve Bannon et certains hauts fonctionnaires du ministère de la Défense américain sur cette question. Son idée est de revenir à la « grande Amérique isolée » d'avant le XXIe siècle, plutôt qu'à l'Amérique qui cherche à influencer partout les élections et à s'étendre dans le monde entier. Sur cette question, il n'y a pas de conflit fondamental entre le développement pacifique de la Chine et les idées fondamentales de Trump, et s'il est traité correctement, Trump peut être considéré comme une opportunité importante pour le développement pacifique de la Chine.

Deuxièmement, les États-Unis de Trump, c'est-à-dire les États-Unis traditionnels, ne comprennent pas beaucoup de choses sur la Chine parce qu'il s'agit d'un pays fortement religieux, et ils ne comprennent pas la culture confucéenne qui a évolué en Chine depuis la dynastie des Zhou occidentaux, sans parler de la culture chinoise qui, selon M. Chen Yinke, « a été créée à l'époque des Zhao et des Song »[2]. Ils diront que les Chinois n'ont pas la foi et que les Chinois sont des dissidents. À cet égard, nous devons faire un grand effort pour communiquer avec les États-Unis traditionnels, pour leur dire que nous vivons dans un monde pluraliste, et que le confucianisme chinois et la tradition chrétienne ne sont pas contradictoires et que, dans une large mesure, ils peuvent être rapprochés et apprendre les uns des autres.

Troisièmement, ces États-Unis traditionnels, représentés par Donald Trump, sont davantage préoccupés par la situation économique et la stabilité sociale des États-Unis eux-mêmes. Ils s'intéressent aux excédents et aux déficits commerciaux, ainsi qu'aux questions commerciales telles que les taux de change et les tarifs douaniers. En substance, ils ne sont pas nécessairement préoccupés par les politiques économiques intérieures et les institutions économiques de la Chine, tant qu'elles ne constituent pas une menace pour les affaires et le commerce américains.

Par conséquent, pour l'administration Trump, et pour lui personnellement, il est important de garder la main sur la balance commerciale. Sur cette question, le gouvernement chinois devrait rompre avec la norme et prendre quelques mesures concrètes pour rechercher une situation gagnant-gagnant afin de gagner la confiance de l'administration Trump. Les exigences de l'administration Trump sont parfaitement comprises par cette société américaine traditionnelle et sont dans l'intérêt de cette société.

Relire les États-Unis est important pour notre compréhension de l'administration Trump et des changements dans le paysage mondial qui n'ont pas été vus depuis un siècle. Aujourd'hui, la classe intellectuelle chinoise, qui a de fréquents échanges avec l'élite américaine, doit réapprendre.

---

2. Extrait de la « Préface à l'ouvrage de Deng Guangming intitulé Histoire des fonctionnaires Song » de Chen Yinke : « La culture de la nation chinoise a évolué pendant des milliers d'années et a atteint son apogée pendant les dynasties Zhao et Song. Il a depuis décliné, mais finira par être relancé. ».

Apprendre en permanence à interagir avec les États-Unis

Dans ses mémoires intitulés *Dealing with China* (Interagir avec la Chine), le banquier d'affaires américain et ancien ministre des Finances Henry Merritt Paulson Jr. a résumé huit principes de base pour interagir avec la Chine d'un point de vue américain. Le troisième est « parler d'une seule voix sans confondre les Chinois », le sixième est « trouver davantage de façons de dire oui plutôt que non », et le huitième est « agir sur la réalité chinoise » … Ils reflètent tous une sagesse de premier ordre de la part des États-Unis.

Mais aujourd'hui, les États-Unis ont changé !

L'administration Trump a oublié depuis longtemps ces principes de base, et les élites américaines qui connaissent bien la Chine ne veulent pas être associées à Trump, par conséquent, les conseillers principaux de Trump ne sont pas considérés comme les meilleurs des États-Unis.

Les États-Unis ont changé, et c'est un point fondamental des changements inédits qui se produisent dans le monde aujourd'hui. Les changements dans les relations sino-américaines sont au cœur de ces changements inédits. Dans ce contexte, les Chinois ont en fait besoin d'un « manuel pratique » sur les « relations avec les États-Unis » pour revenir à l'essentiel et traiter avec les États-Unis de manière plus intelligente.

Mais alors, comment interagir avec les États-Unis ? Je pense qu'il est important de commencer par une compréhension des mécanismes politiques internes et de la mentalité américaine, et je voudrais faire trois observations et analyses évidentes.

Premièrement, les affaires intérieures des États-Unis auront toujours la priorité sur les affaires internationales. Si vous consultez le *New York Times* ou le *Washington Post*, les quotidiens les plus internationaux des États-Unis, vous constaterez que parmi les cinq premiers articles importants de la journée, il y a généralement, tout au plus, deux articles sur les affaires internationales, et encore moins sur la Chine. Et le seul quotidien national populaire, *USA Today*, l'est encore plus. Il est particulièrement important de noter que les nouvelles présentant un grand intérêt pour les Chinois ne préoccupent guère le public américain, comme l'adoption de la loi *Taiwan Assurance Act*[1] par le Congrès américain, qui apparaît à peine dans les grands journaux américains.

Qu'est-ce que cela nous montre ? Cela suggère que le peuple américain, et la grande majorité des décideurs politiques, ont pour principale préoccupation les activités de leur propre société, et que même lorsqu'ils s'inquiètent des frictions commerciales entre la Chine et les États-Unis, leur point de départ et d'arrivée sont les intérêts des États-Unis. Il semble que Trump, qui pense toujours « l'Amérique d'abord », n'a rien de nouveau à dire à cet égard, si ce n'est que ses politiques sont à très court terme, alors que d'autres politiciens peuvent avoir une vision à plus long terme.

Dans le même ordre d'idées, la grande majorité des politiciens et des médias américains ne comprennent pas la Chine, même aujourd'hui, alors que la Chine est si importante. En voici deux exemples. L'un d'eux est un projet de loi introduit par deux membres du Congrès américain en 2005 pour manipuler le taux de change du CNY, lorsqu'ils ont proposé d'imposer des droits de douane de 27,5 % sur les exportations chinoises. Les initiateurs étaient les sénateurs Charles Ellis Schumer de New York et Lindsey Graham de Caroline du Sud, mais aucun d'eux n'était jamais allé en Chine. Cette année-là, un brave homme les a invités tous les deux en Chine, et la première étape a été un cours à l'université de Tsinghua, où j'étais commentateur. Dans la salle de cours, Charles Ellis Schumer a déclaré ouvertement qu'il quittait l'Amérique du Nord pour la première fois et qu'il avait obtenu un passeport pour la première fois. Voilà un sénateur important d'une région internationale comme New York, qui n'avait jamais quitté l'Amérique du Nord auparavant, c'est très étonnant. Autre exemple : en 2004, j'ai invité, à un dialogue, cinq personnalités occidentales influentes de l'opinion publique internationale, avec des Singapouriens. Parmi eux, Carl Bernstein, de l'*American Press*, qui, avec Bob Woodward, a enquêté sur le scandale du Watergate qui a fini

---

1. NdT : Le *Taiwan Assurance Act* vise à approfondir les relations entre Taïwan et les États-Unis. Elle exprime son soutien à la stratégie de défense de Taïwan en matière de guerre asymétrique et encourage le pays à augmenter ses dépenses de défense. Elle appelle également à la normalisation des ventes d'armes régulières afin de renforcer les capacités d'autodéfense de la nation est-asiatique

par faire tomber le président américain Richard Nixon. Il est bien plus influent que Thomas L. Friedman, connu des Chinois comme un commentateur fréquent de la Chine, et c'était la première fois qu'il se rendait en Chine. Au cours de la conversation, nous avons parlé de la question de Taïwan (Chine), et il a dit exagérément : « Taïwan, où est Taïwan ? J'ai oublié depuis longtemps Taïwan. Qu'est-ce que Taïwan a à voir avec nous ? » C'est la mentalité d'un Américain typique.

La conclusion est qu'il faut considérer les relations entre la Chine et les États-Unis du point de vue des Américains ordinaires afin de comprendre réellement ce que les Américains veulent et ce qu'ils veulent faire, et ne pas se contenter de s'intéresser à ce que les élites de Harvard, Yale et Washington DC pensent et disent. À l'ère Trump, l'influence des élites américaines a été fortement diminuée. L'Américain moyen s'intéresse à la Chine principalement parce qu'il se préoccupe de l'emploi. Il craint que le développement de la Chine n'enlève des emplois aux Américains et n'affecte leur emploi, mais le fait que les biens de consommation chinois sont de bonne qualité et à des prix modiques est bien moins important que les emplois ! Ils ne se soucient guère du classement de la Chine en termes de production économique, mais les préférences politiques des gens ordinaires se reflètent en fin de compte dans les décisions des politiciens américains. Si les politiciens de la capitale américaine considèrent souvent la Chine comme « l'ennemi numéro un », ce n'est pas le cas des gens ordinaires. La Chambre des représentants, élue tous les deux ans par plus de 100 000 personnes ordinaires dans une seule circonscription, reflète cette mentalité plus que toute autre chose aux États-Unis, de sorte que, par deux fois dans l'histoire, le Congrès américain a rejeté les résultats obtenus ingénieusement par le président sur la scène internationale : l'un c'est l'Organisation internationale du commerce (OIC) née des négociations lors de la conférence de Bretton Woods en 1944 ; et l'autre c'est la Société des Nations, proposée et initiée par le président Wilson en 1920, après la fin de la Première Guerre mondiale.

Le regretté Samuel Huntington, professeur de sciences politiques à l'université de Harvard, a écrit son dernier livre à succès avant sa mort, *Who Are We ?* (Qui sommes-nous ? – Les défis de l'identité nationale américaine). Il indique clairement que l'identité nationale de l'Amérique s'est formée au début du XVIIe siècle, lorsque les puritains ont immigré dans le Nouveau Monde. Les États-Unis, un pays entouré par la mer sur trois côtés, avec seulement deux voisins, et où les gens ordinaires peuvent vivre heureux sans quitter le pays, ont une mentalité plus repliée sur eux-mêmes que n'importe quel autre grand pays, et se préoccupent davantage des affaires intérieures. Cela nous indique que nous devons garder à l'esprit ce qui intéresse et ce que veut le public américain lorsque nous traitons avec les États-Unis. Il est important de faire comprendre au public américain que la croissance de la Chine a également contribué à créer des emplois aux États-Unis. Par exemple, la Chine est le plus grand marché de General Motors (GM) dans le monde et, pendant de nombreuses années, elle a été la première source de bénéfices en dehors de l'Amérique du Nord. Ses activités en Chine ont rapporté à GM une grande quantité de bénéfices, ce qui a permis à GM de ne pas licencier de travailleurs aux États-Unis, l'aidant ainsi à supporter le lourd fardeau des travailleurs retraités, à survivre à la crise financière et à revenir sur le marché boursier.

Deuxièmement, la société américaine sera toujours diverse, le président est souvent minoritaire et ses décisions sont souvent attaquées, et les opinions ne représentent pas tous les Américains. Nous avons l'habitude de traiter les décisions du président américain comme si elles étaient celles de tous les Américains et représentaient la volonté de la nation. Nous mobilisons donc toutes nos énergies, y compris notre capacité d'opinion publique, pour bombarder les décisions de l'administration américaine. En réalité, le président des États-Unis subit davantage de pressions de l'intérieur du pays, et les principaux adversaires du président ce sont ses opposants politiques nationaux, et non le gouvernement chinois. Les États-Unis étant un système présidentiel, et non parlementaire, le président et le Congrès sont souvent divisés, et les relations entre le Sénat et la Chambre des représentants et le président américain sont souvent incompatibles. Par conséquent, nous ne devons pas considérer les États-Unis comme un bloc monolithique, mais plutôt identifier et travailler activement à la conquête de groupes potentiels aux États-Unis qui sont favorables à la Chine. En ce qui concerne les différentes parties prenantes aux relations entre la Chine et les États-Unis, ce sont les sociétés multinationales américaines et la classe intellectuelle qui ont été les plus favorables au développement des relations entre la Chine et les États-Unis. Aujourd'hui, ils vacillent sur certains points importants, mais cela ne signifie pas qu'on n'y peut plus rien faire. Au contraire, nous devrions faire un effort important pour obtenir le soutien des sociétés multinationales, de Wall Street et de l'élite de l'industrie de haute technologie et des universités des côtes Est et Ouest en faveur de la relation États-Unis-Chine. Si l'on prend l'exemple de Huawei, le fait est que l'industrie américaine de haute technologie, y compris l'industrie des semi-conducteurs, n'a pas soutenu la décision du gouvernement américain de sanctionner Huawei, sachant pertinemment qu'à court terme, cela entraînerait une baisse des profits et même des difficultés opérationnelles, car la politique affecterait au moins 1/3 de leurs activités, tandis qu'à long terme, ils perdraient l'opportunité stratégique de profiter du développement de la Chine, car cette politique briserait le modèle stratégique de longue date selon lequel ces entreprises de haute technologie sont « liées aux intérêts de la Chine » et conduirait probablement la Chine à créer son propre écosystème de haute technologie.

Un autre exemple : certains politiciens et leaders d'opinion américains, comme Steve Bannon et Brian Cuban, propriétaire du club de basket-ball Dallas Maverick, ont demandé que les entreprises chinoises soient expulsées de Wall Street. Cependant, c'est définitivement une mauvaise idée. En fait, il est extrêmement important pour Wall Street que les entreprises chinoises entrent en Bourse. C'est grâce à la cotation aux États-Unis d'entreprises chinoises de haute technologie telles qu'Alibaba et Jingdong que les investisseurs américains peuvent partager les dividendes et la valeur ajoutée du développement de la Chine. Plus important encore, c'est le fondement de la domination continue du secteur financier américain dans le monde, la clé de la croissance continue des actifs financiers libellés en dollars américains et la sauvegarde de la position du dollar en tant que première monnaie internationale. Par conséquent, les appels de Steve Bannon et Brian Cuban ne sont, au mieux, que des commentaires de fans aveugles.

Un autre exemple : les universités américaines, en particulier les universités de recherche, ont besoin d'un flux constant d'étudiants chinois talentueux qui entrent dans leur système universitaire, participent à leurs recherches et rapportent d'importants frais de scolarité. En fait, les universités américaines sont fermement opposées à ce type d'enquête cynique et maccarthyste du gouvernement américain sur les étudiants et les universitaires chinois.

En bref, les institutions d'investissement de Wall Street, ainsi que l'industrie de haute technologie actuelle sur les côtes Est et Ouest et les universités, pourraient en fait être d'importants stabilisateurs des relations entre la Chine et les États-Unis. La Chine doit fermement renforcer ses liens avec ces groupes sociaux et prendre en compte leurs préoccupations, car il est beaucoup plus efficace de les utiliser contre Trump que de lancer une campagne d'opinion publique ! Par exemple, pour les multinationales américaines, il faut faire comprendre qu'elles seront au centre de la prochaine ouverture de la Chine, mais seulement si les États-Unis abandonnent leurs politiques de protection commerciale. En bref, nous devons comprendre que les États-Unis ne sont absolument pas un pays monolithique et que les mesures extrêmes de la Maison Blanche ne représentent qu'un nationalisme émotionnel et étroit, et non les États-Unis dans leur ensemble.

Troisièmement, la politique américaine est essentiellement un jeu de droit. Dans le cas de la demande de Trump de construire un mur de sécurité à la frontière entre les États-Unis et le Mexique, il a trouvé une faille juridique permettant au président de déclarer une loi d'urgence nationale et de contourner les restrictions budgétaires. Les membres du Congrès savent que le président profite d'une faille juridique, mais ils n'ont pas le choix car, s'ils mettent leur veto au budget de Trump et remettent en cause la loi d'urgence nationale, Trump a le pouvoir de mettre son veto au Congrès et ce dernier ne peut pas mobiliser plus de 2/3 de ses membres pour mettre un nouveau veto au président. Que peut faire le Congrès ? Les démocrates, adversaires de Trump, ont pris l'arme de la loi pour le combattre. Un juge fédéral du nord de la Californie a carrément statué que la loi d'urgence nationale de Trump était inconstitutionnelle et sans effet juridique. Trump, très agacé par cela, a déclaré que le juge avait été nommé par Obama et qu'il avait fait délibérément obstruction. Mais peu importe à quel point Trump se plaint, il doit respecter les règles du jeu. Le point de discorde suivant était le rejet par la Cour suprême fédérale des États-Unis de la décision du même juge fédéral.

Par conséquent, le fait que Trump qualifie Huawei de menace pour la sécurité nationale et de cible de surveillance, tout en affirmant que Huawei est une « monnaie d'échange » dans les négociations commerciales entre la Chine et les États-Unis, se contredit indubitablement. Les entreprises chinoises doivent tirer pleinement parti des lois et réglementations américaines pertinentes pour faire face à Trump. Par exemple, il est important d'identifier les juges fédéraux qui sont particulièrement anti-Trump et qui connaissent bien les entreprises et l'industrie technologiques pour engager des poursuites contre les politiques Huawei de Trump dans leurs juridictions. Cela nécessite bien sûr un travail minutieux et une équipe d'avocats américains de premier ordre.

Il est particulièrement important de noter que les négociations avec les États-Unis, y compris entre les gouvernements américain et chinois, sont essentiellement des négociations avec des avocats américains, qui doivent se connaître et connaître leurs adversaires, et leur rendre la pareille. Le système politique des États-Unis, fondé sur le droit, confère aux avocats un rôle essentiel, et la culture des avocats est ancrée dans toutes les opérations politiques du pays, y compris les négociations avec l'étranger. Les avocats sont souvent plus destructeurs que constructifs dans les négociations, car ils concentrent la majeure partie de leur énergie sur la question « que dois-je faire si vous ne respectez pas le contrat » plutôt que « réfléchissons ensemble et trouvons une troisième option ». En fait, Robert Lighthizer, le représentant américain en charge des négociations commerciales entre la Chine et les États-Unis, est avocat de formation. Lorsqu'on négocie avec des avocats aux États-Unis, il est important de suivre leur état d'esprit et leur approche pour négocier avec eux. Premièrement, il est nécessaire de tracer une « ligne rouge » dès le départ, en expliquant ce qui ne peut pas être négocié et ce qui peut l'être ; deuxièmement, il est nécessaire d'« agir avec circonspection » et d'avancer un pas après l'autre ; troisièmement, il est nécessaire d'expliquer à plusieurs reprises comment l'échec de la négociation nuira à l'autre partie et à votre partie respectivement. Il vaut mieux n'avoir aucun résultat plutôt que de faire des compromis sur les principes, et une fois qu'un principe a été établi, il faut le prendre au sérieux. Connaître son ennemi est une condition préalable pour engager comme conseillers externes les meilleurs avocats américains. L'éthique professionnelle des meilleurs avocats américains est de premier ordre et leur réputation professionnelle est au-dessus de tout, dépassant les frontières nationales, et ils ne divulguent jamais d'informations qui ne devraient pas être divulguées.

En bref, les États-Unis ont changé et, les relations entre la Chine et les États-Unis subissent des changements fondamentaux. Dans ce contexte, nous devons revenir sans cesse aux fondamentaux, comprendre les États-Unis en profondeur, apprendre à considérer les relations entre la Chine et les États-Unis du point de vue des États-Unis et nous familiariser avec les règles du jeu de la politique américaine. Comme le disent les anciens, « Si tu te connais et connais ton ennemi, tu ne perdras jamais de batailles ». Il s'agit d'un point de réflexion important dans le contexte des « changements inédits depuis un siècle » dans le monde actuel.

Répondre activement et efficacement à la nouvelle ère des relations entre la Chine et les États-Unis

Depuis 2018, les relations entre la Chine et les États-Unis ont connu des changements extrêmement complexes. Objectivement, ces changements ont été instigués unilatéralement par la partie américaine. Alors, que penser de ces changements ? Les relations entre la Chine et les États-Unis tomberont-elles dans le « piège de Thucydide[1] » d'une confrontation totale, comme beaucoup l'ont suggéré, notamment le professeur Graham Allison de l'université de Harvard ? Quelle est la forme la plus probable de ce cycle de différends commerciaux entre la Chine et les États-Unis, comment évoluera-t-il et quel sera le résultat final ? Comment les industries connexes de la Chine – telles que les industries de haute technologie et de fabrication – seront-elles affectées ?

Les raisons fondamentales pour lesquelles les relations sino-américaines ne peuvent pas tomber dans le « piège de Thucydide »

Nous devons porter un jugement très objectif et sobre sur les relations entre la Chine et les États-Unis, et la base fondamentale et la plus importante pour cela est la différence entre les aspirations des deux parties : les objectifs de développement futur de la Chine ne sont pas, comme l'imaginent les États-Unis, de devenir les États-Unis d'aujourd'hui. Les dirigeants chinois, que ce soit dans leur rapport au 19e Congrès du Parti communiste chinois ou lors de diverses occasions

---

1. NdT : concept de relations internationales qui désigne une situation où une puissance dominante entre en guerre avec une puissance émergente.

internationales, notamment le Forum économique mondial de Davos, le Forum de Bo'ao pour l'Asie et plusieurs discours aux Nations unies, ont souligné à plusieurs reprises que la Chine était déterminée à maintenir l'ordre international existant et n'en créera jamais un nouveau, et qu'elle suivra fermement la logique du développement historique mondial, à savoir la paix et le développement, l'ouverture et l'intégration.

Malgré le fait que les objectifs stratégiques de la Chine sont complètement différents de ceux de l'Europe à l'époque et des États-Unis d'aujourd'hui, on se demande toujours si à l'avenir la Chine changera lorsqu'elle deviendra puissante. Sera-t-elle comme les États-Unis d'aujourd'hui, qui déploient leur puissance militaire dans le monde entier, projettent leur influence diplomatique et cherchent des mandataires politiques ? On peut dire que ce n'est pas du tout une perspective pour le développement futur de la Chine, dont les traditions culturelles uniques et le système de gouvernance actuel sont difficiles à reproduire simplement ailleurs.

En termes de traditions culturelles, les Chinois recherchent « l'harmonie et la différence » dans leur âme, tandis que la culture occidentale, basée sur le christianisme et le judaïsme, parle de « foi » et de la croyance en un Dieu unique, exigeant des personnes d'autres régions qu'elles partagent les mêmes croyances. C'est pourquoi, dans les pays d'Amérique latine, la pratique de l'époque était que les personnes qui croyaient en la religion n'avaient pas à payer les impôts, tandis que celles qui ne croyaient pas en la religion ne pouvaient pas protéger leurs biens ou même leur vie, et cette puissante force de la foi était complètement différente de celle de la Chine. Le concept de « chez soi », profondément enraciné chez les Chinois, est étroitement lié à cette question. Historiquement, la diaspora chinoise a souvent été contrainte de se déplacer dans le monde par nécessité, et lorsqu'elle a réussi à l'étranger, elle a fini par retourner dans son pays d'origine. En revanche, les pays occidentaux sont plus intéressés par la « paix et la similitude ». Cecil John Rhodes dominait la Rhodésie (aujourd'hui le Zimbabwe) en Afrique australe, son activité était l'extraction de diamants, il ne s'est jamais marié et, avant sa mort, il a fait don de l'ensemble de ses biens à l'université d'Oxford pour créer la bourse Rhodes. Son rêve était de réunir de jeunes étudiants des anciennes colonies britanniques pour qu'ils étudient à Oxford et influencent leur propre pays avec des idées et des valeurs occidentales. C'est la mentalité occidentale la plus typique des personnes qui ont atteint la grandeur. Ce n'est évidemment pas le cas de la culture et des traditions chinoises. Même dans la période historique la plus glorieuse, la Chine ne s'est pas étendue sur des territoires maritimes ou des croyances religieuses.

Actuellement, les objectifs « des deux centenaires » des dirigeants chinois se résument à l'intégrité territoriale et à la prospérité socio-économique, ainsi qu'à l'amélioration des conditions de vie de la population qui en résulte. La prospérité économique n'est pas un jeu à somme nulle en soi, et le développement économique de la Chine peut conduire à une situation mondiale gagnant-gagnant. Les demandes de la Chine en matière d'intégrité territoriale sont très claires et ses frontières sont très nettes, principalement pour résoudre la question de Taïwan (Chine), de la mer de Chine méridionale et des îles Diaoyu, ce qui ne constitue pas le conflit le plus essentiel avec les intérêts fondamentaux des États-Unis, qui, après tout, séparés de la Chine par l'océan Pacifique, sont à des dizaines de milliers de kilomètres de la Chine. Ces deux pays sont probablement les deux puissances les plus éloignées du monde en termes de géopolitique.

Comment va évoluer ce cycle de différends commerciaux entre la Chine et les États-Unis ?

L'élément déclencheur de ce cycle de conflits commerciaux a sans aucun doute été l'élection de Donald Trump à la présidence des États-Unis. En tant que président populiste et homme d'affaires, il n'est pas surprenant que Trump ait provoqué un conflit avec la Chine sur des questions commerciales, auquel les dirigeants chinois étaient très clairement préparés dès la fin 2017.

Essentiellement parlant, l'objectif le plus direct de Trump en lançant cette série de conflits commerciaux est une course pour rivaliser, « Make America Great Again » (rendre l'Amérique à nouveau grande) étant le slogan de campagne de Trump. Si nous analysons la situation plus attentivement, nous verrons que les principaux avantages et la plus grande douleur pour les États-Unis ne sont pas la perte de la force de leurs entreprises de haute technologie, ni le déclin de leur macroéconomie. En fait, les États-Unis ont encore aujourd'hui un avantage global écrasant sur la Chine dans le secteur des hautes technologies, et leur macroéconomie est à un niveau record : le chômage aux États-Unis est tombé à 3,7 % fin 2018, et continue de baisser.

Le point le plus douloureux aux États-Unis aujourd'hui est le grand nombre de zones urbaines qui étaient économiquement prospères mais qui sont maintenant extrêmement appauvries, notamment Detroit. Ayant enseigné pendant de nombreuses années à l'université du Michigan, dans la banlieue de Détroit, j'y suis récemment retourné en voiture avec ma famille et j'ai vu une image que l'on pourrait décrire comme étant essentiellement « les ruines après une guerre nucléaire », ce qui est extrêmement triste. La revitalisation de l'économie de ces régions des États-Unis, comme Detroit, est en fait la question la plus importante à laquelle le président Trump, et tous les Américains, doivent s'attaquer. Bien sûr, la Silicon Valley veut rester éternellement en tête du secteur de la haute technologie, mais ce n'est pas une aspiration politique centrale de Trump, car, après tout, les habitants de la Silicon Valley sont les ennemis politiques mortels de Trump.

La Chine peut en fait contribuer à revitaliser l'industrie manufacturière américaine traditionnelle et à résoudre les problèmes de Détroit, car la Chine dispose d'un vaste marché de consommation en croissance rapide et les États-Unis ont encore un avantage dans la production de nombreux produits manufacturés. Par exemple, il existe encore un énorme potentiel de croissance des exportations américaines d'automobiles vers la Chine, et les Américains peuvent envisager d'investir dans un certain nombre de lignes de production pour augmenter la capacité de 1 à 2 millions d'automobiles, ce qui apportera 100 000 nouveaux emplois. Tous ces produits peuvent être absorbés par le marché chinois : la Chine vend environ 30 millions de voitures par an, et il n'y a aucun problème à ajouter deux millions de voitures américaines supplémentaires. À un prix d'exportation de 25 000 USD par voiture (ce qui correspond à un modèle de milieu ou de haut de gamme dont le prix de détail est d'environ 150 000 CNY en Chine), cela permettrait de réduire le déficit commercial des États-Unis avec la Chine de 50 milliards de dollars américains par an. Ce chiffre est très élevé et dépassera les exportations de soja américain vers la Chine.

Il faut voir que Trump, en tant qu'homme d'affaires, est aussi un maître négociateur. Son premier principe de négociation était de poser des conditions extrêmement grossières et apparemment absurdes, et d'utiliser des menaces extrêmes. À ce moment critique des négociations commerciales entre la Chine et les États-Unis, ce n'est pas une coïncidence si ZTE a été lourdement sanctionné par le ministère américain du Commerce, mais doit être une menace majeure orchestrée par l'administration Trump dans le cadre des négociations. Du côté chinois, bien que nous n'ayons pas d'avantage dans le domaine de la haute technologie, il est important de voir que ce cycle de provocation des États-Unis est une provocation pour la chaîne de production et d'approvisionnement mondiale. Bien que la Chine ne maîtrise pas totalement les technologies de base dans de nombreux domaines, la Chine, en tant qu'élément important de la chaîne de production mondiale, est bien placée pour présenter une réponse et une menace efficaces contre les États-Unis dans d'autres domaines. Par exemple, il est possible de contrer les sanctions injustifiées imposées par les États-Unis à ZTE en pénalisant les téléphones mobiles et les ordinateurs Apple, qui sont presque exclusivement produits en Chine, conformément aux lois et réglementations chinoises en vigueur.

D'une manière générale, le rebond économique actuel de la Chine a dépassé les attentes sociales et les exigences de croissance pour atteindre les objectifs de « construction d'une société de moyenne aisance d'ici 2020 » et de « réalisation de la modernisation socialiste d'ici 2035 ». La Chine peut donc se permettre de lutter contre les frictions commerciales dans la sphère économique. Il faut bien voir que les États-Unis sont confrontés à une élection à court terme avec des objectifs à court terme, alors que les objectifs de la Chine sont à moyen et à long terme, donc tout bien considéré, s'il y a une friction commerciale, la Chine peut se permettre de la porter politiquement, mais les États-Unis ne peuvent pas se permettre de la porter dans leur campagne.

Sur la base de cette série d'analyses, il devrait être possible de parvenir à un accord mutuellement satisfaisant et finalement gagnant-gagnant entre la Chine et les États-Unis. Le résultat final des frictions commerciales devrait être de maintenir le modèle actuel de mondialisation et le bon fonctionnement des chaînes d'approvisionnement sur le marché mondial. Dans le même temps, les États-Unis et la Chine veillent à leurs intérêts mutuels : la Chine soutient la revitalisation des industries dans des régions clés aux États-Unis, et la Chine reçoit le soutien des États-Unis sur des questions majeures d'ordre économique et non économique.

L'impact de ce cycle de frictions commerciales sur les nouvelles industries stratégiques de la Chine

Il est important de noter que l'économie chinoise connaît actuellement un processus de rattrapage rapide et que, d'un point de vue structurel, la structure industrielle de la Chine est pratiquement achevée. La réserve de talents de la Chine, y compris les jeunes ingénieurs, est extrêmement riche et le soutien du gouvernement à l'innovation technologique est plus proactif, de sorte que le tableau d'ensemble de la modernisation industrielle de la Chine ne changera pas. Toutefois, après ce cycle de frictions commerciales, la stratégie chinoise de soutien au développement de l'industrie technologique est susceptible de changer. Par exemple, le soutien aux projets d'innovation technologique pourrait devenir plus ouvert et aider certaines entreprises étrangères à développer de nouvelles technologies en Chine – les entreprises étrangères peuvent bénéficier d'un soutien gouvernemental tant qu'elles se développent en Chine et qu'elles travaillent en étroite collaboration avec des entreprises chinoises dans le cadre du processus de recherche et développement.

À l'heure actuelle, les entreprises chinoises ont rattrapé leur retard dans certains secteurs très rentables, comme l'industrie automobile dans le domaine des véhicules utilitaires de sport (SUV) et des voitures familiales de moyenne et bas de gamme, où les marques chinoises augmentent rapidement non seulement en termes de ventes mais aussi de parts de marché. Il y a des raisons de penser que la Chine va également faire de grands progrès dans un avenir proche dans des domaines tels que les puces et le traitement des puces, qui sont très rentables mais nécessitent d'importants investissements initiaux pour lesquels la Chine ne manque généralement pas de capitaux.

Ce qui est le plus incertain et nécessite les efforts les plus concertés de la part de tous les secteurs de la société, c'est la construction de plates-formes technologiques qui ne semblent pas être rentables, comme la construction de systèmes d'exploitation et l'introduction de normes chinoises pour les protocoles de réseau. Ce type de travail, qui, à court terme, n'est pas manifestement rentable pour les entreprises individuelles, joue un rôle fondamental dans le soutien au développement de l'ensemble de l'industrie informatique et constitue la partie la plus difficile du processus de modernisation industrielle de la Chine. Parce que nous sommes, après tout, un retardataire, il y a une grande incertitude quant à la possibilité de voir naître un nouveau système en Chine, étant donné qu'Apple, Microsoft et Android ont déjà formé une « triade » en termes de systèmes d'exploitation. Certains disent qu'à l'avenir, WeChat sera un système d'exploitation, et que chaque fois que nous ouvrirons notre téléphone portable, la première interface sera WeChat, et que tous les programmes utiliseront WeChat comme portail, comme le partage de vélos et la commande de nourriture. Sur cette question, les géants chinois de l'internet, en particulier le « système BAT », ont une responsabilité sociale à laquelle ils ne peuvent se soustraire, et le développement de ces entreprises doit être associé à la résolution des points douloureux de la société et des problèmes du pays.

Je pense que, grâce à l'énorme marché, au réservoir de talents et aux capitaux abondants de la Chine, l'industrie high-tech chinoise sera en mesure de créer une situation de coopération et de concurrence mutuelles avec les États-Unis dans un avenir proche. C'est aussi un grand avantage pour le monde entier, le monde ne peut pas compter uniquement sur les États-Unis en matière de haute technologie. Un concurrent de plus et un choix de plus seront bénéfiques pour tous les peuples du monde, y compris les peuples chinois et américain. C'est comme avoir un système d'exploitation informatique avec seulement Microsoft et pas Apple, je crois que l'expérience de l'utilisateur sera considérablement réduite.

En bref, nous sommes entrés dans une nouvelle ère de concurrence à grande échelle entre la Chine et les États-Unis, et la façon dont nous répondrons à ce nouveau défi constituera un test majeur pour les dirigeants et les peuples des deux pays.

Une réponse raisonnable aux frictions commerciales sino-américaines devrait éviter trois malentendus de bas niveau

Les frictions commerciales entre la Chine et les États-Unis sont toujours dans l'impasse, avec un haut degré d'incertitude et des informations qui changent rapidement, ce qui a mis en émoi les investisseurs et le grand public et provoqué une anxiété généralisée. L'administration Trump a l'habitude de diffuser des messages contradictoires et des signaux mixtes, parfois agressifs, extrêmement pressants et décidés à faire les choses à leur manière, et d'autres fois, dans une optique de désescalade et de préparation active des négociations. À cet égard, le public chinois doit rester rationnel et accorder une attention particulière à trois grandes idées fausses de bas niveau.

Premier malentendu : aministration Trump = États-Unis

La première idée fausse majeure est de penser que l'administration Trump représente les États-Unis dans leur ensemble, confondant l'administration Trump avec le peuple américain, ne faisant aucune distinction entre les différents segments de la population américaine, et intensifiant l'opposition à des politiques spécifiques de l'administration Trump en une opposition aux États-Unis dans leur ensemble. Il s'agit certainement d'une erreur de bas niveau et nous devons garder la tête hors de l'eau et ne pas commettre d'erreur sur ce point.

Nous devons constater que l'administration Trump ne représente pas pleinement les intérêts de tous les segments de la population américaine sur de nombreux sujets, notamment sur sa politique envers la Chine. Dans l'ensemble, la grande majorité de l'opinion publique américaine est favorable à la Chine, a

bénéficié des échanges commerciaux entre la Chine et les États-Unis et est dispo-
sée à continuer de promouvoir le développement des échanges entre la Chine et
les États-Unis et les relations avec les États-Unis dans leur ensemble. Cela comprend au moins trois types de groupes d'intérêts différents.

Le premier groupe d'intérêts est ce que nous appelons « l'élite internationaliste »
traditionnelle, qui est clairement pro internationaliste, soulignant les avantages
de la mondialisation pour le monde, mais insistant sur le fait que c'est aux
États-Unis de créer et de diriger les règles et le processus de la mondialisation.
Ils sont représentés par Henry Alfred Kissinger, Ben Shalom Bernanke,
Lawrence Summers, Henry Merritt Paulson et bien d'autres. Ils souhaitent une
coopération plus approfondie entre la Chine et les États-Unis dans le cadre du
système mondialisé créé et maintenu par les États-Unis, mais en mettant l'accent
sur les intérêts des États-Unis eux-mêmes. De manière générale, ils pensent que
les États-Unis et la Chine devraient coopérer et espèrent qu'ils pourront parvenir
à un accord par le biais de négociations.

Le deuxième groupe d'intérêt est le grand public, le groupe d'intérêt le plus
nombreux aux États-Unis, qui manque de connaissances sur la Chine et les
affaires mondiales en général et qui ne se préoccupe que de ses propres emplois,
revenus et consommation. La grande majorité des personnes de ce groupe
bénéficie des relations économiques et commerciales entre la Chine et les États-
Unis, et de la relation de coopération entre la Chine et les États-Unis dans son
ensemble. Par exemple, les entreprises pour lesquelles ils travaillaient tiraient des
bénéfices du commerce entre la Chine et les États-Unis, qui se traduisaient en
partie par des revenus pour leurs employés, ce qui augmentait leur niveau de
vie. Un exemple typique est celui de General Motors, dont la principale source
de profit est depuis longtemps la coopération avec SAIC à Shanghai. L'un des
facteurs clés du retour de GM à Wall Street en 2010, après une restructuration
consécutive à la crise financière mondiale de 2008, où l'entreprise a connu de
graves difficultés, un retrait de la cote et une faillite, a été la reconnaissance
par les investisseurs de sa rentabilité et de ses perspectives de croissance dans
le monde et en Chine en particulier. En ce sens, la coopération économique et
commerciale sino-américaine a sauvé GM, et assuré également la régularité des
revenus et des moyens de subsistance de ses employés. En outre, ce groupe de
personnes bénéficie également du faible coût des biens de consommation que la
Chine exporte vers les États-Unis, ce qui leur permet d'acheter à moindre prix des
articles de consommation courante tels que des réfrigérateurs, des ventilateurs,
des vêtements, des chapeaux et des jouets.

Le troisième groupe d'intérêts est représenté par ceux du complexe militaro-industriel pur et dur. Ils considèrent la Chine comme un ennemi stratégique des États-Unis pour des raisons d'intérêts locaux, et les États-Unis doivent donc accroître leurs dépenses militaires, intensifier la construction militaire et placer davantage de forces militaires autour de la Chine pour la contenir. Franchement, les intérêts de ce groupe ne sont pas alignés sur ceux des États-Unis dans leur ensemble, et ils ne représentent en aucune façon les intérêts fondamentaux du peuple américain.

En bref, nous devons voir que les politiques de l'administration Trump sont le résultat d'un jeu entre ces trois groupes d'intérêt. À certains moments, lorsque les intérêts du premier et du deuxième groupe dominaient, la coopération entre la Chine et les États-Unis continuait à progresser, alors que dans la période récente, ce sont peut-être les intérêts du troisième groupe qui ont prévalu et le conflit entre la Chine et les États-Unis a augmenté. Mais dans tous les cas, nous ne devons pas généraliser notre critique de l'administration Trump et l'étendre à la critique de toute la société américaine, voire à la confrontation avec les États-Unis dans leur ensemble, car cela nous fera perdre la spécificité de nos contre-mesures, affectera la précision de notre analyse politique et de notre prise de décision, et sera très préjudiciable à notre réponse rationnelle à la politique commerciale de l'administration Trump envers la Chine.

Deuxième malentendu : la simple pensée que tout ce que les États-Unis exigent est mauvais pour nous

La deuxième idée fausse de bas niveau est que nous devrions nous opposer à tout ce que les États-Unis exigent et soutenir tout ce à quoi ils s'opposent. Cette simple mentalité en noir et blanc, dans laquelle tu perds et je gagne, est nuisible. En fait, sur de nombreuses questions, en particulier les questions économiques et commerciales, nous devrions d'abord chercher à savoir ce dont l'économie chinoise a besoin, plutôt que ce que les Américains veulent. Nous devons être conscients que l'économie chinoise doit se développer avec une grande qualité, qu'elle doit innover et se moderniser, et que la réforme et l'ouverture doivent donc continuer à progresser.

Nous devons reconnaître que la protection de la propriété intellectuelle doit être encore renforcée, ce qui est essentiel pour accroître notre dynamisme économique global grâce à l'innovation ; que l'État de droit doit également être renforcé, ce qui est essentiel pour le fonctionnement de divers marchés, y compris le marché boursier ; et que la réforme des entreprises publiques doit également progresser, avec un total de 183 500 milliards de USD, soit l'équivalent de deux fois la taille du PIB, à la fin de 2017. Les actifs publics doivent être exploités plus efficacement et les mécanismes internes des entreprises publiques doivent être transformés conformément aux lois de l'économie, ce dont nous avons nous-mêmes besoin.

Les revendications des États-Unis peuvent être résumées en deux niveaux. Le premier niveau est que les Américains sont impatients d'intervenir, impatients de faire avancer les choses, et qu'ils sont agressifs et dominateurs, une attitude et une approche que la Chine n'acceptera jamais. À ce niveau, nous devons répondre fermement et rejeter les exigences déraisonnables des États-Unis et leur ingérence brutale dans nos affaires intérieures.

Le deuxième niveau est constitué d'un certain nombre de changements spécifiques que les États-Unis ont demandé à la partie chinoise d'effectuer, dont certains sont, dans une certaine mesure, conformes à l'orientation de la réforme que la Chine elle-même a fixée. Nous devons être conscients que de nombreux aspects sont dans l'intérêt du développement à long terme de la Chine, et nous ne devons pas nous y opposer aveuglément simplement parce qu'il s'agit de demandes américaines. Cela signifie que nous devons faire la distinction entre la manière américaine de négocier et les exigences spécifiques de la négociation, entre la mentalité de l'avocat américain, l'ingérence dans les affaires intérieures d'autres pays, l'imposition de la lettre de la loi et de son application aux pays étrangers, et les exigences réelles des États-Unis, et ne pas supposer mécaniquement qu'il est impossible de négocier ou de négocier avec les États-Unis.

Troisième malentendu : boycotter tout ce qui est américain et cesser de s'informer sur les avantages qui peuvent nous être utiles

Le troisième malentendu consiste à résister à tout ce qui est américain en raison de la politique dure de l'administration Trump à l'égard de la Chine, et à cesser de faire preuve d'ouverture d'esprit pour apprendre des mérites des États-Unis dans de nombreux domaines. Alors que nous continuons sur la voie du renouveau national, nous devons être ouverts à l'apprentissage des forces du reste du monde. Les États-Unis sont la première puissance mondiale aujourd'hui, et ils doivent avoir quelque chose d'unique dont nous devrions nous inspirer.

Nous ne devons pas rejeter aveuglément tout ce qui concerne les États-Unis simplement parce que certaines personnes aux États-Unis considèrent la Chine comme un rival stratégique à contenir ou nous traitent comme des élèves à qui l'on dit quoi faire.

Plus précisément, les caractéristiques suivantes des États-Unis et de leur population méritent que l'on s'en inspire.

Tout d'abord, l'attitude positive et optimiste du peuple américain est particulièrement digne de notre apprentissage. Par exemple, aux États-Unis, de nombreux supporteurs sont fermement attachés à leur équipe favorite, mais il y a très peu de bagarres entre supporteurs « purs et durs » de différentes équipes. Si leur équipe n'obtient pas de bons résultats lors d'un match particulier ou même au cours d'une saison particulière, les supporteurs restent quand même à leurs côtés, reconnaissant le résultat, ne cherchant pas d'excuses et encourageant l'équipe à trouver les problèmes et à aller de l'avant. Un exemple parfait est celui des Boston Red Sox de la Ligue américaine de Baseball professionnel, qui n'ont pas gagné de championnat pendant plus de 90 ans de leurs presque 100 ans d'existence, mais qui ont la réputation nationale d'avoir des fans adorables et loyaux, dont des professeurs de Harvard et du MIT.

Deuxièmement, les traits culturels du peuple américain, à savoir la tolérance et le respect de la diversité, méritent également d'être appris. Les États-Unis sont un pays multiethnique et multiculturel, connu sous le nom de « melting-pot ». En général, depuis sa fondation, la société américaine est devenue de plus en plus tolérante à l'égard du multiculturalisme, et le peuple américain a largement respecté les caractéristiques innées et les choix de vie des autres et a été capable de travailler harmonieusement avec ceux qui sont « différents » d'eux-mêmes. C'est pour cette raison que des personnes de toutes couleurs, nationalités, personnalités et orientations sexuelles peuvent jouir d'une vie relativement stable et confortable et tirer le meilleur parti de leurs talents sur le lieu de travail. La tolérance et le respect de la diversité sont les fondements les plus importants d'un progrès innovant.

Troisièmement, en général, le public américain respecte la loi et les règles. Dans la situation actuelle, par exemple, malgré le fait que beaucoup de gens méprisent de nombreuses actions de Trump, ce dernier est, après tout, un président démocratiquement élu et un produit du système politique américain, et en tant que tel, le peuple américain obéit à son administration et n'enfreint pas la loi en prenant d'assaut la Maison Blanche ou le Bureau de l'immigration. Le peuple américain est plus ouvert aux solutions juridiques à ses différends avec Trump, et il soutient les avocats qui intentent des procès contre les décrets de Trump devant les cours de circuit et la Cour suprême fédérale comme moyen de réparer les méfaits du président. Ce sens des règles et de la loi chez le peuple américain n'est souvent pas compris par les étrangers. Beaucoup de gens pensent que l'Amérique est la société libre par excellence où les gens peuvent faire ce qu'ils veulent, mais ce n'est pas le cas.

De même, la Chine peut apprendre de divers pays tels que le Japon, l'Allemagne et le Royaume-Uni en faisant preuve d'ouverture d'esprit. Nous pouvons nous inspirer de l'esprit de gestion méticuleuse des Japonais et travailler sans relâche pendant des décennies pour régler les « petites choses ». Nous pouvons apprendre de la rigueur et de la discipline, de la pensée rationnelle et de la vision à long terme des Allemands. Nous pouvons tirer des enseignements de la capacité des Britanniques à être pragmatiques et sensibles à la situation : dans l'ensemble, la Grande-Bretagne n'a pas commis d'erreurs majeures en matière de stratégie internationale au cours des 500 dernières années, et c'est une chose dont nous pouvons tirer des enseignements en termes de fonctionnement de la politique internationale. Dans le même temps, nous devrions également tirer des enseignements de la capacité britannique à analyser la réalité et à distiller des théories dans les sciences sociales, notamment l'économie. Le Royaume-Uni est le berceau de l'économie moderne et reste l'un des meilleurs pays pour donner vie à l'économie et à la pensée des sciences sociales en général.

Dans l'environnement international actuel, où les frictions commerciales entre la Chine et les États-Unis deviennent de plus en plus complexes et montrent même des signes d'escalade, nous devrions faire preuve d'une plus grande ouverture d'esprit pour apprendre du reste du monde. Ce n'est qu'alors que la Chine pourra surmonter ses difficultés actuelles, aller de l'avant et réaliser son rêve d'un grand rajeunissement de la nation chinoise.

Le nouveau rôle de la Chine depuis Davos

La réunion annuelle du Forum économique mondial qui se tient à Davos, en Suisse, est une fenêtre importante sur l'évolution du paysage mondial, et cela est particulièrement vrai pour le Forum de Davos de janvier 2017, qui sera probablement un événement marquant reflétant les changements futurs de l'économie mondiale.

Lors de la conférence, le président chinois Xi Jinping a présenté à un haut niveau le point de vue de la Chine sur un certain nombre de questions majeures dans le monde d'aujourd'hui, notamment que « les modèles de croissance économique, de gouvernance et de développement dans le monde présentent des problèmes qui doivent être résolus » et que « nous devons avoir la sagesse d'analyser les problèmes et le courage d'agir »[1]. La mondialisation doit être promue de manière pragmatique, et non à l'envers. Il s'agit d'un appel à un nouveau type de mondialisation à la chinoise, qui établit clairement la position de la Chine en tant que nouveau leader de la gouvernance mondiale et de la mondialisation.

En revanche, les analyses des participants sur l'avenir de l'administration Trump et les changements dans le paysage politique et économique de l'Occident dans son ensemble au cours de la période à venir étaient pessimistes, ce qui a conduit à la conclusion que l'Occident se retire progressivement du processus de mondialisation et de sa position de leader dans la gouvernance mondiale, et suivra sa propre voie, entrant dans une période de développement plus chaotique. Cela signifie de nouvelles possibilités de leadership pour la Chine.

---

1. Xi Jinping, *La gouvernance de la Chine,* Volume 2, Maison d'Édition en langues étrangères, 2017, page 480

L'arrivée au pouvoir de Trump marque la fin de l'ère de la domination américaine

Lors du Forum de Davos, Ian Bremmer, président de l'Eurasia Group et spécialiste de politique internationale, a souligné avec force que l'arrivée au pouvoir de Donald Trump n'est pas tant le reflet du mécontentement de l'opinion publique américaine à l'égard du statu quo que celui, plus profond, de l'abandon par les États-Unis de leur position de puissance mondiale absolue.

Il a souligné que Trump a critiqué à plusieurs reprises une série d'erreurs dans les administrations de Clinton, George W. Bush et Obama. En fait, c'est uniquement parce qu'il veut critiquer leurs politiques qui ont conduit au déclin du statut relatif des États-Unis. Les États-Unis ne sont plus le grand pays qui est grand et dont la parole compte. Le déclin du statut relatif des États-Unis a eu toutes sortes de répercussions sur la population, y compris sur l'élite. Par exemple, il n'est plus possible pour les États-Unis de dominer seuls le paysage politique du Moyen-Orient, ni d'avoir leur mot à dire sur les questions de commerce international. Cela a conduit à la perte de toute la nation américaine. Par conséquent, en substance, les États-Unis doivent accepter leur nouveau statut historique de membre d'un système mondial pluraliste.

Trump ne représente pas la volonté du peuple et son administration repose sur des bases extrêmement fragiles

De nombreux participants ont souligné que Trump n'est pas un président qui représente réellement la majorité du peuple américain ; il est plutôt arrivé au pouvoir par accident et par un coup de chance. En fait, Trump n'a pas eu le soutien d'une majorité écrasante d'électeurs lors de l'élection américaine et a perdu contre Hillary lors de l'élection générale. Il a profité du mécontentement de certains travailleurs blancs dans deux États du Midwest et en Pennsylvanie, cet état de l'Est, et a exploité les « failles » du système électoral américain pour accéder au pouvoir. L'arrivée au pouvoir de Trump s'inscrit donc dans un contexte complètement différent de celui de Reagan et de Margaret Thatcher, et a en fait conduit à une division plutôt qu'à une unité de la politique américaine.

Il s'est avéré qu'après Davos et au moment où Trump a prêté serment, des millions de personnes ont manifesté aux États-Unis et dans le monde entier. L'ère Trump pourrait être une ère de division plutôt qu'une ère d'unanimité et de progrès constants.

Sur le plan politique, cela pourrait signifier que de nombreux membres du Congrès sont réticents à travailler avec la Maison Blanche par crainte de leur propre réélection face à un fort sentiment anti-Trump dans leurs districts.

Remise en question des compétences administratives de l'administration Trump

Dans les différentes sessions à Davos, les participants ont beaucoup parlé du fait que la capacité exécutive de l'administration Trump pourrait être très discutable. De nombreux économistes ont souligné que l'administration Trump n'est pas soutenue par des économistes ayant une expérience en matière de politique économique, contrairement à l'ère Reagan. L'« économie de l'offre » de l'ère Reagan était soutenue par des universitaires tels que Martin Feldstein, professeur à Harvard, alors qu'il n'y a aucun économiste qualifié dans l'administration Trump.

Contrairement aux universitaires sérieux, il y avait à Davos un « gros joueur » de l'équipe Trump, portant des lunettes de soleil et flanqué de son entourage et de journalistes, qui allait et venait dans les différents sous-forums, appelé Anthony Scaramucci. Lui et moi avons partagé la scène d'un forum public pour discuter de l'avenir de la politique monétaire mondiale, il n'a aucun point de vue particulier. Après la réunion, j'ai découvert qu'il était diplômé en droit, ancien cadre de la banque d'investissement Goldman Sachs, et qu'il avait ensuite fondé sa propre société de gestion d'actifs, c'une personne typique de Wall Street.

En outre, l'administration Trump manque d'anciens responsables expérimentés de l'administration, elle est constituée pour la plupart d'anciens cadres de grandes entreprises et de Goldman Sachs et de généraux à la retraite, qui pourraient ne pas bien connaître le fonctionnement du gouvernement et du Congrès, ce qui pourrait entraîner des difficultés dans les premières années de l'administration Trump.

À la lumière de l'analyse ci-dessus, non seulement l'administration Trump est sur un terrain très instable, mais le processus de formulation et de mise en œuvre des politiques risque également d'être extrêmement difficile. Mais Trump lui-même est un politicien extrêmement médiatisé et qui ne craint aucune controverse. Par conséquent, l'administration Trump risque de perdre de nombreuses batailles dans l'arène traditionnelle de l'élaboration des politiques, et Trump risque de faire des pieds et des mains lorsqu'il est sur tous les fronts. La partie chinoise doit être prête à faire face à cette situation.

La Chine doit porter haut la bannière d'un nouveau type de mondialisation, rester ferme dans sa confiance et répondre de manière calme et pragmatique aux nouveaux changements

Face aux provocations et aux chocs politiques de l'administration Trump, la Chine doit s'en tenir à la vue d'ensemble et répondre positivement, ne pas trop s'engager dans des guerres d'opinion de bas niveau avec Trump, mais répondre calmement, distinguer les faux mouvements de l'administration Trump des vrais, et ne pas réagir de manière excessive. Par exemple, l'administration Trump entretient des liens étroits avec de grandes entreprises américaines, dont Goldman Sachs, et la Chine peut garder un œil sur un certain nombre de grandes entreprises américaines ayant une influence internationale, renforcer la communication avec elles, et faire un bon travail pour leur faire comprendre que l'inversion de la mondialisation est mauvaise pour l'économie américaine, et particulièrement mauvaise pour les grandes entreprises américaines.

Le monde est entré dans une nouvelle ère marquée par un retrait relatif de l'Occident, représenté par les États-Unis, et par une avancée majeure de la Chine en termes de gouvernance internationale et de mondialisation. Le Forum de Davos 2017 nous a montré ce panorama de manière très distinctive. C'est une toute nouvelle ère, offrant de nouvelles opportunités pour le développement de la Chine.

Comprendre que le capital du XXIe siècle ne peut être séparé de la Chine

Après la crise financière mondiale de 2008, le monde occidental a traversé une douloureuse période de redressement. Bien que le PIB ait augmenté dans les principaux pays développés, dans la quasi-totalité d'entre eux, le monde est soudainement devenu un endroit moins beau qu'avant la crise, et la reprise semble être une reprise des riches, une réouverture de la manne de Wall Street. Vers quoi se dirigent les économies de marché des pays développés ? Quels types de réformes devraient être introduits ? Les pays développés d'aujourd'hui, malgré la confusion de la fin des années 1970 et du début des années 1980, n'ont pas d'idéologie unifiée avec des symboles et une direction claire, ni l'économie de l'offre promue par Margaret Thatcher et le président Reagan, ni l'économie keynésienne promue par le président Roosevelt.

Dans ce contexte, le nouveau livre de l'économiste français Thomas Piketty, Le capital au XXIe siècle, a atteint sans encombre la liste des best-sellers occidentaux et suscité des débats intenses.

Comment les lecteurs chinois doivent-ils comprendre ce livre ? Ses idées tiennent-elles la route ? Ses prédictions se réaliseront-elles ? Ses prescriptions pour l'économie de marché contemporaine sont-elles exactes et peuvent-elles être mises en œuvre ? Ce point est crucial pour la Chine, qui est déjà intégrée au marché mondial. C'est pourquoi une analyse très minutieuse est nécessaire.

Les deux découvertes majeures de Piketty

Dans son livre, Thomas Piketty s'appuie largement sur ses propres statistiques et celles d'autres économistes pour illustrer ses deux conclusions.

Premièrement, au cours des 300 dernières années, le fonctionnement des économies de marché (j'évite ici sciemment d'utiliser le terme « économies capitalistes » en raison des connotations idéologiques évidentes du capitalisme, qui est souvent utilisé dans l'esprit du public pour décrire les arrangements institutionnels des économies de marché dans les pays développés à la fin du XIXe et au début du XXe siècle, alors que le système économique de base dans les pays développés aujourd'hui est complètement différent de celui d'il y a plus de 100 ans) dans les pays développés[1] le rapport entre le capital et le revenu national a connu des changements clairs et réguliers : entre 1700 et 1910, il a atteint 600 à 700 % ; entre 1914 et 1945, il a diminué pour se stabiliser à 200-300 % ; après l'introduction des politiques néolibérales dans les années 1980 dans des pays comme le Royaume-Uni et les États-Unis, il a augmenté progressivement jusqu'à 500 %-600 %, et continue d'augmenter. Dans le même temps, la part des gains de richesse dans le PIB global a augmenté, passant d'environ 20 % en 1975 à 25-30 % en 2010.

Deuxièmement, une autre conclusion importante de l'ouvrage est que la concentration ou l'inégalité de la propriété du capital est en hausse. Par exemple, le montant du capital détenu par les 1 % les plus riches de la population américaine est passé de moins de 10 % il y a vingt ou trente ans à plus de 20 % aujourd'hui.

Sur la base de ces deux constatations, les auteurs concluent que l'économie de marché moderne présente de graves problèmes, que le stock de richesse augmente, que la part de la richesse dans le PIB augmente, que la répartition de la richesse devient de plus en plus inégale, que la part de la richesse des classes de profiteurs dans les pays développés du monde d'aujourd'hui revient aux niveaux d'avant la Première Guerre mondiale, que les classes de profiteurs se redressent, qu'une économie de marché démocratique et équitable est loin et que des mesures extrêmes doivent être prises pour y remédier. L'une des propositions politiques des auteurs consiste à s'attaquer au problème de l'aggravation de la disparité des richesses en imposant des taxes élevées aux personnes fortunées et aux capitaux à l'échelle mondiale.

Il faut dire que les deux découvertes historiques faites par Piketty et son équipe, après près d'une décennie de recherches, sont bien documentées. Bien

---

1. Dans son livre, il utilise à plusieurs reprises le concept de revenu national plutôt que celui de PIB, qui est le revenu total des habitants d'un pays moins les amortissements, plutôt que le montant total de l'activité économique qui a lieu dans le pays, et qui est plus étroitement lié au bien-être de ses habitants.

que les journalistes du *Financial Times* aient soulevé quelques questions à ce sujet, la communauté économique dans son ensemble a accepté les travaux de recherche statistique de Piketty. Il s'agit d'une contribution importante qui doit être pleinement reconnue.

Comment expliquer et comprendre les découvertes de Piketty

La question est de savoir comment interpréter ces deux découvertes majeures et, sur cette base, de prédire si ces deux tendances vont se poursuivre.

Dans son livre, Thomas Piketty affirme que ces deux tendances sont la règle inévitable de l'économie de marché contemporaine et que des mesures institutionnelles doivent être prises pour freiner leur développement. Cependant, son interprétation de ces deux tendances a été très controversée au sein de la communauté économique, la plupart des économistes traditionnels étant en désaccord sur la base des recherches effectuées.

Tout d'abord, quelles sont les raisons de l'augmentation du ratio capital/revenu et va-t-il continuer à augmenter ? À cet égard, Thomas Piketty a proposé une théorie simple : le ratio capital/revenu dépend du taux d'épargne net d'une économie (exprimé par s, c'est-à-dire le revenu national brut moins la consommation nationale, y compris les dépenses publiques, moins la dépréciation, et le résultat divisé par le PIB) et du taux de croissance réel du PIB (g). Plus s/g est élevé, plus le ratio capital/revenu est élevé. Il affirme que le ratio capital/revenu a augmenté parce que le progrès technologique dans les pays développés ralentit et que g diminue alors que s reste inchangé.

En fait, cette simple affirmation ne vaut que dans le cas d'une situation stable, où le taux d'épargne net s reste constant. Cependant, la première conclusion de Thomas Piketty est que le capital et le revenu augmentent, ce qui implique que s doit baisser. Comme la dépréciation est positivement liée au stock de capital, à un certain niveau de capital, la dépréciation finit par absorber la totalité de l'épargne brute, ce qui conduit à une épargne nette nulle. Plus important encore, alors que le stock de capital augmente avec l'investissement, sa production marginale finit par décliner, une conclusion fondamentale du dernier siècle de recherche économique. Il est particulièrement important de considérer ici qu'il sera de plus en plus difficile pour le capital de remplacer le travail, ce qui, dans le jargon économique, signifie que l'élasticité marginale de substitution entre le capital et le travail diminuera, ce qui signifie que le capital deviendra moins efficace en termes de production, de sorte que la capacité du capital à dégager des rendements diminuera, et que le rendement global du capital en tant que proportion du revenu national diminuera. En d'autres termes, je crains que les conclusions de Thomas Piketty ne puissent pas prédire simplement l'avenir.

Deuxièmement, Piketty donne également sa propre théorie simple sur l'augmentation de la concentration de la richesse ou de la répartition du capital. Il affirme que tant que le taux de rendement net du capital, hors amortissement, r (environ 4,5 % dans les pays développés), est supérieur au taux de croissance économique, g (environ 1,5 % dans les pays développés), la quantité de capital/richesse dans une société sera de plus en plus inégalement répartie, ceux qui possèdent le plus de capital devenant de plus en plus riches.

La raison pour laquelle cette théorie ne correspond pas nécessairement à la réalité est que, même si le taux de rendement du capital augmente, le propriétaire peut dilapider son capital, son capital improductif peut être converti en consommation dans le processus économique, et son capital productif peut être déprécié, de sorte que la richesse des propriétaires eux-mêmes ne continuera pas nécessairement à augmenter.

En réalité, dans de nombreux pays, la transmission de la richesse et du capital est discontinue, et les Chinois ont un dicton selon lequel « la richesse ne survit jamais à trois générations ». Mon équipe de recherche et moi-même avons analysé la structure économique de la Chine ancienne au cours des dix dernières années et nous avons constaté que le PIB par habitant a diminué entre la dynastie des Song du Nord et le milieu ou la fin de la dynastie des Qing et que les taux de croissance économique étaient extrêmement faibles, généralement inférieurs à 0,3 %. Dans ce contexte, le taux de rendement du capital et de la terre dépasse de loin le taux de croissance du PIB, mais comme l'épargne provenant de grandes quantités de capital ne va pas dans la production mais devient une richesse improductive, et qu'il n'y a pas de système d'héritage primogénital dans l'histoire chinoise, la richesse est répartie de manière égale entre les nombreux descendants des riches, ce qui entraîne une concentration relativement faible de la richesse entre les générations. L'éclatement des familles est un phénomène courant dans l'histoire de la Chine.

Considérer les limites des conclusions de Piketty du point de vue de l'essor économique de la Chine

En plus de la discussion méthodologique ci-dessus, de quel point de vue les deux principales conclusions de Piketty peuvent-elles être considérées ?

Je pense que le développement de l'économie de marché mondiale, y compris l'essor de l'économie chinoise, doit être étudié dans son ensemble afin d'en acquérir une compréhension globale et approfondie. En d'autres termes, il ne faut pas se contenter d'étudier le développement économique d'une vingtaine de pays développés, et c'est là que réside la plus grande limite de la recherche de Thomas Piketty.

Comme nous le savons, après la Seconde Guerre mondiale, le monde a connu une vague d'indépendance nationale anti-coloniale. De nombreux pays non développés, en particulier les anciens pays coloniaux, se sont orientés vers un développement indépendant et autonome et un développement économique relativement fermé.

On peut donc affirmer qu'au cours des quelque 30 années qui se sont écoulées depuis la fin de la Seconde Guerre mondiale, les économies de marché des pays développés, dont le Royaume-Uni et les États-Unis, se sont développées dans un cycle relativement fermé et auto-entretenu. Dans ce contexte, la rareté du travail par rapport au capital a augmenté et le travail est devenu relativement cher, ce qui, avec la mise en œuvre de divers systèmes de sécurité sociale, a conduit à un niveau élevé relativement stable des revenus du travail par rapport au PIB et à une proportion relativement faible des revenus du capital par rapport au PIB. Cela a conduit à un schéma d'accumulation du capital relativement lent dans les pays développés au cours des quelque 30 années après la Seconde Guerre mondiale.

Toutefois, l'accélération de la mondialisation après les années 1980, et en particulier l'essor d'un groupe de pays émergents, la Chine en tête, a entraîné un retour croissant du capital et de la technologie des pays développés à l'échelle mondiale. Dans le même temps, l'abondance de main-d'œuvre bon marché dans les pays émergents a entraîné des changements spectaculaires sur les marchés du travail des pays développés, notamment un affaiblissement des syndicats et un ralentissement relatif de la croissance des salaires. Ce changement révolutionnaire a entraîné une augmentation du taux de rendement du capital dans les pays développés, par exemple, la faible croissance des salaires des travailleurs en Allemagne au cours des 20 dernières années et l'augmentation rapide des bénéfices des entreprises, ce qui explique pourquoi la proportion du stock de capital dans les pays développés a augmenté au cours de cette période.

Si on pousse plus loin cette réflexion, on constate des changements importants dans la structure de l'économie chinoise : une pénurie relative de main-d'œuvre, une augmentation de la part du revenu du travail dans le PIB et une hausse des salaires des ouvriers. Étant donné l'importance de l'économie chinoise dans l'économie mondiale, cela aura un effet d'entraînement au niveau mondial, entraînant un nouveau changement de paradigme dans lequel le pouvoir de négociation relatif de la main-d'œuvre face au patronat augmentera dans le monde entier, la part des revenus du travail étant susceptible d'augmenter progressivement et le taux d'accumulation du capital dans les pays développés ralentissant. Comme le taux d'épargne de la Chine reste élevé, le ratio stock de capital/PIB augmente.

Le facteur Chine doit être considéré dans le contexte de l'évolution du paysage économique mondial, et si la Chine est omise de l'analyse, les faits économiques seront déformés. En fait, si l'on considère la répartition mondiale des revenus et des richesses, la part des 10 % de revenus mondiaux les plus élevés et la part des 10 % de richesses mondiales les plus élevées dans le revenu mondial total doivent avoir diminué au cours des quelque 30 dernières années, c'est-à-dire que l'écart de revenu mondial global s'est réduit. Pourquoi ? Parce que les niveaux de revenus d'économies telles que la Chine, qui étaient extrêmement pauvres il y a 30 ans, ont augmenté de façon spectaculaire aujourd'hui, tout comme les niveaux de richesse. Ainsi, si on les considère globalement, les deux conclusions de Thomas Piketty sont, je le crains, inversées.

Les recommandations politiques méritent particulièrement d'être examinées

Alors, les propositions politiques de Piketty tiennent-elles la route ? Les hauts revenus et la richesse devraient-ils être taxés à un taux élevé, comme il le suggère ?

C'est un domaine dans lequel son analyse est particulièrement incomplète, car de nombreux facteurs influencent les dispositions institutionnelles de l'économie de marché d'une société, et de nombreux détails clés doivent être examinés en particulier. Par exemple, en Allemagne, qui est également une économie de marché, l'introduction de représentants des parties prenantes, tels que les syndicats ou les employés, dans la structure de gouvernance des entreprises a non seulement limité le pouvoir du capital, mais a également favorisé la coopération entre les travailleurs et la direction, avec un taux de grèves beaucoup plus faible qu'au Royaume-Uni et aux États-Unis, et sans que le fossé entre les riches et les pauvres ne se creuse comme aux États-Unis. En Allemagne, par exemple, le secteur financier n'est pas séparé de l'économie réelle comme c'est le cas aux États-Unis, et son développement est strictement réglementé. De son côté, le gouvernement soutient en permanence le développement des entreprises réelles et les entreprises réelles familiales sont totalement exonérées de droits de succession si elles restent en activité. Ce soutien à long terme du capital productif et l'encouragement des entreprises familiales à participer à la gestion par le biais de la propriété du capital semblent être un arrangement institutionnel important pour le développement économique à long terme et une situation gagnant-gagnant pour le capital et la société. En bref, il y a trop d'arrangements institutionnels dans les rouages de l'économie de marché locale pour promouvoir l'harmonie entre le capital et le travail pour que des mesures extrêmes soient prises qui ciblent la richesse ou le capital. Ces mesures entraînent souvent la fragmentation de l'ensemble de la société et une baisse de la vitesse de développement économique.

Différence essentielle entre richesse et capital

Enfin, il convient de souligner que l'étude de Piketty ne clarifie pas la distinction entre richesse et capital. La richesse doit être définie au sens large pour inclure à la fois le capital productif, comme les actions, et le capital de consommation, comme les logements, tandis que le capital fait généralement référence aux facteurs de production qui sont directement impliqués dans le processus de production et de distribution et qui peuvent étendre l'échelle de production et générer des rendements. Il est important de clarifier ces deux concepts, car, dans les sociétés modernes, l'écart dans la répartition des richesses se reflète principalement dans l'écart dans le capital productif. Par exemple, la richesse de Bill Gates richesse ne vient pas de la possession de maison, de voiture ou d'objets de collection, mais plutôt de la valeur des capitaux propres qu'il possède dans Microsoft. Ce qui fait de lui l'une des personnes les plus riches du monde, loin devant l'individu moyen.

En outre, la nature du capital productif est très différente de celle de la richesse de consommation, et les deux ne sont pas proportionnels ; ceux qui ont plus de capital productif ne consomment pas nécessairement plus. Par conséquent, l'élargissement de l'écart de richesse, qui découle principalement de l'écart de capital productif, n'équivaut pas à un élargissement de l'écart de bien-être social ; au contraire, ceux qui possèdent plus de capital productif ne bénéficient pas nécessairement d'une proportion égale et supérieure de bien-être social.

Si la société dans son ensemble souscrit réellement à la philosophie de Piketty qui sous-tend un impôt sur la fortune élevé, il serait préférable d'imposer un impôt progressif sur la consommation excessive, y compris sur la richesse de consommation excessive.

Ce n'est qu'en clarifiant ces deux concepts que nous pourrons reconnaître la clé du processus de réforme institutionnelle : réduire l'interférence excessive des groupes de capitaux riches, en particulier des groupes de capitaux très productifs, dans le processus de prise de décision de la société. Lorsque les groupes à forte richesse et surtout à fort capital auront une voix particulièrement forte dans le processus décisionnel de la société, ils changeront l'orientation de l'ensemble de la société, qu'ils ne représentent pas nécessairement, et c'est là-dessus que devrait porter la discussion. Le simple fait d'axer la discussion sur la répartition globale de la richesse elle-même peut être assez trompeur.

En général, la sélection des sujets et le détail des données dans le livre de Piketty sont excellents, mais il est négligent en théorie et grossier dans les recommandations politiques.

Cependant, je voudrais souligner, ici, en particulier, que l'influence d'un livre à succès va souvent bien au-delà du domaine académique. Bien que le *Capital au XXIe siècle* de Piketty ne soit peut-être pas entièrement approuvé par ses pairs sur le plan académique, il est très probable qu'il entraînera un débat majeur et une révolution dans la philosophie politique et économique des pays occidentaux. Les héritages idéologiques de Margaret Thatcher et de Ronald Reagan pourraient être ébranlés et renversés par le livre à succès d'un économiste français.

La Banque asiatique d'investissement pour les infrastructures encourage la réforme du système de gouvernance internationale

La Banque asiatique d'investissement pour les infrastructures (BAII), proposée par le secrétaire général Xi Jinping en octobre 2013, a attiré l'attention du monde entier. Un grand nombre d'alliés inconditionnels des États-Unis, dont le Royaume-Uni et le Canada, se sont bousculés pour rejoindre ou envisager de rejoindre la BAII en tant que membres fondateurs.

C'est une occasion unique, et la Chine doit la saisir pour lancer un appel à la réforme du système international de gouvernance économique et apporter à l'économie mondiale un vent nouveau qui n'a que trop tardé !

Contexte : réforme du système de Bretton Woods

En juillet 1944, lors de la conférence internationale qui s'est tenue à Bretton Woods, dans le New Hampshire, aux États-Unis, et qui a défini le cadre de base des institutions de gouvernance économique internationale pendant 70 ans après la Seconde Guerre mondiale, le gouvernement nationaliste chinois a envoyé une énorme délégation dirigée par Kong Xiangxi, la deuxième plus importante après l'hôte, les États-Unis. M. Kong, qui était bien versé dans les affaires étrangères, a préparé un programme chinois, mais malheureusement personne ne s'y intéressait, tant le pays était faible. Le grand représentant britannique, le grand économiste Keynes, si puissant et fougueux, était encore plus ambitieux et a présenté un ensemble de propositions. Malheureusement, l'ordre international est basé sur le pouvoir, et l'accord final était essentiellement une production américaine, et Keynes, plein d'entrain en arrivant, est reparti complètement déçu.

Le système international mis en place lors de la conférence consistait en une « troïka » : l'OIC (Organisation internationale du commerce, qui n'avait pas pu voir le jour à l'époque à cause de l'obstruction du Congrès américain, a été rétrogradée par la suite en GATT et est devenue l'Organisation mondiale du commerce en 1995) pour promouvoir le libre-échange, le FMI (Fonds monétaire international) pour stabiliser la finance internationale, et la Banque mondiale pour aider les pays pauvres à se développer. Au cours des 70 dernières années, ce système a apporté une contribution certaine à la résolution des grands problèmes mondiaux et à la réponse aux différentes crises.

Mais pour l'instant, le char qui a soutenu la croissance économique mondiale pendant 70 ans montre des signes de fatigue et doit être réformé de toute urgence. Les États-Unis, défenseurs et bénéficiaires de ce système, ont fait preuve d'une inertie marquée ces dernières années, non seulement en ne proposant pas de réformes, mais aussi en faisant obstruction et en sapant celles qui ont été mises en place. L'exemple le plus évident en est l'approbation tardive par le Congrès américain de la proposition de réforme du vote du FMI, qui a suscité un fort mécontentement parmi de nombreux États membres, y compris des pays européens.

Les pays européens, dont le Royaume-Uni, ont en fait été les victimes à court terme de ce cycle de réforme du FMI. Ils ont accepté le paquet de réformes, même s'ils avaient les droits de vote les plus réduits, tandis que les États-Unis, qui ont fait peu de concessions dans le paquet de réformes, ont constamment exprimé leur opposition, ce qui a suscité l'indignation des autres pays. Cela explique pourquoi le Royaume-Uni a pris la tête de la révolte et que des pays développés comme le Canada se sont rebellés et ont voté pour la Chine. Il s'agit en fait d'un signal important. En fait, avant cela, le Royaume-Uni, le Canada et d'autres alliés des États-Unis avaient activement promu la coopération avec la Chine sur des questions telles que l'internationalisation du CNY, qui contrastait fortement avec l'attitude des États-Unis et offensait directement les États-Unis. Cela indique clairement que l'hégémonie du dollar américain n'est plus populaire au niveau international et que ses alliés se sont séparés des États-Unis sur la question centrale du dollar. La BAII est simplement un moyen de mettre en lumière ce nouveau paysage.

Arrogance américaine : problèmes fondamentaux du système actuel de gouvernance internationale

Il existe trois problèmes fondamentaux dans le système actuel de gouvernance économique internationale, dominé par les États-Unis.

Premièrement, elle n'a pas répondu aux nouvelles demandes des pays émergents représentés par la Chine, mais a maintenu la position hégémonique des pays développés dans le système de gouvernance internationale. Prenons l'exemple de la crise financière russo-asiatique de 1997-1998, le FMI lui-même admet aujourd'hui que ses orientations politiques d'alors étaient erronées. Lorsque la crise financière a éclaté dans les pays asiatiques, les pays développés, dont les États-Unis, sont restés les bras croisés, et le FMI a prescrit l'austérité, l'austérité et encore l'austérité. Au milieu du chaos qui régnait sur les marchés financiers, les pays en crise ont été invités à resserrer leurs politiques monétaire et fiscale. Cela équivaut à fermer le robinet qui était censé éteindre le feu en cas d'incendie dans une maison. Ces propositions sont totalement erronées et vont dans la direction opposée, comme le FMI l'a pleinement reconnu dans son autoévaluation. La cause profonde de ce problème est que le FMI ne tient pas vraiment compte des intérêts des pays émergents. En revanche, lors de la crise financière mondiale de 2008, la Réserve fédérale des États-Unis et la Banque d'Angleterre ont adopté une politique totalement contraire à celle préconisée par le FMI en 1997, qui consistait essentiellement à « assouplir, assouplir, assouplir encore », et ont eu un effet de sauvetage relativement bon, facilitant une reprise relativement rapide des économies américaine et britannique.

On peut se demander si la politique susmentionnée du FMI est le résultat d'une sensibilisation ou de compétences limitées de son personnel interne. En fait, d'après mon expérience acquise en traitant avec le FMI au fil des ans, le personnel du FMI est très qualifié et la gestion du FMI exceptionnellement centralisée, les rapports de politique d'une certaine importance (tels que le taux de change du CNY) et le financement doivent être approuvés de manière centralisée. Le cœur de cette approbation est le comité des directeurs exécutifs du FMI, et les États-Unis ont une influence particulièrement forte tant à l'intérieur qu'à l'extérieur du comité des directeurs exécutifs. C'est pourquoi, il est impossible pour le FMI de surveiller et de guider sérieusement la politique monétaire et fiscale américaine conformément à la charte du FMI, et encore plus impossible de la critiquer publiquement. En d'autres termes, les États-Unis sont le chef de classe et le FMI est son représentant désigné, celui-ci ne pouvant rien faire si le chef de la classe ne rend pas son travail.

Deuxièmement, la réticence des États-Unis à renoncer à leur droit de veto unique au FMI et à la Banque mondiale a suscité un ressentiment généralisé. La réforme susmentionnée des droits de vote au FMI a clairement montré les intentions des États-Unis, et le précédent jeu des présidences de la Banque mondiale a également reflété l'approche hégémonique des États-Unis, qui interdit fermement l'élection de citoyens non américains. À l'heure actuelle, la réforme du vote du FMI est en faillite et la propre alternative du FMI (le « plan B ») n'est pas encore disponible. D'autre part, la gestion interne de la Banque mondiale est actuellement très chaotique et le moral est en berne. L'actuel président de la Banque mondiale n'a pas prouvé qu'il était un leader fort et risque de devenir le président le plus inefficace de l'histoire de la Banque, un professeur dans le domaine de la santé qui est incompétent et inexpérimenté en matière de développement économique, de lutte contre la pauvreté et même de gestion interne de grandes institutions. Selon la logique des organisations commerciales, un tel P.-D.G. aurait dû être licencié plus tôt, mais les États-Unis n'étaient pas heureux de voir leur P.-D.G. désigné renvoyé de son poste ainsi, ce qui aurait été trop humiliant pour la Maison Blanche.

Troisièmement, les États-Unis, en tant que principal émetteur de devises, n'ont pas assumé les responsabilités qui leur incombaient. L'économie américaine s'est redressée grâce à ses propres politiques d'assouplissement quantitatif, alors que les États-Unis ont reproché aux autres pays l'appréciation de leurs monnaies par rapport au dollar au moment de l'introduction de ces politiques. Aujourd'hui, alors que l'économie américaine elle-même se redresse, les États-Unis resserrent leur politique monétaire sans tenir compte de l'impact sur les autres pays, y compris les pays émergents. Aux yeux du monde, il est inapproprié que l'émetteur d'une monnaie internationale agisse uniquement dans l'intérêt économique de son propre pays, sans tenir compte de la situation des autres pays. Sur la base de l'analyse ci-dessus, il est peu probable que le FMI émette un avis contraignant.

En ce qui concerne ces problèmes, même les alliés stratégiques des États-Unis ont détourné le regard. Par conséquent, des pays tels que le Royaume-Uni ont choisi de rejoindre la BAII pour agir et prendre position, ce que l'on peut décrire comme « Rome ne s'est pas fait en un jour ».

Focus : comment la BAII doit-elle innover sur le plan institutionnel ?

La Banque asiatique d'investissement pour les infrastructures (BAII), initiée par le gouvernement chinois, n'est pas, au sens strict, en contradiction avec les institutions financières économiques internationales existantes. Cela s'explique par le fait qu'elle opère principalement en Asie et que ses investissements portent essentiellement sur le développement des infrastructures. Mais pourquoi attire-t-elle autant l'attention internationale ? Quels objectifs la Chine peut-elle atteindre avec la création de la BAII ?

L'auteur estime qu'il est crucial d'apporter un vent nouveau au monde, de montrer au monde, par le biais de l'innovation institutionnelle, que la Chine, en tant que puissance émergente responsable et puissance dotée d'une civilisation et de traditions anciennes, peut apporter de nouvelles idées au monde.

Premièrement, la mission doit être claire et positionnée de manière à refléter le royaume de l'altruisme et le sommet de la moralité. Dans cette perspective, la mission de la BAII devrait être de poursuivre le développement économique à long terme et la prospérité des populations de la région asiatique. En d'autres termes, la BAII ne sert pas les intérêts étroits de la Chine, mais vise à promouvoir le développement économique à long terme des pays voisins. Une mission aussi claire et noble aura un attrait à l'échelle mondiale.

Deuxièmement, les mécanismes de gouvernance doivent être innovants et ne jamais s'engager dans des dispositions d'intimidation à la manière des États-Unis. Plus précisément, pour refléter les intérêts et écouter les voix de multiples parties, il est important de ne pas imiter le système des comités de directeurs exécutifs d'institutions telles que le FMI et la Banque mondiale, où le comité est une action, une voix, et les États-Unis sont l'actionnaire majoritaire avec plus de 15 % et le vote doit être approuvé par plus de 85 %, donc le veto américain a alors été mis en place.

L'auteur estime que la BAII pourrait mettre en place trois comités. Le premier est le Conseil d'administration, où les pays se voient attribuer des sièges et des voix en fonction du montant de l'investissement ; le deuxième est le Conseil représentatif, similaire au sénat américain (où chaque État dispose de 2 sièges quelle que soit sa taille), c'est-à-dire que chaque pays dispose d'un siège indépendamment de sa taille ou de son investissement ; et le troisième est le Conseil consultatif, qui devrait inclure des représentants des organisations syndicales, des entrepreneurs, des représentants des marchés de capitaux, des leaders sociaux et même des représentants de la culture et de la protection environnementale des régions concernées. Ces trois comités travaillent ensemble et se consultent. Le Conseil d'administration a le pouvoir de prendre des décisions, mais les questions importantes doivent faire l'objet de discussions et de délibérations approfondies avant que les décisions ne soient prises, en vue de parvenir à un accord général avant que des décisions spécifiques ne soient prises. Cette approche consultative démocratique est une caractéristique fondamentale de la politique chinoise et s'inscrit dans la tendance actuelle : mettre l'accent sur la responsabilité sociale et à chercher à faire entendre des voix différentes à l'ère de la mondialisation. Ce n'est pas la même chose que le FMI ou la Banque mondiale où il y a « une action, une voix », où les questions importantes doivent être approuvées par 85 % et où les Américains ont longtemps détenu le droit de veto. Une telle structure de gouvernance de la BAII aura un attrait plus global.

Une autre question importante en matière de gouvernance pour la BAII est la nomination des hauts fonctionnaires, tels que le président. Les leçons à tirer de la Banque mondiale et du FMI sont que les nominations doivent être effectuées sur la base du mérite. Cela briserait les règles implicites du FMI, de la Banque mondiale et de la Banque asiatique de développement selon lesquelles la Banque mondiale doit être dirigée par un Américain, le FMI par un Européen et la Banque asiatique de développement par un Japonais. Si la BAII adopte une approche sélective en matière d'embauche, elle s'alignera sur la vague historique de la mondialisation.

Troisièmement, l'accent doit être mis sur le développement de la culture. La culture de toute organisation internationale, comme celle d'une entreprise, est l'ADN d'une entreprise durable. La BAII devrait mettre l'accent sur une culture d'ouverture, d'efficacité et d'inclusion. Une telle culture peut attirer des élites du monde entier à travailler pour elle. Cette culture permettra également de garantir que les décisions prises à la BAII sont rationnelles, efficaces et dans l'intérêt de la majorité des habitants des régions concernées.

Quatrièmement, le développement économique doit être le principal objectif de la prise de décision de la BAII, et les facteurs politiques et idéologiques ne doivent pas être pris en compte. Par exemple, si la cible des sanctions de certaines puissances comme les États-Unis a un réel besoin de développement économique, alors la BAII devrait considérer la situation réelle de la région à partir des faits et prendre des décisions de manière indépendante. Après tout, les plus grands bénéficiaires du développement économique sont le grand public, et non la classe dirigeante du pays.

La BAII est une excellente initiative d'une nouvelle génération de dirigeants chinois. Lors de sa mise en place, il faudrait saisir fermement l'« élément clé » de l'innovation institutionnelle et lancer l'appel de la Chine à promouvoir la réforme du système international de gouvernance économique. C'est la contribution légitime de la Chine au monde en tant que civilisation ancienne rajeunie.

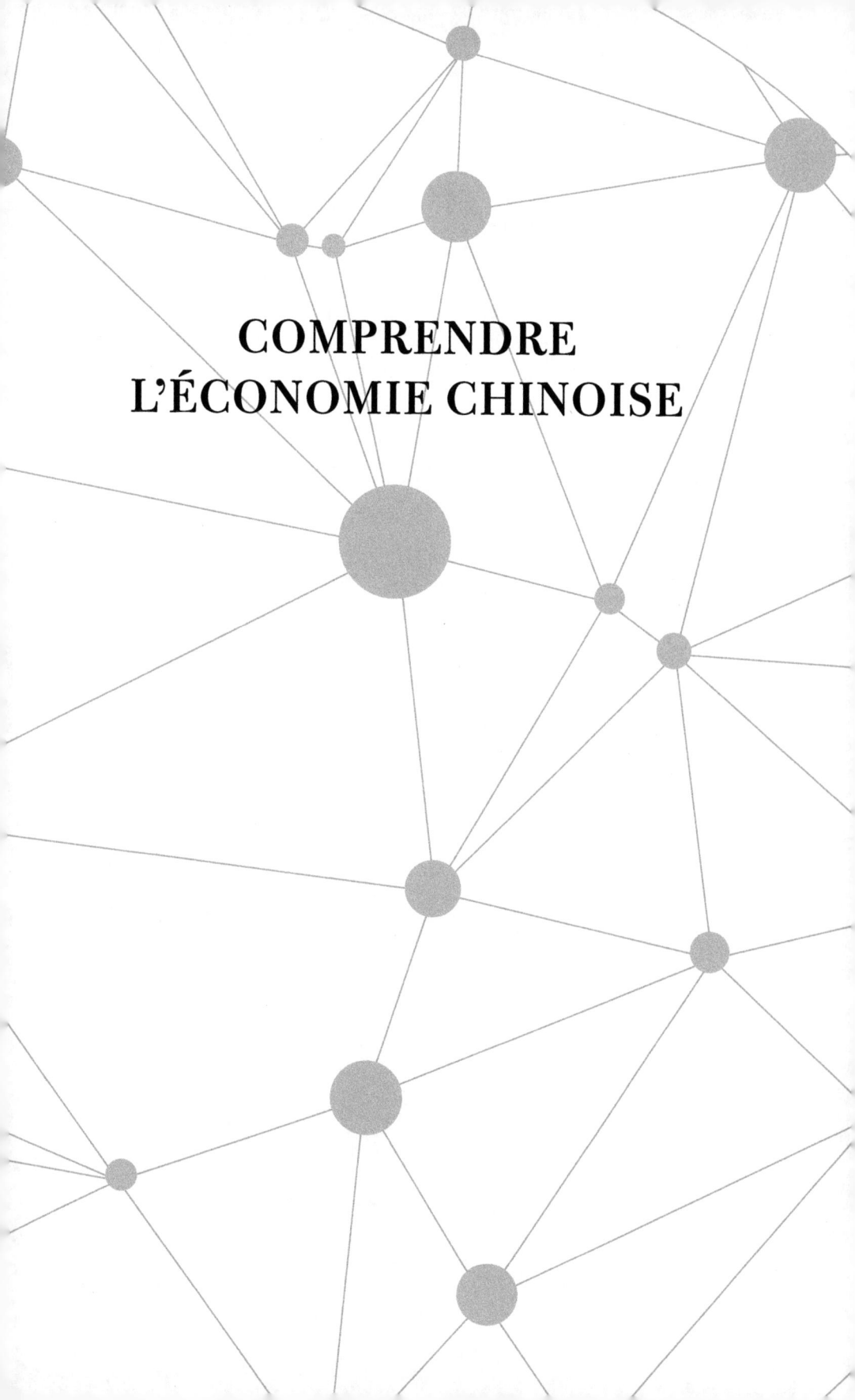

COMPRENDRE
L'ÉCONOMIE CHINOISE

1. La macroréglementation

Qu'est-ce qu'une économie de marché moderne ?

Qu'est-ce qu'une économie de marché moderne ? Il semble s'agir d'une question académique très fondamentale en économie, une question à laquelle l'économie devrait avoir répondu à ce jour, mais ce n'est pas le cas. Aujourd'hui, la question de savoir ce qu'est une économie de marché moderne est une autre question d'actualité, car certains pays développés remettent en question le statut d'économie de marché de la Chine et la Chine elle-même doit clarifier la signification d'une économie de marché moderne afin de préciser davantage la direction de ses réformes, ce qui constitue une tâche académique inévitable pour les économistes chinois aujourd'hui.

La définition de l'économie de marché dans les cercles économiques étrangers est extrêmement peu systématique

Jusqu'à présent, à l'étranger, les discussions universitaires sur l'économie ne se sont pas concentrées sur la question fondamentale de savoir « ce qu'est une économie de marché ». D'Adam Smith à Paul A. Samuelson jusqu'à N. Gregory Mankiw, auteur du manuel d'économie classique d'aujourd'hui, la question de savoir « ce qu'est un marché » est discutée plus souvent, alors que celle de savoir « ce qu'est une économie de marché » et en particulier celle de savoir « ce qu'est une économie de marché moderne », n'a pas fait l'objet d'un débat systématique et, au mieux, d'une définition générale.

Selon l'économiste de l'école autrichienne Lundwig von Mises, « une économie de marché est un système social de division du travail sous propriété privée des moyens de production », c'est une définition qui exclut des économies

« de marché » sous propriété sociale ou étatique des moyens de production. Selon Paul Samuelson, une économie de marché est « un système économique dans lequel la production et la consommation sont largement déterminées par les individus et les entreprises privées ». Dans son manuel, Gregory Mankiw, l'auteur du manuel d'économie le plus vendu à l'étranger aujourd'hui, décrit l'économie de marché comme « une économie dans laquelle les ressources sont allouées par le biais des décisions décentralisées de nombreuses entreprises et de nombreux ménages lorsqu'ils échangent entre eux sur le marché des biens et des services ». La description de Gregory Mankiw contourne facilement certaines des questions fondamentales de l'économie de marché, notamment le rôle du gouvernement. Le *New Palgrave Dictionary of Economics and the Law*, une encyclopédie économique, définit un marché comme « un système dans lequel il y a un grand nombre d'acheteurs et de vendeurs et des transactions circulaires pour des types particuliers de biens » et, évidemment, évite un certain nombre de questions importantes.

Il convient de noter que l'économie politique de Marx n'a pas donné de réponse directe et claire à cette question, bien que la question du marché soit abordée presque partout dans le *Capital* de Marx. À l'époque de Marx, le système d'économie de marché moderne n'avait pas encore été conçu et une série de dispositions institutionnelles pour une économie de marché moderne, y compris un système de protection sociale de base, n'avaient pas encore été discutées. Il est donc impossible de trouver des réponses directes aux questions d'aujourd'hui dans les géants de la pensée d'alors. Depuis lors, avec l'essor de l'économie planifiée en Union soviétique, un grand nombre de chercheurs en économie comparée se sont concentrés sur l'opposition entre l'économie planifiée et le système d'économie de marché, sans donner une définition claire des caractéristiques de l'économie de marché elle-même.

Les trois objectifs poursuivis dans une économie de marché moderne

Mais alors, qu'est-ce qu'une économie de marché moderne, ou plus précisément, qu'est-ce qu'un système d'économie de marché moderne ?

Commençons par évoquer le consensus qui existe aujourd'hui dans le monde entre les groupes sociaux dominants sur les objectifs d'une économie de marché moderne. L'économie de marché moderne est fondamentalement différente de l'économie planifiée et du premier système capitaliste en ce qu'elle poursuit trois objectifs : liberté, égalité, équité et ordre.

Premièrement, la liberté : dans une économie de marché moderne, les participants aux activités économiques devraient participer librement aux activités économiques sans porter atteinte à l'intérêt public. Les acteurs économiques comprennent à la fois les consommateurs et les producteurs, ainsi que les entreprises privées individuelles et les entreprises d'État. En partant de ce principe, le premier objectif d'une économie de marché moderne est de veiller à ce que la prise de décision autonome des participants à l'économie de marché ne soit pas entravée, sans porter atteinte à l'intérêt public.

Deuxièmement, l'égalité : dans une économie de marché moderne, les transactions entre entités économiques sont également égales et volontaires, non contraintes, sans entraver l'ordre économique global. En revanche, dans les anciennes sociétés esclavagistes, le commerce du travail était inégal car les esclaves étaient forcés de travailler. Une économie planifiée est une violation directe du principe d'égalité et de volontariat, car les gouvernements exigeront des entreprises qu'elles commercent entre elles selon les conditions qu'ils fixent.

Troisièmement, l'équité et l'ordre : l'activité économique dans une économie de marché moderne doit être équitable et ordonnée. Par exemple, le principe d'équité exige que les personnes moins chanceuses ou moins douées économiquement reçoivent l'aide qu'elles méritent. Le principe d'équité exige également une égalité potentielle entre les générations actuelles et futures, c'est-à-dire que le présent ne doit pas sacrifier le bien-être du futur, par exemple en détruisant l'environnement naturel pour le développement économique. Pour être ordonné, il faut que les marchés macroéconomiques et financiers ne connaissent pas d'énormes fluctuations, voire des crises et des paniques.

En bref, la liberté, l'égalité, l'équité et l'ordre sont les objectifs et l'essence intrinsèque d'une économie de marché moderne, et ils reflètent les valeurs fondamentales qui sont universellement reconnues dans le monde d'aujourd'hui. L'économie de marché initiale et l'économie planifiée centralisée présentaient des lacunes dans ces trois domaines.

Les quatre éléments du système d'économie de marché moderne

Quel type d'arrangements institutionnels l'économie de marché moderne devrait-elle adopter pour atteindre ces trois objectifs ? Plus précisément, l'économie de marché moderne requiert quatre arrangements institutionnels. Le plus crucial d'entre eux est que, contrairement à l'économie de marché traditionnelle, dans l'économie de marché moderne, le gouvernement est en fait le participant le plus important aux activités économiques. C'est le cas dans la pratique des économies de marché modernes dans tous les pays.

Premièrement, il doit y avoir une série de systèmes pour protéger la liberté des individus économiques. Il est nécessaire de mettre en place à la fois un système de protection des droits de propriété et un système de protection des consommateurs. Pour ce faire, il faut que toute une série de mécanismes juridiques, tels que le droit des sociétés, le droit civil général, le droit de la propriété et la loi sur la protection des consommateurs, ainsi que les institutions concernées, telles que les tribunaux et l'Office de protection des consommateurs, travaillent ensemble pour atteindre ces objectifs.

Deuxièmement, il doit y avoir des systèmes et des institutions pour maintenir l'ordre du marché et la stabilité économique. Par exemple, la mise en œuvre de la « loi anti-monopole » empêchera les grandes entreprises ayant un grand pouvoir sur le marché d'opprimer les petites entreprises et de nuire ainsi aux intérêts des futurs consommateurs. Un autre exemple est la nécessité de mécanismes de macrorégulation efficaces, car les transactions spontanées en économie de marché entraînent souvent une volatilité importante au niveau macro, comme l'ont démontré un grand nombre de pratiques d'économie de marché. Il faut donc concevoir divers mécanismes de macrorégulation, notamment des systèmes de réglementation financière, des systèmes de banque centrale, etc. Cela inclut également les mécanismes de régulation de l'économie extérieure, car le commerce international a tendance à avoir des coûts de transaction plus élevés et des asymétries d'information, de sorte que les transactions ont tendance à être plus volatiles que les transactions nationales, ce qui se reflète dans les fluctuations des taux de change et les déséquilibres commerciaux entre les pays. À cet égard, une économie de marché moderne doit disposer d'une série de dispositifs de marché, tels que la réglementation du marché des changes et le système de contrôle du commerce extérieur.

Troisièmement, il faut mettre en place des institutions pour assurer le bien-être social de base, le développement des ressources humaines, la protection de l'environnement et l'innovation. La nécessité de la sécurité sociale réside dans le fait qu'elle garantit que la majorité de la société est incitée et intéressée à participer à l'économie de marché. Sans protection sociale, il est difficile pour certaines personnes de participer correctement à l'économie de marché en raison d'une malchance à court terme ou parce qu'elles ne sont pas suffisamment dotées de la capacité à être compétitives sur le marché, et il est difficile pour l'économie de marché d'être soutenue par ce groupe de personnes.

Le développement des ressources humaines est également important pour une économie de marché moderne, car il produit des participants qualifiés pour l'avenir, et les gouvernements doivent contribuer à la mise en place de ce système. Dans le cas du système éducatif, par exemple, s'il repose exclusivement sur la participation du secteur privé, on observe souvent un comportement à court terme qui ne répond pas aux besoins à long terme d'une économie de marché.

La protection de l'environnement nécessite encore plus de règlements particuliers, car la difficulté fondamentale de la protection de l'environnement réside dans le fait que la génération actuelle n'est pas toujours en mesure de prendre en compte le bien-être des générations futures. La génération actuelle dans son ensemble, plutôt que les individus, a tendance à négliger le bien-être de la génération suivante et des générations ultérieures, causant ainsi des dommages excessifs à l'environnement. Une fois que l'environnement est endommagé, les coûts futurs de la restauration ne sont pas proportionnels aux avantages des dommages d'aujourd'hui, de sorte que des forces extérieures sont nécessaires pour discipliner le comportement des entreprises existantes et des acteurs économiques contemporains afin de parvenir à une protection de l'environnement à long terme.

En ce qui concerne l'innovation scientifique et technologique, il est également important de mettre en place des mécanismes appropriés pour fournir des garanties. L'innovation technologique a souvent de fortes externalités, les avantages sociaux d'une invention technologique dépassant souvent de loin les avantages maximaux pour l'inventeur lui-même, et doit donc être protégée par des mécanismes non marchands correspondants, tels qu'une protection renforcée de la propriété intellectuelle et un soutien aux investissements dans la recherche et le développement technologiques.

Quatrièmement, il faut des institutions pour soutenir, encourager et discipliner l'action du gouvernement, notamment un système de finances publiques. Les gouvernements étant des acteurs extrêmement importants dans les économies de marché modernes, il est important de se concentrer sur leur propre comportement et leurs incitations, ainsi que de renforcer les contraintes qui pèsent sur leur comportement et qui sont souvent négligées dans les principaux débats économiques actuels. L'impact du système de finances publiques, par exemple, ne concerne pas seulement les sources de revenus du gouvernement, mais aussi l'impact direct qu'il a sur le comportement du gouvernement dans tous les aspects. Par exemple, si le gouvernement prélève des impôts sur le secteur des entreprises, il aura tendance à s'intéresser particulièrement aux activités et à la croissance des entreprises ; s'il prélève des impôts sur le secteur des ménages, il s'intéressera à la croissance des revenus dans ce secteur ; s'il prélève des impôts sur les transactions ou l'appréciation de biens immobiliers ou d'autres actifs financiers, il sera naturellement plus intéressé par le fonctionnement des marchés financiers et immobiliers. Par conséquent, le système des finances publiques est inextricablement lié à l'action du gouvernement.

La Chine s'est-elle engagée sur la voie d'une économie de marché moderne ?

Après des années de réforme et d'ouverture, le développement économique de la Chine a connu un succès de renommée mondiale et l'on peut dire que la Chine a désormais établi un système d'économie de marché moderne largement compatible avec son niveau de développement actuel et qu'elle s'est engagée sur la voie d'une économie de marché moderne.

Plus précisément, la Chine a établi un cadre initial d'économie de marché dans les domaines de la protection des droits de propriété, de la protection des consommateurs, de la gestion macroéconomique, de la lutte contre les monopoles, de la politique monétaire, de la politique financière, du bien-être social de base, de la protection écologique et des finances publiques, qui a joué un rôle important dans le soutien au développement économique actuel, sans lequel la Chine n'aurait pas pu devenir une économie dynamique et à croissance rapide qui attire l'attention du monde entier. Nous sommes confiants et sûrs de cela et devons le faire savoir à l'Occident.

Cependant, nous devons également reconnaître que l'économie de marché actuelle en Chine n'est pas encore compatible avec les objectifs de développement à long terme de l'économie chinoise et que la réforme doit être poursuivie, notamment dans les domaines de la protection sociale et des mécanismes opérationnels propres au gouvernement, ce qui est l'orientation de la prochaine réforme proposée par l'État.

Relever les défis des économies développées en se basant sur la pratique chinoise

Nous devons aller à la racine de ce qu'est un système d'économie de marché. Il n'y a pas assez de recherches à l'étranger sur cette question et nous devons préciser trois points.

Premièrement, la présence ou l'absence d'entreprises d'État ne peut être considérée comme un indicateur fondamental de l'existence ou non d'un système d'économie de marché. En fait, les entreprises d'État sont courantes dans les pays occidentaux développés. Par exemple, la compagnie d'électricité française (EDF) et de nombreuses compagnies aériennes nationales sont des entreprises d'État, sans compter que de nombreuses compagnies pétrolières sont également des entreprises d'État. Les entreprises d'État sont un moyen de réaliser l'économie d'État qui est souvent une caractéristique importante d'une économie de marché moderne. Par exemple, selon mes calculs préliminaires, les actifs de l'économie d'État de Singapour représentent plusieurs fois le PIB du pays, ce qui garantit grandement la stabilité à long terme de l'économie singapourienne. Par conséquent, la présence ou l'absence d'entreprises d'État n'est pas la clé d'une économie de marché, mais plutôt le fait que l'économie d'État doit fonctionner dans les principes et le cadre d'une économie de marché moderne.

Deuxièmement, l'intervention du gouvernement n'est pas une raison pour nier l'existence d'une économie de marché moderne. En fait, l'intervention du gouvernement dans des secteurs tels que les entreprises est aujourd'hui courante dans de nombreux pays développés. Par exemple, le ministère américain de l'Agriculture emploie près de 100 000 personnes qui fournissent un large éventail d'aides aux agriculteurs du pays. Sans compter que les gouvernements régulent à tout moment le fonctionnement du marché, en termes de finance, de banque et de monnaie.

Troisièmement, le système d'économie de marché n'est pas un système statique et parfait. Il doit être continuellement mis à jour et amélioré dans le processus de réforme. Le système d'économie de marché de chaque pays a ses propres problèmes, qui doivent être résolus par de nouvelles réformes et un développement. Nous devons faire comprendre à l'Occident que la Chine n'est pas satisfaite du système économique de marché actuel et a mis en avant une série d'exigences de réforme. Nous accueillons volontiers les commentaires constructifs des critiques occidentaux sur cette question, mais la nécessité d'une amélioration ne doit pas occulter le fait fondamental que la Chine est actuellement une économie de marché moderne.

En résumé, qu'est-ce qu'une économie de marché moderne ? La question de savoir si la Chine s'est engagée sur la voie d'une économie de marché moderne et les domaines dans lesquels la Chine doit poursuivre la réforme et l'amélioration de son économie de marché sont des questions académiques fondamentales et importantes que nous devons résoudre pour nous-mêmes et expliquer clairement au monde extérieur.

Pourquoi les entrepreneurs privés s'inquiètent-ils ?

S'il y a un mot pour décrire l'économie chinoise en 2018, c'est « inquiétude ». Le terme « inquiétude » fait référence à un sentiment général de grande préoccupation parmi les participants à l'activité économique, plus particulièrement parmi les entrepreneurs privés. Cette inquiétude s'étend à 2019, qui est considérée comme une année difficile tant pour les dirigeants des petites et moyennes entreprises privées que pour ceux qui sont à la tête de sociétés cotées. Bien que les préoccupations diffèrent selon les secteurs et les positions concurrentielles, il existe également des points communs.

Alors, de quoi s'inquiètent les entrepreneurs privés ?

Certains disent que c'est du commerce extérieur. Cette préoccupation a été principalement déclenchée par les frictions commerciales entre la Chine et les États-Unis, et l'on pense qu'elle affectera le développement à moyen et long terme de l'économie chinoise. Cependant, en termes de commerce extérieur, bien que les frictions commerciales entre la Chine et les États-Unis en 2018 aient été une époque où on avait le vent dans le dos, les importations et les exportations de cette année-là ont tout de même enregistré de bonnes performances : d'après les données en CNY, les exportations de la Chine ont augmenté de 7,1 % en glissement annuel en 2018, les importations ont augmenté de 12,9 %, et la croissance globale des importations et des exportations était de 9,7 % ; parmi elles, les importations et les exportations des entreprises privées ont augmenté de 12,9 %.

Certains disent que l'avenir est incertain et que l'investissement ralentit. En effet, en raison du ralentissement de la croissance économique, de la baisse du rendement des investissements et du durcissement des réglementations, certains domaines continuent d'exploser, les entrepreneurs sont incertains quant à leur avenir et leur volonté d'investir a diminué. Cependant, au niveau macroéconomique, les indicateurs d'investissement de l'économie privée ont été très sains en 2018, l'investissement privé ayant maintenu un taux de croissance de plus de 8 % depuis le début de l'année, atteignant 8,7 % en glissement annuel de janvier à novembre, contre 5,7 % sur la même période en 2017 et seulement 3,1 % en 2016. Si l'on considère uniquement le secteur manufacturier, les investissements privés dans l'industrie manufacturière ont augmenté de 10,3 % de janvier à novembre 2018, soit 0,8 point de pourcentage de plus que la moyenne nationale. Cela suggère qu'il existe une partie de l'économie privée qui continue d'investir, peut-être dans un petit nombre d'entreprises mais pour un montant significatif, et qu'il s'agit peut-être d'un groupe silencieux.

Il est clair que le commerce et les investissements étrangers ne peuvent expliquer à eux seuls le poids de « l'inquiétude » chez les entrepreneurs privés.

On dit aussi qu'une autre inquiétude des entrepreneurs privés vient de la difficulté du financement et du coût élevé de celui-ci. Il convient de l'analyser soigneusement. Le financement a toujours été un point douloureux majeur pour les entreprises privées, et il n'est pas apparu soudainement en 2018. En outre, nous avons soigneusement passé au peigne fin les données pertinentes et constaté que le problème du financement difficile et coûteux en 2018 touche toujours principalement les petites entreprises, et surtout celles qui ont un mauvais crédit, alors que le taux de prêts aux entreprises ayant un bon crédit, qu'elles soient publiques ou privées, est relativement élevé.

La troisième préoccupation des entreprises privées est, bien entendu, les impôts et les taxes relativement élevés, qui entraînent des coûts d'exploitation élevés et des bénéfices dilués, une pression qui a été particulièrement prononcée ces dernières années, la rentabilité des entreprises ayant été progressivement comprimée. Il s'agit en effet d'une question importante, mais il ne faut pas oublier que les taxes et les frais élevés ont toujours été une souffrance pour l'économie chinoise et ne sont pas propres à 2018-2019. Une série de mesures de réduction des impôts et des taxes ont commencé à prendre effet de 2018 jusqu'à présent, et il faut dire que la pression dans ce domaine devrait progressivement s'atténuer, et on ne peut pas dire que les impôts et les taxes élevés constituent une nouvelle préoccupation pour les entrepreneurs privés.

Selon nous, la plus grande préoccupation des entreprises privées est que l'économie privée est confrontée à un ajustement majeur, qui est lié au processus de développement industriel dans lequel elle se trouve, à l'exception de quelques industries, qui ne sont pas très pertinentes pour la nature des entreprises privées ou publiques. Il n'est donc pas possible de secourir l'économie privée chaque fois qu'elle rencontre des difficultés dans son développement. Sauver aveuglément des capacités de production qui devraient être éliminées et interférer avec la compensation normale du marché est contraire aux exigences de la transformation et de la mise à niveau de l'économie chinoise.

En 2018, j'ai pris la tête de la réalisation d'un projet intitulé *Résumé de l'économie des 40 ans de réforme et d'ouverture de la Chine*. Afin d'obtenir des informations de première main, nous avons visité de nombreux endroits et effectué des enquêtes sur un grand nombre d'entreprises réelles, et nous avons trouvé plusieurs problèmes notables. Dans une ville sous-provinciale[1], j'ai rencontré un entrepreneur qui était extrêmement pessimiste quant à l'avenir. Après des recherches approfondies et des entretiens, nous avons appris que son entreprise était principalement engagée dans deux industries, les ascenseurs et les murs-rideaux en verre, où la concurrence est très acharnée sur le marché domestique, mais dont les marges bénéficiaires sont extrêmement faibles. Il ne peut qu'explorer les marchés internationaux, mais l'expansion des marchés internationaux est également extrêmement difficile, et souvent la dernière concurrence pour les offres se produit entre des entreprises chinoises. Dans le secteur des ascenseurs et des murs-rideaux en verre, il a déclaré que « les Européens ont créé l'industrie, les Japonais l'ont affinée et les Chinois la détruisent » en raison d'une concurrence vicieuse. De plus, j'ai appris qu'il y a maintenant une centaine d'entreprises de murs-rideaux en verre et plus de 600 entreprises d'ascenseurs en Chine. Dans un pays à économie de marché mature, il est peu probable qu'un tel secteur de niche puisse soutenir la concurrence de plusieurs centaines d'entreprises. Par exemple, dans les pays à économie de marché mature, il n'y a qu'une dizaine de grands acteurs dans le secteur des ascenseurs. Au niveau mondial, le marché est également dominé par six grandes marques : OTIS (USA), Schindler (Suisse), Thyssenkrupp (Allemagne), KONE (Finlande), MITSVBISHI (Japon) et HITACHI (Japon) qui occupent plus de 60 % du marché.

Cela nous amène à une observation importante : l'économie privée chinoise, en particulier celle qui se situe aux niveaux intermédiaire et inférieur

---

1. NdT : divisions administratives qui, comme les villes-préfectures, sont situées au niveau immédiatement inférieur à la province ou à la région autonome. Leur maire dispose cependant de plus grands pouvoirs, puisque son statut est le même que celui d'un vice-gouverneur de province

de la chaîne industrielle, présente une concentration industrielle trop faible, une concurrence vicieuse de bas niveau, et a un besoin urgent de devenir plus grande, plus forte et meilleure et est confrontée aux défis redoutables des fusions et restructurations et d'ajustement structurel. En effet, toutes les économies de marché développées sont passées par ce douloureux parcours. Par exemple, les trois grands constructeurs automobiles américains ont été créés à la suite d'une série de fusions et d'acquisitions. Le processus de passage de l'état actuel de surconcurrence à l'équilibre d'une économie mature avec un degré élevé de concentration industrielle sera extrêmement douloureux pour les entrepreneurs privés et pour les banques, mais la transition est inévitable pour la transformation et la mise à niveau de l'économie chinoise.

Dans ce processus d'élimination du meilleur et du pire qui suit un partage en deux-huit[2], la meilleure issue est souvent une sortie ordonnée. Pour les « survivants » qui peuvent « rire jusqu'au bout », l'option est bien sûr de rester en place et de profiter de profits plus élevés dans le secteur ; pour les 80 % d'entreprises à la traîne qui ne sont pas compétitives, il vaut mieux « se retirer » à temps que d'être lentement traînées vers la mort et écrasées par une concurrence excessive et des bénéfices extrêmement faibles.

On ne sait pas combien de créances douteuses et irrécouvrables résulteront d'un tel processus de fusion et de restructuration. Dans le secteur des ascenseurs, par exemple, les marques nationales représentent actuellement environ 30 % du marché, 10 grandes entreprises ayant une part de marché d'environ 15 % et les quelque 600 petites et moyennes entreprises nationales se partageant les 15 % restants. En supposant que la fusion et la restructuration entraînent la faillite et la réorganisation de toutes ces centaines de petites et moyennes entreprises d'ascenseurs, tous leurs actifs seront dépréciés et tous leurs prêts bancaires deviendront des créances douteuses, ce qui entraînera une dépréciation d'actifs de plus de 200 milliards de CNY en moyenne dans le secteur. Étant donné que de nombreuses industries en Chine sont excessivement compétitives et doivent être fusionnées et restructurées, cela signifie qu'un grand nombre de prêts bancaires seront également soumis à un processus de restructuration.

---

2. NdT : 20 % des actions montent et 80 % des actions baissent ou ne montent pas. 80 % des investisseurs en bourse ne pensent qu'à la manière de gagner de l'argent, tandis que 20 % seulement réfléchissent à des stratégies d'adaptation lorsqu'ils perdent de l'argent. Mais le résultat est que seuls ces 20 % d'investisseurs sont capables de réaliser des bénéfices à long terme, tandis que 80 % des investisseurs perdent souvent de l'argent.

C'est pourquoi, à mon avis, les facteurs les plus inquiétants pour les entre-preneurs privés à l'heure actuelle sont les dispositions de sortie dans la mise à niveau industrielle, et les dispositions financières qui y sont étroitement liées. C'est pourquoi nous devons être prêts pour les années à venir.

Pour les entrepreneurs, la question doit être posée : rester en activité ou se retirer avant qu'il ne soit trop tard ? Si c'est le cas, il faudrait envisager de passer à un nouveau secteur d'activité pendant que l'entreprise se porte encore bien, ou si ce n'est pas le cas, il faudrait chercher des moyens de se développer et d'acquérir d'autres entreprises, ce qui est indispensable.

Pour les banques, il est important de commencer dès maintenant à mettre en place un fonds de restructuration industrielle et de réfléchir à la manière de céder les actifs des entreprises qui se sont retirées du marché. Il est important de réfléchir à la manière de retrouver la précieuse expérience du début du XXIe siècle, lorsque les sociétés de gestion d'actifs ont été créées en grande pompe.

L'économie chinoise est actuellement confrontée à un processus de transfor-mation et de mise à niveau, dont l'un des principaux reflets est le rythme accéléré des fusions et acquisitions et la restructuration de nombreuses industries, ce qui a rendu la vie difficile à certaines entreprises privées. Il est important de prêter attention et de traiter correctement les problèmes qui peuvent être rencontrés et qui, s'ils sont bien gérés, peuvent être convertis en opportunités de croissance économique, mais qui, dans le cas contraire, peuvent devenir une charge impor-tante pour le secteur financier et les industries connexes. Nous ne devons pas protéger aveuglément les capacités de production arriérées sous la bannière de la protection de l'économie privée et bouleverser l'ordre de l'économie de marché.

Comment passer de l'économie réelle à l'économie virtuelle ?

Depuis le début du second semestre 2016, le « passage de l'économie réelle à l'économie virtuelle » est devenu un sujet brûlant dans l'économie chinoise. En effet, la croissance du PIB a ralenti en 2016, et l'une des principales raisons de ce ralentissement est que l'investissement privé en actifs fixes a progressé à un taux de seulement 4 %, soit moins de la moitié du taux de croissance de l'investissement global en actifs fixes. Le ralentissement de l'investissement privé et sa forte corrélation avec l'investissement dans le secteur manufacturier sont inextricablement liés à la réticence des capitaux à se diriger vers l'économie réelle.

Dans ce contexte, les régulateurs du marché des capitaux chinois ont introduit une série de politiques qui visent le problème du « passage de l'économie réelle à l'économie virtuelle ». La Commission chinoise de réglementation des valeurs mobilières (CSRC) a commencé à affirmer clairement, fin 2016, qu'elle allait sévir contre les « lutins » qui font des vagues sur le marché des capitaux. La Commission chinoise de réglementation des assurances (CIRC) a demandé l'arrêt de l'« assurance-vie universelle » et a conseillé et discipliné les institutions individuelles qui avaient utilisé des capitaux d'assurance pour mener des opérations sur le marché des capitaux au cours de l'année ou des deux dernières années. Récemment, la CSRC a révisé certaines réglementations sur le refinancement des sociétés cotées.

Ces mesures réglementaires sont-elles utiles pour résoudre le problème du passage « de l'économie réelle à l'économie virtuelle » ? Cela nécessite une analyse des causes profondes du passage « de l'économie réelle à l'économie virtuelle ».

La première cause du passage de « l'économie réelle à l'économie virtuelle » est le coût élevé.

La plupart des entreprises du secteur manufacturier chinois sont privées, et leurs coûts d'exploitation ont effectivement augmenté ces dernières années : les coûts de la main-d'œuvre ont augmenté plus rapidement que l'indice des prix à la consommation (IPC) et plus rapidement que l'indice des prix à la production (IPP) depuis 2008, ce qui a entraîné un déclin progressif des marges bénéficiaires. Dans le même temps, le ralentissement continu des marchés internationaux et la croissance négative des importations et des exportations de la Chine pour la deuxième année consécutive ont causé des difficultés à l'économie privée et aux entreprises manufacturières.

Actuellement, la charge fiscale pesant sur les entreprises privées fait l'objet de nombreuses discussions, mais il est important de noter qu'au cours des dernières années, la charge fiscale pesant sur l'économie privée n'a pas augmenté de manière significative en termes de conception du système fiscal. Les taxes et frais élevés ont toujours existé, mais le principal changement depuis 2016 est le « remplacement de la taxe professionnelle par une taxe sur la valeur ajoutée ».

Selon nos recherches actuelles, le « remplacement de la taxe professionnelle par une taxe sur la valeur ajoutée » a augmenté la charge fiscale des entreprises à court terme. La taxe sur le chiffre d'affaires est souvent imaginaire et n'est pas réellement collectée pour de nombreuses entreprises, alors que la TVA est réellement collectée. Une raison importante à cela est que la taxe sur le chiffre d'affaires est traditionnellement collectée par les autorités fiscales locales, qui, pour des raisons économiques locales, négocient souvent avec les autorités locales pour réduire d'une manière ou d'une autre la taxe afin d'encourager les investissements des entreprises, du moins pas directement au taux prescrit par le système fiscal. Après le passage de la taxe sur le chiffre d'affaires à la TVA, l'Administration fiscale de l'État est devenue le principal collecteur d'impôts, et comme elle n'entretenait pas de relations étroites avec les entreprises locales, elle collectait généralement les impôts conformément aux règlements. Les recherches de l'auteur dans le Jiangsu et dans d'autres endroits ont également permis de constater que la charge fiscale pesant sur les entreprises a considérablement augmenté après le remplacement de la « taxe sur le CA par la TVA ».

En outre, les coûts de la main-d'œuvre font actuellement l'objet de discussions plus fréquentes. La charge des coûts liés au travail, tels que les « cinq primes d'assurance » (assurances vieillesse, médicale, chômage, accident du travail, maternité), est assez lourde, il est certainement possible de les baisser, mais il convient de noter que ces coûts sont permanents.

En revanche, un autre facteur important contribuant directement à l'augmentation des coûts pour les entreprises privées après 2008 était le fait que la construction d'infrastructures à grande échelle était financée par les gouvernements locaux par le biais de diverses plateformes d'investissement, souvent avec des garanties implicites de tous les niveaux de gouvernement, et que ces investisseurs en infrastructures n'avaient pas à l'esprit une charge fiscale à long terme et étaient souvent préoccupés par le maintien des investissements en actifs fixes à court terme, stimulant ainsi le PIB. En conséquence, de nombreuses régions ont eu recours à des emprunts auprès de banques et de trusts à des taux d'intérêt élevés, ce qui a eu un effet d'éviction sur les prêts normaux accordés par des banques et d'autres institutions aux entreprises, en particulier aux entreprises privées. Par rapport aux prêts accordés aux infrastructures, les prêts accordés par les banques aux entreprises sont de faible montant, avec des tranches importantes, des coûts de transaction et des coûts d'approbation élevés, de sorte que les banques, les fiducies et autres institutions doivent souvent augmenter les taux d'intérêt des prêts. C'est l'une des principales raisons du coût élevé du financement et du ralentissement consécutif de l'économie réelle.

La deuxième cause du passage « de l'économie réelle à l'économie virtuelle » est un « déficit (feu asthénique) » structurel du système financier.

Le « feu asthénique » du système financier n'est pas dû à l'arrivée du grand marché haussier. À en juger par la valeur marchande globale et le ratio cours/bénéfice du marché boursier chinois, on ne peut pas dire qu'il y a une énorme bulle. Toutefois, il faut reconnaître qu'il existe une bulle structurelle sur les marchés des capitaux chinois, selon laquelle certains produits financiers à haut risque, tels que la dette des collectivités locales et les produits fiduciaires, peuvent encore offrir aux investisseurs des rendements extraordinaires et insoutenables à court terme dans le contexte actuel de rigidité des paiements.

Une partie considérable de ces produits de dette et de fiducie locaux aurait dû être restructurée ou même défaillante. Leurs taux d'intérêt élevés constituent également la prime de risque fournie en réponse à leur plus grande possibilité de restructuration ou de défaut, mais la proportion actuelle de restructuration et de défaut est beaucoup plus faible qu'il ne devrait l'être. Les marchés financiers et même les régulateurs ne veulent pas que des restructurations ou des défaillances se produisent, ce qui entraîne une tendance des investisseurs à rechercher aveuglément des produits financiers offrant des rendements élevés. Les ratios cours / bénéfices des grandes actions de premier ordre et des actions bancaires sur le marché sont généralement très faibles, ces actions et les actions hongkongaises constituent les actions les moins chères des principales économies mondiales et leurs valorisations sont bien inférieures à celles des pays d'Europe et des États-Unis. Les prix des actions à haut risque, y compris les actions GEM[3] sont restés élevés. Il s'agit essentiellement d'un problème de tarification du risque sur le marché financier chinois. Dans l'esprit des investisseurs, la prime de risque est si faible qu'ils poursuivent aveuglément des produits à haut risque et que les projets traditionnels d'économie réelle à faible risque sont souvent négligés.

Selon l'analyse ci-dessus, pour résoudre le problème de l'économie chinoise qui passe de « l'économie réelle à l'économie virtuelle », une approche à deux volets est fondamentalement nécessaire.

Augmenter le pourcentage de rétention fiscale pour relancer l'enthousiasme des collectivités locales et réduire la charge sur l'économie réelle

Nous recommandons au ministère des Finances d'augmenter à court terme le remboursement de l'impôt aux collectivités locales et à l'Administration fiscale de l'État de rembourser directement l'impôt collecté aux collectivités locales en augmentant le taux de remboursement. Dans le même temps, les collectivités locales sont encouragées à accélérer leur soutien à l'investissement privé, ce qui leur permet de fournir des incitations fiscales ciblées et des subventions pour les coûts d'exploitation aux économies privées ayant des perspectives de développement. Il s'agit en partie d'un retour à l'un des atouts majeurs du développement économique depuis la réforme et l'ouverture : la mobilisation des gouvernements locaux pour prendre l'initiative de réduire les taxes et les charges pour les entreprises privées locales.

Encourager la restructuration des défauts de paiement et la « compression des bulles » sur les marchés financiers

La « compression des bulles » est un effort conscient pour permettre le défaut ou la restructuration des produits financiers qui sont déjà à haut risque. Pour certaines nouvelles entreprises à haut risque, elles doivent être averties de leurs

---

3. NdT : Le Growth Enterprise Market est un marché de la Bourse de Hong Kong destiné aux entreprises en croissance qui ne remplissent pas les conditions de rentabilité ou d'antécédents pour le marché principal de la Bourse

risques de diverses manières. Lorsque cette prime de risque pourra être portée à un niveau raisonnable sur les marchés des capitaux, les produits financiers à haut risque deviendront moins attrayants et les capitaux iront davantage vers l'industrie manufacturière traditionnelle. Les risques des industries manufacturières traditionnelles sont relativement peu risqués, bien que leurs taux de rendement soient également faibles.

En 2016, des événements tels que le « conflit Vanke-Baoneng » qui a secoué la bourse chinoise et la cotation de Gree Electric doivent être repensés sous cet angle. Le ratio cours / bénéfice actuel des entreprises manufacturières traditionnelles est très faible, ce qui indique que le marché des capitaux ne croit pas que les opérations de ces entreprises sont efficaces et n'approuve pas leur gouvernance interne d'entreprise et leur orientation en matière d'investissement. En principe, il est donc nécessaire de mobiliser les marchés des capitaux et les investisseurs pour faire pression sur les initiés de ces entreprises afin qu'ils se réorientent, qu'ils freinent leurs investissements fébriles et aveugles, et qu'ils crachent leurs excédents de trésorerie au lieu de les garder dans l'entreprise ou d'investir dans des domaines sans rapport et déjà dans le rouge comme les véhicules électriques et les téléphones portables. Par conséquent, le marché chinois des capitaux, en termes d'orientation générale, a besoin de fonds engagés dans des fusions et acquisitions et des restructurations. Les fonds d'assurance ne sont peut-être pas en mesure d'assumer la totalité de la charge, mais le développement sain des marchés des capitaux chinois ne peut se faire sans fusions et acquisitions.

À cela s'ajoute la fonction de refinancement du marché boursier, qui est une fonction de financement direct très importante du marché boursier. Il est moins difficile pour les sociétés cotées en Bourse de se refinancer que pour les introductions en Bourse, car ces sociétés sont plus réglementées et il est plus facile de lever des capitaux par l'intermédiaire d'une société réglementée que d'une société non cotée.

Par conséquent, pour résoudre le problème du « passage de l'économie réelle à l'économie virtuelle », l'objectif fondamental devrait être de réduire les coûts et de comprimer la bulle, plutôt que de sévir contre les « lutins » ou de limiter l'ampleur du refinancement des entreprises.

Le « passage de l'économie réelle à l'économie virtuelle » sera un problème à long terme pour le développement futur de l'économie chinoise et sa résolution pourrait prendre un temps considérable. Il faut vérifier le pouls, identifier la maladie, puis prescrire le bon remède pour s'en débarrasser progressivement.

Comment l'économie chinoise peut-elle courir un marathon de développement de qualité ?

Une croissance annuelle continue pendant 73 ans, un miracle économique sans précédent

L e rapport du 19e Congrès du Parti communiste chinois a suscité d'immenses réactions en Chine comme à l'étranger. Si les perspectives décrites dans le rapport se concrétisent, et nous sommes convaincus que ce sera le cas, il s'agira d'un miracle majeur dans l'histoire économique, car il n'y a jamais eu dans l'histoire une économie qui ait connu une croissance régulière et rapide pendant 73 années consécutives (de 1978 à 2050). Ce sera un miracle encore plus grand que les réalisations impressionnantes du développement économique de la Chine au cours des 40 dernières années, notamment le maintien d'un taux de croissance du PIB de plus de 9 % pendant de nombreuses années.

On ne peut pas dire que la croissance continue de la Chine au cours des 40 dernières années soit totalement sans précédent. Ce fut le cas au Japon pendant la restauration Meiji et la période qui a suivi la réunification allemande et qui a précédé la Première Guerre mondiale. Par conséquent, le plus grand miracle, qui n'a absolument aucun précédent dans le monde, est donc de pouvoir réaliser la croissance continue des 40 dernières années, plus les 33 années que nous sommes sur le point de vivre.

Ainsi, si la Chine veut réaliser un miracle, il ne s'agit pas d'une question de vitesse, mais d'une question de stabilité, il s'agit d'être capable de continuer à avoir une croissance stable pendant encore 33 années.

Ne pas « trébucher » et garder notre volonté : les deux défis majeurs pour réaliser ce miracle

Pour atteindre l'objectif de 73 années consécutives de croissance, nous devons faire face à deux défis majeurs.

Premièrement, comment l'économie chinoise peut-elle éviter de « trébucher » au cours des 33 prochaines années ? Si nous maintenons un taux de croissance annuel moyen de 4 % à partir de maintenant, nous serons parmi les 20 pays les plus développés du monde d'ici 2050. C'est pour cette raison que la clé de la réussite n'est pas d'avancer à grande vitesse, mais d'avancer sans « trébucher ». Si je comprends bien, la première priorité du travail économique en 2018 est la stabilité, afin qu'il n'y ait aucun problème. Le secrétaire général Xi Jinping a déclaré que la qualité du développement ne peut aller de pair avec la vitesse, la qualité a été mise en premier, et la première condition pour un développement de qualité est justement de ne pas « trébucher ». Les risques sont nombreux : risques de crises financières, risques de conflits sociaux, problèmes démographiques, problèmes sanitaires sans oublier les relations internationales. Il est donc essentiel d'examiner minutieusement comment la Chine pourrait éviter ces différents risques, et ne pas « trébucher » au cours des 33 prochaines années.

Deuxièmement, comment pouvons-nous garantir que notre économie gardera sa force motrice, et comment pouvons-nous garantir que nous aurons toujours l'énergie et la motivation nécessaires pour continuer sur cette voie du développement ? Récemment, je me suis concentré sur la médecine chinoise, qui a pour pilier la notion « d'énergie vitale », c'est-à-dire que notre vitalité dépend de la quantité de « Qi » que l'on a dans notre corps (l'énergie « Qi » est cachée dans nos reins). Pour une économie comme celle de la Chine, la première chose à considérer est de savoir comment préserver cette vitalité, comment équilibrer le yin et le yang, c'est-à-dire ne pas trébucher. D'autre part, comment la vitalité de notre économie peut-elle être entretenue ? Comment l'éducation de nos jeunes peut-elle sans cesse aller de l'avant ? Et comment les personnes de notre âge ne deviendront-elles pas un fardeau pour notre société dans vingt ans, en évitant de creuser un énorme trou dans les finances publiques ? Ces interrogations-là sont liées à nos préoccupations personnelles et familiales, mais aussi et surtout à la question sociale et au bon développement du pays.

Ce n'est qu'en répondant à ces deux questions que la Chine pourra réaliser le miracle de 73 années consécutives de croissance et ainsi offrir au monde un nouveau modèle de développement économique.

Trois points clés pour courir le marathon du développement de qualité

De 2018 à 2050, l'économie chinoise devra courir un deuxième grand marathon si elle souhaite continuer à croître. Alors, comment pouvons-nous bien et magnifiquement fonctionner, comment pouvons-nous parvenir à un développement stable, durable et de qualité de notre économie ? L'expérience que l'on peut tirer de l'histoire ainsi que les règles du développement économique nous enseignent les trois points suivants.

En premier lieu, il faut à tout prix prendre des précautions contre toutes crises éventuelles, ne pas trébucher, ne pas se faire d'entorse ni de point de côté.

Des bouleversements importants pourraient provenir des risques financiers. Historiquement, la crise financière mondiale de 1929 à 1933, les crises financières latino-américaines des années 1980 et 1990, la crise financière asiatique de 1997 à 1999 ainsi que la panique financière qui a suivi l'éclatement de la bulle des actifs au Japon ont chacune fait reculer de 10, voire de 20 ans, le développement économique des pays et régions concernés.

La Chine est actuellement confrontée à deux grands risques économiques et financiers. Le premier est l'ampleur de la dette dans l'économie réelle présente et un grand nombre de passifs non performants, qui devraient être apurés à temps pour tirer parti de la stabilisation et de l'amélioration macroéconomiques actuelles. Le second est que le flux des actifs financiers est trop fort et que le rapport entre le total des liquidités, des dépôts bancaires et des produits de gestion de patrimoine et le PIB dépasse 200 %. Ces actifs facilement convertibles en liquidités peuvent conduire à une moindre stabilité du système financier global. Il est donc nécessaire de réformer à la racine du problème en ajustant la structure des produits financiers et en incitant les épargnants à détenir des obligations ou d'autres titres moins liquides afin de renforcer la stabilité du système financier.

Des rebondissements majeurs peuvent également provenir de la très forte dépendance externe de la chaîne d'approvisionnement de notre économie. Un certain nombre de produits importants en amont, notamment les puces, le pétrole brut et le gaz naturel, dépendent fortement de sources extérieures et doivent être protégés contre des risques tels que le choc pétrolier de 1971-1973. Il est primordial de réduire raisonnablement notre dépendance envers les sources étrangères, diversifier nos sources d'approvisionnement et augmenter nos réserves nationales.

En second lieu, il faut s'hydrater en courant et aborder constamment à l'avance certains des problèmes fondamentaux qui entraveront le développement futur.

L'un des problèmes est la qualité de la main-d'œuvre. À mesure que l'économie continue de se développer, la main-d'œuvre chinoise est en concurrence avec les travailleurs des pays développés tels que l'Europe, les États-Unis, le Japon et la Corée du Sud. Le maintien de l'industrie et de l'emploi en Chine dépend de la capacité de la productivité de la main-d'œuvre chinoise à égaler celle de ces pays développés. De plus, à mesure que la technologie progresse, nos travailleurs devront rivaliser avec des machines de plus en plus intelligentes, et devront faire des choses que les machines ne peuvent pas faire. À partir de maintenant, nous devons être tournés vers l'avenir et investir dans l'éducation, en particulier dans l'éducation de base au niveau du premier et du deuxième cycle secondaire, afin d'améliorer non seulement les connaissances telles que les mathématiques, les sciences et la chimie, mais surtout les qualités générales des sciences humaines et de la société, qui ne peuvent être reproduites par l'intelligence artificielle et la technologie.

Le vieillissement de la population en est un autre. À court terme, la population doit être encouragée de manière adéquate à avoir des enfants. Plus important encore, il doit y avoir un changement radical dans la façon de penser. Aujourd'hui, de nombreuses personnes âgées de 60 ou 70 ans ont accumulé plus d'expérience, de compétences et sont en meilleure condition physique que les quinquagénaires d'il y a 20 ans. C'est pour cette raison que les personnes âgées devraient désormais être perçues comme un atout pour la société. Grâce à des réformes, nous devrions les encourager à participer au bon fonctionnement de la société, par le travail ou d'autres moyens. Ainsi notre population vieillissante deviendra une force motrice bénéfique pour notre société.

En dernier lieu, il est important de profiter des montées et des descentes du parcours du marathon et de tirer le meilleur parti des fluctuations économiques normales.

L'économie de marché a ses propres lois de fluctuation. Les contradictions inhérentes à l'instabilité de l'économie de marché ont déjà été profondément révélées par Marx il y a 150 ans dans *Le Capital*. Aujourd'hui, la pratique d'une économie de marché socialiste est une solution fondamentale aux problèmes de base discutés par Marx à travers le rôle du gouvernement, mais cela ne signifie pas que le gouvernement doive complètement lisser les fluctuations de l'économie de marché, il doit plutôt en tirer profit.

Tirer parti des fluctuations économiques s'apparente à la pratique de la médecine traditionnelle chinoise qui consiste à « traiter les maladies d'hiver en été et les maladies d'été en hiver ». Un bon marathonien ralentit et ajuste sa respiration dans les montées, et accélère et ajuste ses muscles dans les descentes. Pour une économie, lorsque la conjoncture est bonne, il faut renforcer la réglementation, contribuer à désintoxiquer le système financier et améliorer l'efficacité ; lorsque la conjoncture est mauvaise, il faut accroître les investissements publics et combler les lacunes.

Nous sommes convaincus que la Chine, forte de ses précieuses expériences accumulées lors de la Réforme et de l'Ouverture, sera en mesure de courir un autre beau marathon de développement économique de 2018 à 2050, en réalisant le miracle économique de 73 années consécutives de croissance et en concrétisant l'objectif de la grande renaissance de la nation chinoise tel qu'il est décrit dans le rapport du 19e Congrès du Parti.

Comment mettre à niveau « le système économique chinois » de 1.0 à 2.0 ?

La croissance rapide de l'économie chinoise dans le passé n'est pas due à la mise en œuvre de politiques industrielles. En effet, les politiques industrielles mises en œuvre par le gouvernement dans des domaines tels que le photovoltaïque et le VCR n'ont pas été couronnées de succès. Au début, Haier et Gree n'ont pas obtenu de soutien du gouvernement, et il en va de même pour Huawei à Shenzhen. Bon nombre des entreprises à forte croissance d'aujourd'hui, qu'il s'agisse de Huawei ou de Haier, n'ont attiré l'attention du gouvernement qu'après avoir émergé et reçu un soutien ciblé de la part des autorités locales aux stades intermédiaire et avancé de leur croissance. Par conséquent, au lieu d'attribuer les expériences de la croissance économique de la Chine à la mise en œuvre des politiques industrielles, on doit chercher les explications dans *La richesse des nations* d'Adam Smith.

Dans le passé, nous avons mal interprété de nombreux écrits d'Adam Smith, croyant qu'il encourageait simplement la libéralisation. En fait, dans le volume V de *La richesse des nations*, il parle longuement de la manière dont le gouvernement devrait aider au développement d'une économie de marché, et explique notamment pourquoi la Reine devrait contrôler les tribunaux, pourquoi elle devrait contrôler le commerce extérieur des colonies américaines et pourquoi les navires marchands utilisés dans le commerce extérieur américain doivent être achetés à la Grande-Bretagne plutôt qu'à la France. La croissance rapide de l'économie chinoise au cours des 20 à 30 dernières années a également confirmé l'observation d'Adam Smith. L'expérience fondamentale de la croissance économique de la Chine dans le passé, que l'on peut également appeler « système économique chinois » version 1.0, était que le gouvernement aidait les entreprises à ouvrir leurs territoires et les aidait à cultiver et à étendre leurs marchés.

Toutefois, ce système économique connaît aujourd'hui des difficultés et le taux de croissance de l'économie chinoise s'est ralenti. De nombreux facteurs ont indéniablement contribué au ralentissement de la croissance économique, notamment la surcapacité et la faible demande sur le marché international, mais le fait que le « système économique chinois » se trouve dans une période de transformation et de mise à niveau est un facteur plus important. Tout comme le système Windows d'un ordinateur doit être mis à jour, la version 1.0 du système économique chinois est maintenant dans un état de « faible performance ». Selon l'auteur, pour sortir du dilemme économique, le « système économique chinois » doit passer avec succès de la version 1.0 à la version 2.0. Dans ce processus, deux points sont cruciaux, à savoir l'amélioration en douceur de la relation entre le gouvernement et les entreprises et l'amélioration en douceur de la qualité et du niveau de la supervision gouvernementale.

La relation entre le gouvernement et les entreprises doit être améliorée en douceur

Dans la version 1.0 du « système économique chinois », le gouvernement et les entreprises travaillaient en étroite collaboration, le gouvernement aidant les entreprises à étendre leur territoire, notamment en attirant des investissements, en créant des parcs industriels et en les aidant à recruter des salariés. Cependant, l'ancienne version de la relation entre le gouvernement et les entreprises, tout en contribuant à la croissance économique, a également entraîné des problèmes de corruption, elle a besoin d'être améliorée et renouvelée à temps. À cette fin, le secrétaire général Xi Jinping a proposé de « construire un nouveau type de relation entre le gouvernement et les entreprises »[1], ce qui signifie que les cadres dirigeants devraient être à la fois « cordiaux » et « propres » envers les entrepreneurs.

Il n'est pas facile de changer la relation entre le gouvernement et les entreprises. La situation actuelle de la lutte contre la corruption dissuadant certains dirigeants et cadres de travailler, l'économie s'en ressent naturellement. Par conséquent, le premier point clé pour promouvoir la mise à niveau du « système économique

---

1. Xi Jinping : « Assurer une victoire décisive dans la construction d'une société modérément prospère à tous les égards et œuvrer en vue du grand succès du socialisme à la chinoise pour une nouvelle ère » Rapport au 19e Congrès national du Parti communiste chinois, Maison d'édition du peuple, édition 2017, p. 40.

chinois » est de trouver des moyens de construire un « nouveau type de relations propres et claires entre le gouvernement et les entreprises ».

L'établissement d'un «nouveau type de relation gouvernement-entreprises» nécessite évidemment des garanties institutionnelles. Il s'agit essentiellement d'établir un ensemble d'incitations, avec des récompenses et des punitions claires, et de mettre en place un mécanisme de suivi efficace. Dans le passé, le mécanisme d'incitation reposait sur une concurrence interrégionale en matière de croissance du PIB, c'est-à-dire que où le taux de croissance du PIB était plus élevé, où les dirigeants avaient plus de chances d'être promus. Aujourd'hui, ce mécanisme est trop homogène et trop mince. Trop homogène parce que la concurrence pour la croissance du PIB a conduit certains responsables locaux à se focaliser excessivement sur la croissance du PIB à court terme, sans tenir compte des conséquences à long terme, ce qui a entraîné les séquelles d'un endettement local excessif. Trop mince car les possibilités de promotion sont trop rares et plus on monte dans l'échelle, plus cela devient difficile. Par conséquent, certains fonctionnaires ont tendance à accepter des pots-de-vin au risque de leur avenir politique et à rechercher des gains financiers personnels à court terme. Par conséquent, l'orientation de la réforme devrait consister à augmenter substantiellement la rémunération des fonctionnaires et à introduire des indicateurs de performance complets pour chaque type de poste, qui devraient être régulièrement évalués. Plus important encore, étant donné que les fonctionnaires à tous les niveaux sont chargés de décisions économiques et sociales importantes, ils doivent avoir un sens élevé de l'honneur professionnel et devraient donc être payés en moyenne pas moins que les cadres du secteur privé ayant des qualifications similaires. Selon l'expérience réussie de pays comme Singapour, une telle équipe peut résister à son gré aux pressions de la corruption de l'économie de marché. Les incitations seules ne suffisent pas ; la supervision est également essentielle. La supervision par les comités disciplinaires et les auditeurs doit être institutionnalisée et permanente.

La qualité et le niveau de la réglementation gouvernementale doivent être améliorés de toute urgence

Après des années de développement rapide, l'économie chinoise d'aujourd'hui n'est plus la simple économie de marché d'autrefois. Au contraire, l'économie de marché actuelle est extrêmement complexe, et on ne peut permettre au marché de se développer spontanément et sainement simplement en simplifiant et en décentralisant le gouvernement. Par exemple, l'utilisation des classements d'enchères sur les plateformes d'achat en ligne donne aux produits de contrefaçon une excellente occasion d'en profiter, ce qui fait que les produits ayant un classement général élevé ne sont pas tous authentiques. Cela pose un énorme défi à la réglementation. Ou encore les moteurs de recherche, qui, parfois, au lieu de fournir aux utilisateurs les informations les plus efficaces en temps voulu, donnent des informations trompeuses, conduisant à des tragédies telles que l'affaire Wei Zexi[2]. La réglementation pharmaceutique ne peut pas non plus être prise au mot par les entreprises, car des informations sur les essais cliniques peuvent aussi être falsifiées, et ce n'est pas sans précédent. Cela pose un énorme défi à la règlementation.

Des problèmes peuvent survenir si la capacité réglementaire du gouverne-ment n'est pas mise à niveau en temps utile face à un environnement de marché de plus en plus complexe. L'éclatement de la crise financière aux États-Unis est dû au fait que « les chats ne sont pas aussi compétents que les rats » et que la capacité réglementaire des gouvernements ne pouvait pas suivre les innovations sur les marchés financiers. Par conséquent, la version 2.0 du « système économique chinois » devrait tirer les leçons du passé et améliorer la capacité du gouvernement à réglementer et à superviser de manière précise et opportune. La clé de ce succès est de former une équipe de régulateurs de marché hautement qualifiés, très motivés et soucieux de leur carrière. Il faut donner à ces régulateurs un niveau de salaire qui correspond pleinement au marché et améliorer leur statut social pour parvenir à une supervision précise et exacte du marché.

Au cours de la prochaine étape de développement, afin de faire passer le « système économique chinois » de la version 1.0 à la version 2.0, nous devons travailler sur la manière d'établir un « nouveau type de relation claire entre le gouvernement et les entreprises » et sur la manière de parvenir à une réglementation et une supervision précises. Si nous pouvons trouver des solutions à ces deux questions clés de la mise à niveau économique de la Chine, nous serons en mesure de réaliser un développement économique durable, et la solution chinoise incarnant la sagesse chinoise sera reconnue et acceptée par le monde.

---

2. NdT : Wei Zexi (1994 – 12 avril 2016) était un étudiant chinois de 21 ans originaire du Shaanxi, décédé après avoir reçu le DC-CIK, un traitement expérimental contre le sarcome synovial au deuxième hôpital du corps de police armé de Pékin, dont il avait appris l'existence par un résultat promu sur le moteur de recherche chinois Baidu.

La Chine peut-elle sortir du
« piège du revenu moyen » ?

Dans le contexte d'un déclin continu de la croissance économique, divers secteurs de la société ont exprimé diverses inquiétudes quant à la capacité de la Chine à franchir le « piège du revenu moyen » et à rejoindre ainsi les rangs des pays développés. Le « piège du revenu moyen » est un concept introduit par la Banque mondiale en 2006, qui fait référence à la difficulté pour un pays en développement de passer, après que son PIB par habitant a atteint le niveau de 3 000 USD ou plus, du statut de pays à revenu intermédiaire à celui de pays développé, avec un PIB par habitant qui dépasse la barre des 12 000 USD.

Le PIB par habitant de la Chine approchant les 10 000 USD en 2018, la manière de traverser le « piège du revenu moyen » est sans aucun doute une question majeure, ainsi qu'un défi majeur pour atteindre l'« objectif des deux centenaires » (construire une société modérément prospère d'ici le centenaire de la fondation du Parti communiste chinois et construire un pays socialiste moderne, fort, démocratique, harmonieux et beau d'ici le centenaire de la fondation de la Chine nouvelle).

Quels sont les pays qui sont sortis du « piège du revenu moyen » ?

Au cours des 70 ans d'histoire économique mondiale depuis la Seconde Guerre mondiale, parmi une centaine d'économies non développées dans le monde, seules 12 ont réussi à sortir du « piège du revenu moyen », dont cinq pays et régions d'Asie de l'Est, à savoir le Japon, la Corée du Sud, Hong Kong, Taïwan (Chine) et Singapour ; cinq pays européens, à savoir l'Espagne, le Portugal, Chypre, la Grèce et Malte ; ainsi qu'Israël et Oman au Moyen-Orient.

Les autres pays, parmi lesquels ceux d'Amérique latine, sont restés en dessous du seuil de pauvreté ou sont passés dans la catégorie des revenus moyens, après avoir atteint un PIB par habitant de 8 000 à 11 000 USD, ils n'ont pas réussi à franchir le cap.

Trois conditions nécessaires pour sortir du « piège »

Quels sont les facteurs qui ont permis à ces 12 pays et régions de sortir du « piège du revenu moyen », alors que les autres pays n'y sont pas parvenus ? J'ai récemment mené une étude en collaboration avec Fu Lin, un de mes anciens doctorants de l'université Tsinghua et désormais Maître de conférences à l'université Centrale de finance et d'économie, afin de tenter de systématiser cette question.

Nos recherches montrent qu'un pays ne peut sortir du piège du revenu moyen que si les trois conditions sont réunies en même temps ; inversement, si l'une des conditions n'est pas remplie, aucune avancée ne peut être réalisée. Alors, quelles sont ces trois conditions ?

La première est un gouvernement stable qui soutient le développement d'une économie de marché. C'est le cas de la Thaïlande, où la croissance économique a stagné ces dernières années en raison des luttes politiques intestines et de l'obsession de longue date des Chemises rouges et des Chemises jaunes pour la politique de rue. Il est clair qu'un tel gouvernement ne peut même pas soutenir la vie économique de base, et il n'y a aucun moyen d'améliorer le niveau de développement économique.

Le gouvernement doit non seulement stabiliser mais aussi poursuivre systématiquement les politiques qui soutiennent la croissance économique, notamment les politiques de base qui libèrent le dynamisme de l'économie de marché, comme l'État de droit et la réglementation de base, et une série de politiques interventionnistes qui soutiennent la croissance économique, comme les politiques de base en matière de santé et de logement pour maintenir la stabilité sociale et les politiques de base en matière de bien-être pour éradiquer la pauvreté. L'Inde est un contre-exemple à cet égard. Bien que l'Inde se targue d'être la plus grande démocratie du monde et qu'elle soit largement stable sur le plan politique, le gouvernement indien a une longue histoire de politiques hostiles au marché. Aujourd'hui, un tiers de la population bénéficie encore de subventions alimentaires, et le gouvernement a longtemps subventionné les prix de l'énergie, de sorte que lorsque les prix mondiaux du pétrole brut sont bas, l'Inde est en bonne position. Si cette tendance s'inverse, les finances publiques et la macroéconomie de l'Inde seront dans une situation difficile.

La seconde est une main-d'œuvre de plus en plus qualifiée. Cet objectif ne peut être atteint qu'en garantissant une santé publique de base, d'une part, et en offrant un bon environnement éducatif, d'autre part. L'efficacité des services de santé publique consiste à assurer la santé de la population résidente et migrante afin qu'elle puisse participer davantage à l'économie de marché et que le taux d'activité et la productivité du travail de la population puissent être augmentés (la participation de la population active est un facteur important du développement économique). Au cours des 30 années qui ont précédé l'ouverture de la Chine, les normes sanitaires de base ont été considérablement améliorées et l'espérance de vie est passée de moins de 40 ans en 1949 à 57 ans en 1979, ce qui a constitué un dividende démographique pour les 30 années de croissance économique suivantes. En l'absence de garanties de base en matière de santé publique, l'efficacité du travail en pâtit considérablement. Dans des pays comme l'Inde, le développement des infrastructures a été lent pour un certain nombre de raisons, dont l'une est indéniablement l'efficacité des ouvriers du bâtiment. Cette inefficacité est étroitement liée au niveau de santé de leur main-d'œuvre de base.

Une condition préalable plus importante pour une population hautement qualifiée est d'atteindre un certain niveau d'éducation. Après 30 ans d'efforts depuis 1949, le taux d'analphabétisme des adultes est passé de 80 % dans les premières années de la Chine nouvelle à 22,81 % en 1982, puis à 4,88 % en 2010[1]. L'enseignement obligatoire de neuf ans est désormais universel et le taux brut d'inscription dans les établissements d'enseignement supérieur est supérieur à 25 %. En revanche, l'Inde a toujours un taux d'analphabétisme de 30 %, ce qui a un impact direct sur la productivité du travail, car de nombreux emplois modernes de base ont du mal à employer une main-d'œuvre analphabète.

La troisième est l'ouverture aux économies développées. Les économistes japonais ont un jour identifié un « modèle de l'oie » du développement économique, selon lequel un groupe de pays décolle d'abord individuellement, puis entraîne les pays voisins. Nous avons examiné ce phénomène de plus près et constaté que ce n'est pas tout à fait vrai, car il existe des exceptions, comme Israël, qui a réussi à

---

1. Ces données sont basées sur les statistiques du Bureau national des statistiques ; selon l'UNESCO, le taux d'analphabétisme en 1982 était de 34,49 %.

sortir du « piège du revenu moyen » mais qui ne compte aucun pays développé parmi ses voisins.

Nous pensons que le mécanisme qui sous-tend ce « modèle de l'oie » est que, pour qu'une économie se développe, elle doit être ouverte aux pays développés, et que les pays voisins sont généralement ouverts économiquement les uns aux autres. Plus précisément, pour sortir du « piège du revenu moyen », un pays doit s'engager dans le commerce et l'investissement avec les pays économiquement développés, de sorte que son niveau technologique, sa philosophie commerciale et sa conscience sociale convergent inconsciemment avec ceux des pays développés, et que son niveau de revenu et sa productivité augmentent. Les principaux partenaires commerciaux et d'investissement d'Israël sont l'Europe et les États-Unis, les principaux partenaires commerciaux du Japon étaient autrefois les États-Unis et les principaux partenaires commerciaux de la Corée étaient les États-Unis et le Japon ; en Europe, les principaux partenaires commerciaux de l'Irlande et de l'Espagne étaient d'autres pays développés d'Europe occidentale, ce qui a naturellement conduit ces économies à s'inspirer des idées des pays développés.

La Chine est bien placée pour franchir le « piège »

Au regard de ces trois conditions, nous constatons que la Chine est bien placée pour sortir du « piège du revenu moyen ». Il y a, bien sûr, un certain nombre de domaines dans lesquels la Chine doit continuer à travailler pour remplir ces trois conditions.

Tout d'abord, un gouvernement qui se concentre sur le développement économique. Il est peu probable que la Chine soit confrontée à des troubles politiques dans les rues comme en Thaïlande et aux Philippines et, plus important encore, le point fondamental de ses institutions et de ses politiques, en général, est de promouvoir le développement économique. L'esprit principal de la troisième session plénière du 18ᵉ Comité central du PCC est, en termes simples, de laisser le marché et le gouvernement exercer leurs propres fonctions. Dans cette perspective, le marché devrait jouer un rôle prépondérant absolu dans la plupart des domaines de l'allocation des ressources, dont les salaires, le prix du capital et le prix des terres. Dans le même temps, la Chine doit permettre au gouvernement de jouer un meilleur rôle dans la gouvernance de la société moderne et fournir une base solide pour le développement d'une économie de marché. Le plus important d'entre eux est la nécessité de jouer un meilleur rôle de régulation pour permettre à l'économie de marché de se développer de manière ordonnée et saine, ainsi que la nécessité pour le gouvernement de fournir les biens publics nécessaires au développement du marché. À l'heure actuelle, le développement des infrastructures est dans une large mesure un bien public, qui doit être fourni par le gouvernement. Le gouvernement chinois cherche des moyens d'accroître le développement des infrastructures et de fournir cet éventail de biens publics.

Deuxièmement, la qualité de la main-d'œuvre chinoise continue de s'améliorer. Le taux d'analphabétisme des adultes est tombé à 4 %, les niveaux d'éducation augmentent et la santé de la population est l'une des meilleures du monde en développement, l'espérance de vie par habitant étant déjà égale à celle des pays développés. Si le vieillissement de la population est certainement un problème pour l'économie chinoise, le fait que le vieillissement ait ou non un impact sérieux sur le développement économique doit être lié aux niveaux de santé et d'éducation de la population. À une époque où les niveaux de revenus ne sont pas encore aussi élevés que ceux des pays développés et où les niveaux de santé sont relativement élevés, l'impact du vieillissement peut être atténué par des réformes qui repoussent de manière flexible l'âge de la retraite et augmentent les prestations de retraite afin de permettre aux personnes en bonne santé et bien éduquées qui souhaitent encore travailler de continuer à le faire.

La Chine a fait de grands progrès en matière de santé publique, mais des améliorations sont encore possibles. La réforme des hôpitaux publics pour réduire les coûts des soins de santé, l'augmentation du soutien financier du gouvernement par le biais de l'assurance sociale et une meilleure gestion pour améliorer l'efficacité des hôpitaux publics, associés à un accès accru aux hôpitaux privés, amélioreront encore la santé des citoyens chinois.

Troisièmement, la Chine est actuellement la plus grande entité commerciale du monde et le plus grand attracteur d'investissements étrangers et d'investissements entrants, avec un volume total comparable à celui des États-Unis. Les principaux partenaires commerciaux de la Chine sont les États-Unis et l'Union européenne. La Chine a donc toujours été ouverte au monde développé et continue de tirer des enseignements de leur expérience et de se rapprocher d'eux en termes de connaissances et d'idées.

En résumé, la Chine réunit les trois conditions essentielles pour sortir du « piège du revenu moyen ». Dans le même temps, nous constatons que l'écart avec les pays développés du monde est le facteur le plus fondamental expliquant qu'un pays est en train de sortir du piège du revenu moyen. À l'heure actuelle, le PIB par habitant de la Chine ne représente que 20 % de celui des États-Unis. L'expérience historique du Japon, de la Corée du Sud et de Taïwan (Chine) montre que la Chine a le potentiel pour atteindre une croissance d'au moins 7 % du PIB à ce stade (cf. tableau 1). Nous prévoyons que si l'économie chinoise continue sur la voie de la réforme et de l'ouverture, d'ici 2021, le PIB par habitant devrait pouvoir atteindre 26 % de celui des États-Unis en termes de parité de pouvoir d'achat (PPA), le volume économique total dépassant celui des États-Unis ; d'ici 2050, le PIB par habitant pourrait atteindre 75 % de celui des États-Unis en termes de PPA, et le volume économique total serait le triple de celui des États-Unis.

Tableau 1 : Évolution des taux de croissance du PIB dans les économies d'Asie de l'Est après que le PIB par habitant a atteint 19 % de celui des États-Unis (% moyen sur la période)

	Japon	Corée du Sud	Taiwan, Chine
Moins de 5 ans	8,6	10,8	8,9
5-10 ans	9,4	8,6	10,7
10-20 ans	6,9	6,3	8,2
20-30 ans	4,3	4,0	6,2

Source : taux de croissance du PIB pour le Japon et la Corée avant 1961 à partir du Pen World Table 8.0, après 1961 à partir de la base de données WDI de la Banque mondiale ; taux de croissance du PIB pour Taiwan, Chine à partir du Pen World Table 8.0 (dans les 5 ans pour le Japon : 1956-1960, pour la Corée : 1983-1987, pour Taiwan, Chine : 1983-1987) 1983-1987, Taiwan, Chine, se réfère à (dans les 5 ans pour le Japon, 1956-1960 ; pour la Corée, 1983-1987 ; pour Taiwan, 1971-1975 ; et ainsi de suite pour les années suivantes).

Un certain nombre de réformes et de politiques qui doivent encore être avancées pour réaliser une percée

Bien que la Chine soit fondamentalement bien placée pour sortir du « piège du revenu moyen », le potentiel de développement économique ne pourra être pleinement exploité que si les réformes et les ajustements dans un certain nombre de domaines sont accélérés.

Premièrement, dans le contexte de la baisse actuelle de la croissance économique, il est important de promouvoir l'ajustement structurel et de stabiliser l'économie. La situation actuelle de l'économie chinoise est similaire à celle de la période 1997-2001, après la crise financière asiatique. À cette époque, l'économie chinoise était également confrontée à une série de problèmes tels que la surcapacité et l'insuffisance de la demande. Le macro-endettement de la Chine ayant atteint plus de 200 %, il est important de reconnaître la nature du cercle vicieux de la baisse de la croissance et la nature auto-réalisatrice des attentes qui y sont liées, et de prendre des mesures pour stabiliser l'économie, inverser les attentes de baisse de la croissance sur les marchés nationaux et internationaux, et ainsi stabiliser le système financier.

Le développement des infrastructures est sans aucun doute une lacune de l'économie chinoise qui peut être comblée à court terme. À l'heure actuelle, le stock d'infrastructures par habitant en Chine ne représente qu'environ 20 % de celui d'économies telles que le Japon et la Corée du Sud, mais l'épargne ne manque pas en Chine. Si l'accès au financement des audits de base peut être ouvert, il sera possible de créer une nouvelle source de croissance qui puisse à la fois profiter au développement économique à long terme et stabiliser l'économie. Le facteur fondamental pour le démarrage de ce moteur de croissance stable est le mécanisme de financement.

À cet égard, je suggère que les gouvernements à tous les niveaux fournissent un capital de départ, garanti par le gouvernement central ou provincial, pour émettre des obligations d'infrastructure à la communauté à des taux d'intérêt inférieurs aux taux de prêt des banques commerciales. Ces fonds pourraient être utilisés pour établir un fonds d'infrastructure pour gérer et détenir directement les infrastructures. Cela reviendrait à créer une série de « banques mondiales » au sein de l'économie chinoise, qui fonctionneraient de manière plus ciblée qu'une banque de développement nationale, et seraient en mesure de fonctionner de manière relativement indépendante des gouvernements locaux et d'évaluer de manière indépendante la faisabilité et l'efficacité du développement des infrastructures.

Deuxièmement, la direction de la réforme doit être poursuivie. L'orientation de la réforme fondamentale proposée par la troisième session plénière du 18e Comité central du PCC est la garantie la plus importante et la plus fondamentale pour sortir du « piège du revenu moyen » et doit être poursuivie avec fermeté et sans hésitation. Face à un ralentissement économique, les réformes axées sur le marché doivent être accélérées, en particulier les réformes des entreprises d'État et diverses mesures visant à briser les monopoles. Si ces réformes sont mises en œuvre, elles stimuleront grandement l'enthousiasme des acteurs du marché concerné et accroîtront le dynamisme de l'économie.

Troisièmement, nous devons continuer à nous ouvrir au monde extérieur, à coopérer et à rivaliser avec les économies développées et, ce faisant, à renforcer la compétitivité de l'économie chinoise elle-même. La mondialisation actuelle a pris une nouvelle dimension, les pays développés, menés par les États-Unis, proposant une série de nouveaux systèmes économiques internationaux avec une protection commerciale contre la Chine. Face à ces défis, la stratégie de la Chine devrait consister à poursuivre sa réforme et sa libéralisation, et à renforcer la compétitivité de ses entreprises grâce à des mesures de libéralisation telles que les zones de libre-échange et les nouvelles routes de la soie. Lorsque les entreprises chinoises et l'économie dans son ensemble deviendront plus compétitives, l'impact des politiques protectionnistes discriminatoires sur l'économie chinoise sera considérablement réduit, et les entreprises chinoises pourront, avec facilité, faire face aux défis dans les négociations internationales et être invincibles dans la concurrence internationale.

En résumé, la Chine dispose des conditions de base pour sortir du « piège du revenu moyen » et son potentiel de croissance économique reste considérable. L'enjeu principal est désormais de relever raisonnablement les défis du ralentissement économique, d'accélérer les réformes et de jeter des bases solides pour un nouveau cycle de croissance économique dès que possible.

La Chine va-t-elle manquer la quatrième révolution industrielle ?

Le thème de l'édition d'hiver du Forum économique mondial de Davos de 2016 était extrêmement ciblé : la quatrième révolution industrielle. De nombreux participants que j'ai rencontrés lors de la conférence ont fait remarquer que les thèmes des conférences précédentes étaient essentiellement conceptuels, alors que celui de cette année-là était plus ciblé et spécifique que ceux de toutes les précédentes.

Cette année, les États-Unis ont envoyé une délégation d'une ampleur sans précédent : cinq vice-présidents ou ministres y ont participé en même temps, dont le vice-président, le secrétaire d'État, le secrétaire à la défense, le secrétaire au trésor, le secrétaire au commerce et d'autres hauts fonctionnaires. Le vice-président américain Joe Biden a expliqué en particulier que, parmi les nombreux défis posés par la quatrième révolution industrielle, il était surtout préoccupé par la question de savoir si le grand public, en particulier la classe moyenne, en bénéficierait, et comment éviter un réalignement des intérêts induit par la quatrième révolution industrielle, qui se traduirait par la répétition de la situation embarrassante où une minorité en bénéficierait et où le plus grand nombre en souffrirait. Toutefois, la plupart des responsables américains sont optimistes quant aux perspectives de la quatrième révolution industrielle. Le secrétaire d'État John Kerry a même déclaré que les États-Unis n'ont jamais disposé d'autant d'avantages qu'aujourd'hui, et que la concrétisation de ces avantages devrait contribuer à résoudre certains problèmes mondiaux majeurs.

Alors, que va apporter la quatrième révolution industrielle à la Chine ? La Chine sera-t-elle la victime de la quatrième révolution industrielle ?

La Chine n'a pas complètement rattrapé les trois premières révolutions industrielles

Qu'est-ce que la quatrième révolution industrielle ? Selon le professeur Schwab, fondateur du Forum économique mondial, les quatre révolutions industrielles peuvent être définies comme suit : la première révolution industrielle a commencé en 1775 lorsque Watt a transformé la machine à vapeur, la deuxième avec la révolution de l'électrification à la fin du XIXᵉ siècle, la troisième avec la révolution informatique dans les années 1950 et la quatrième avec les technologies de l'information, l'impression 3D et la robotique engendrées par la diffusion des ordinateurs. La quatrième révolution industrielle est une révolution globale qui englobe les technologies de l'information grâce à la diffusion des ordinateurs, les innovations dans le domaine de la fabrication grâce à de nouvelles technologies telles que l'impression 3D et la robotique, et les changements dans la santé humaine et le mode de vie grâce aux sciences de la vie.

Selon le professeur Klaus Schwab, cette révolution industrielle entraînera des changements plus profonds que les trois révolutions précédentes. Les participants au Forum économique mondial et le professeur Schwab ont souligné le fait que le train des révolutions industrielles a laissé derrière lui un nombre considérable de passagers mondiaux, comme les 17 % de la population mondiale qui ne bénéficient toujours pas des avantages de la première révolution industrielle, et la troisième révolution industrielle, marquée par l'utilisation des ordinateurs, qui laisse encore derrière elle la moitié de la population mondiale qui n'a pas de connexion à Internet, par exemple. Il ne fait aucun doute qu'il y aura de nouveaux gagnants et perdants dans la quatrième révolution industrielle, et il est très probable que davantage de passagers tomberont de ce train, plus que lors des trois premières révolutions industrielles.

La Chine, qui a l'ambition de se moderniser, passera-t-elle à côté de la quatrième révolution industrielle ? Serons-nous laissés à la traîne par la quatrième révolution industrielle ? Serons-nous capables de prendre ce train révolutionnaire et de moderniser notre industrie une fois pour toutes ? Ce n'est pas une question qui semble s'imposer d'elle-même ; c'est même une question sérieuse quand on y réfléchit.

Lors des trois premières révolutions industrielles, la Chine n'a pas réussi à rattraper le reste du monde, ou du moins a pris un petit retard. Les deux premières révolutions industrielles ont laissé la Chine dans la position embarrassante d'être battue. La troisième révolution industrielle a été un réveil précoce pour la

Chine, la Chine a développé, presque en même temps que le Japon, son premier ordinateur, le DJS-130. Toutefois, au début de la réforme et de l'ouverture, la Chine était à la traîne en termes de matériel et de logiciels. Loin d'être parmi les premiers passagers de ce train express, nous sommes montés dans la deuxième moitié du train de la troisième révolution industrielle.

Les trois atouts de la Chine pour participer à la quatrième révolution industrielle

Il y a au moins trois raisons pour lesquelles nous devons tout d'abord avoir une certaine confiance et assurance dans la quatrième révolution industrielle.

Premièrement, le développement rapide de l'éducation en Chine depuis la réforme et l'ouverture. Le taux brut de scolarisation dans l'enseignement supérieur en Chine, qui n'était que de 2 % au début des années 1980, a atteint 40 % en 2015, et dans la province du Jilin, qui fait partie des provinces et municipalités les plus importantes, ce taux a atteint 52 %. Il s'agit d'un résultat extrêmement rare pour un pays où le PIB par habitant ne représente qu'un cinquième de celui des États-Unis, surtout si l'on considère que le taux d'abandon des études universitaires en Chine est bien inférieur aux 25 % enregistrés aux États-Unis. Il faut particulièrement constater qu'au moins un million des quelque sept millions de diplômés universitaires que compte la Chine chaque année sont issus des disciplines des sciences naturelles, tandis qu'au moins 30 % des diplômés sont issus des disciplines de l'ingénierie. Dans le même temps, l'enseignement des sciences et des technologies en Chine est beaucoup plus systématique et rigoureux que dans d'autres pays du monde, notamment dans les pays développés comme les États-Unis et le Royaume-Uni. Dans les pays développés tels que le Royaume-Uni et les États-Unis, l'enseignement de premier cycle est principalement axé sur une éducation libérale (liberal education)[1], et les étudiants ont une formation de base en ingénierie et en technologie bien moindre qu'en Chine. Les diplômés chinois en ingénierie, quant à eux, sont essentiellement destinés à travailler directement dans le domaine de l'ingénierie et de la technologie. La Chine dispose d'un vaste

---

1. NdT : définition de l'American Association for the Advancement of Science : idéalement, une éducation libérale produit des personnes ouvertes d'esprit, libres de tout provincialisme, dogme, préconception et idéologie, conscientes de leurs opinions et jugements, réfléchissant à leurs actions et conscientes de leur place dans le monde social et naturel.

réservoir de talents en ingénierie, qui est le capital le plus fondamental dont nous disposons pour tirer parti de la quatrième révolution industrielle.

En outre, depuis une dizaine d'années, l'industrie chinoise a fait des progrès remarquables dans plusieurs domaines. Non seulement la Chine est incontestablement entrée dans le peloton de tête mondial, mais elle a même pris la tête du peloton dans des domaines tels que le train à grande vitesse, les équipements de construction, les télécommunications et les drones. Nous pouvons affirmer avec confiance qu'au cours des 5 à 10 prochaines années, la Chine devrait également réaliser des percées dans le domaine des moteurs d'avions militaires et civils et des grands avions de passagers. Le développement rapide que connaît actuellement la Chine dans les domaines de la science, de la technologie et de l'industrie se reflète également dans le nombre de brevets déposés chaque année et le nombre d'articles sur l'ingénierie et les sciences naturelles publiés et cités dans le monde.

Deuxièmement, la Chine dispose d'un énorme marché. Les marchés de l'automobile, du train à grande vitesse, de la très haute tension, de la transmission et de la production d'électricité sont parmi les plus importants au monde, et l'aviation civile sera bientôt le numéro un mondial. Ces énormes marchés ont créé des avantages sans précédent pour la participation de la Chine à la quatrième révolution industrielle. En raison de cet énorme marché, il est possible de fixer des normes chinoises, et les décideurs ont souvent un avantage important en matière de percées technologiques et d'industrialisation. Dans le même temps, l'immense marché a donné naissance à de grandes entreprises, telles que Huawei et Midea, qui figurent parmi les meilleures entreprises mondiales dans leurs secteurs respectifs. Grâce à leur solide assise financière et à leurs capacités de recherche et développement, les grandes entreprises disposent d'un avantage considérable pour participer à la quatrième révolution industrielle.

Troisièmement, l'économie chinoise continue généralement de croître à un bon rythme, contrairement au ralentissement général observé dans d'autres pays. L'économie chinoise continue de croître à un rythme supérieur à 6 % et, même si elle connaît actuellement quelques difficultés, la valeur ajoutée des industries de haute technologie continue de croître plus rapidement que l'économie globale. Dans le même ordre d'idées, la Chine reste l'économie ayant le taux d'épargne le plus élevé au monde, avec un taux d'épargne officiellement publié d'environ 45 %, bien que ce chiffre soit bien sûr quelque peu surestimé – selon mes recherches, le taux d'épargne national actuel de la Chine est d'environ 38 %, ce qui reste un chiffre très élevé dans le contexte mondial. Avec un taux d'épargne national de seulement 17,6 % aux États-Unis et 21,8 % au Japon en 2013 (données américaines et japonaises issues de la base de données WDI de la Banque mondiale), la Chine est l'une des rares économies à disposer d'une épargne importante. Avec un solide soutien financier, qui fait de la science et de la technologie un moteur du développement commercial, toute technologie peut être mise en œuvre plus rapidement.

Combler les lacunes : être suffisamment en avance dans l'amélioration du système limitant l'innovation et en avance sur la voie à l'ouverture

Malgré ces trois avantages importants, nous devons également constater que la plus grande faiblesse de la Chine face à la quatrième révolution industrielle, et aussi la plus inquiétante, est de savoir si notre système limitera sa capacité d'innovation. La quatrième révolution industrielle aura certainement un impact énorme sur le système existant, et si le système n'est pas amélioré, il deviendra une entrave pour la quatrième révolution industrielle.

L'utilisation de la technologie Internet, par exemple, a eu un impact sur l'industrie traditionnelle des taxis. La technologie moderne permet à chacun d'utiliser une voiture privée comme un véhicule commercial, et les frontières entre les véhicules privés et commerciaux deviennent de plus en plus petites. Dans le passé, les chauffeurs de taxi et les usagers de taxi avaient établi une relation de confiance grâce à la licence octroyée par les compagnies de taxi. Dans le passé, un véhicule opérationnel était un véhicule d'exploitation, qui devait être acheté par l'entreprise et utilisé par les travailleurs. Aujourd'hui, il existe un grand nombre de voitures privées inutilisées qui peuvent elles-mêmes être utilisées comme véhicules opérationnels. Il faut que cela soit défini par la loi et qu'un environnement relativement libéral soit accordé aux voitures inutilisées du secteur privé et à la main-d'œuvre pour transformer ces voitures privées en taxis.

Par exemple, les voitures autonomes doivent faire l'objet d'innovations par le biais du système avant de pouvoir être mises en circulation. Sans un système clairement défini, qui sera responsable des éventuels problèmes liés aux voitures autonomes ? Quelle est la responsabilité légale du fabricant ? Si une voiture sans conducteur entre en collision avec une voiture avec conducteur, comment la responsabilité sera-t-elle définie ? En quoi les normes de conduite des voitures autonomes devraient-elles être différentes de celles des voitures avec conducteur ?

Par exemple encore, avec le développement des biotechnologies, le séquençage génétique personnalisé sera bientôt commercialisé à grande échelle. Dans ce cas, qui aura accès aux informations génétiques des individus ? Dans quelles circonstances les entreprises pharmaceutiques, les compagnies d'assurances et les hôpitaux auront-ils accès à ces informations ? Un sujet plus sensible est la possibilité que l'avenir de l'accouchement soit complètement différent d'aujourd'hui - la gestation pour autrui est-elle envisageable ? Qui a le droit de se reproduire ? Qui peut contrôler ses propres gènes ? Ce sont des questions importantes qui doivent être traitées dans un contexte juridique.

Selon moi, la Chine devrait prendre une bonne longueur d'avance en termes de sensibilisation face à la quatrième révolution industrielle, sinon nous risquons de perdre du terrain face à nos rivaux dans les domaines concernés, car à une époque où la technologie évolue chaque jour, même si nous nous y mettons juste un peu plus tard que les autres, le fossé qui nous sépare des leaders risque de se creuser de plus en plus à l'avenir.

Nous devrions avoir l'esprit ouvert sur les questions juridiques liées à la quatrième révolution industrielle ; dans les zones locales, nous devrions ouvrir une fenêtre aux nouvelles technologies et permettre aux dirigeants de continuer à explorer et à innover. La Chine doit être un leader et non être à la traîne, ce qui nous oblige à être innovants et à prendre de l'avance dans notre système ; à faire preuve d'audace, à être plus libéraux et à réviser s'il y a des problèmes, plutôt que d'être fermés d'esprit, préférant être lents plutôt que d'avoir tort.

La Chine n'a jamais été aussi proche de la première vague technologique mondiale qu'aujourd'hui. La quatrième révolution industrielle est une nouvelle vague dans laquelle la Chine ne doit pas être laissée à la traîne, ce qui exige que nous ayons une bonne longueur d'avance en ce qui concerne les systèmes qui régissent le progrès technologique. Si l'innovation institutionnelle suit le rythme, la Chine est bien placée pour devenir un leader de la quatrième révolution industrielle.

Quelle est la nouvelle normalité pour la Chine et le monde ?

La nouvelle normalité est une expression couramment utilisée au niveau international ces dernières années pour décrire la situation économique et financière des pays développés après la crise financière de 2008. Cette expression est apparue fréquemment au Forum économique mondial de Davos au cours des deux dernières années. « Dans le cadre de la nouvelle normalité, le développement économique de la Chine se caractérise par trois éléments majeurs : changement de vitesse, optimisation structurelle et déplacement du pouvoir. Le taux de croissance doit passer d'une vitesse élevée à une vitesse moyenne, le mode de développement doit passer de l'échelle et de la vitesse à la qualité et à l'efficacité, la structure économique doit passer de l'expansion de la capacité incrémentale à l'ajustement du stock et à l'optimisation de la capacité incrémentale, et la dynamique de développement doit passer d'une dépendance principale à l'égard des ressources, de la main-d'œuvre à faible coût et d'autres facteurs de production à une dynamique axée sur l'innovation. »[2]

Que signifie la nouvelle normalité pour la Chine et le monde ? Il s'agit d'une question importante pour l'économie chinoise, pour la société et pour les décisions commerciales. Dans ce qui suit, nous analysons la nouvelle normalité pour chacun des trois types d'économie : pays développés, pays émergents hors Chine et Chine. Comme l'analyse des années plus longues nécessite un cadre plus grossier et donc moins de précision, la fenêtre temporelle est fixée au stade de développement à moyen terme des trois à cinq prochaines années.

La nouvelle normalité dans les pays développés

Six ans après le déclenchement de la crise financière internationale en 2008, les pays développés sont entrés dans le processus de redressement post-crise. Non seulement le Royaume-Uni et les États-Unis, mais aussi la Grèce et l'Espagne, qui étaient en proie à la crise, sont entrés dans une phase de sortie progressive de la crise, de réparation continue des blessures et d'ajustement aux problèmes sous-jacents qui ont causé la crise.

Pour des pays comme le Royaume-Uni et les États-Unis, la nouvelle normalité signifie que la croissance économique globale est légèrement inférieure à celle d'avant la crise, mais surtout, la croissance d'après-crise dans ces pays provient principalement des secteurs de la finance, de l'immobilier, de la haute technologie et des services haut de gamme, de sorte que le plus grand défi auquel ils sont confrontés est de savoir comment concilier le développement économique et les tensions sociales dans le processus de reprise. En particulier, la mondialisation a entraîné la perte de compétitivité d'un grand groupe de personnes peu qualifiées dans les pays développés. Aux États-Unis, par exemple, bien que le taux de chômage soit en baisse, un grand nombre de personnes sont au chômage depuis longtemps et ne figurent plus dans les statistiques du taux de chômage. Il a donc

---

2. Dans *Selected Important Documents since the 18th National Congress*, Central Literature Publishing House, édition 2016, p. 774.

été dit que la reprise aux États-Unis est une reprise des riches et que l'écart de revenus se creuse. Au Royaume-Uni, bien que l'économie ne connaisse pas une faible croissance, les salaires sont en baisse, un phénomène que les Britanniques eux-mêmes trouvent particulièrement alarmant.

Dans l'ensemble, les principales caractéristiques de la nouvelle normalité dans les pays occidentaux développés sont les suivantes : une politique intérieure populiste sous la pression de la mondialisation, un changement dirigé contre l'élite capitaliste, une plus grande importance accordée à l'équité de la distribution, à la discipline des mécanismes du marché, en particulier sur les marchés financiers, et des impôts plus élevés sur les groupes de revenus les plus élevés de la société. La popularité récente d'un nouveau livre de l'économiste français Thomas Piketty et les débats qu'il a suscités en sont la preuve.

La nouvelle normalité pour les pays émergents en dehors de la Chine

L'impact sur les pays émergents en dehors de la Chine était relativement limité au début de la crise financière en 2008, mais à partir de 2009, à la suite de l'assouplissement quantitatif massif et d'autres politiques monétaires accommodantes dans les pays développés, il y a eu un afflux de capitaux dans les pays émergents. Ce phénomène, associé à la hausse de la demande de produits de base provoquée par la reprise rapide de l'économie chinoise, a conduit à un cycle prometteur de croissance dynamique et florissante dans les économies des marchés émergents. Malheureusement, les fondations de ce cycle de développement n'étaient pas solides, car les mécanismes de marché de nombreux pays n'étaient pas solides et la gestion macroéconomique n'était pas assez saine, de sorte que dès le début de 2013, lorsque la Réserve fédérale a annoncé qu'elle se retirerait progressivement de l'assouplissement quantitatif, les pays émergents ont été frappés par un nouveau cycle de désinvestissement. On peut s'attendre à ce que la nouvelle normalité pour ces pays soit un ralentissement de la croissance économique globale, influencé par l'ajustement des politiques monétaires dans les pays développés, qui à son tour incitera certains pays émergents à mettre en œuvre des réformes de leurs systèmes économiques axées sur le marché.

Le thème sous-jacent de la nouvelle normalité dans les pays émergents est donc de chercher à réformer le système économique dans une ère de faible croissance, d'essayer de créer une base systémique pour un nouveau cycle de croissance – en bref, de « tourner à droite ». Ce qui est certain, c'est que certains pays émergents sauront saisir l'occasion de mettre en œuvre des réformes, tandis que d'autres risquent de les éviter et de placer leur économie dans une situation plus difficile.

Quatre nouvelles normalités pour l'économie chinoise

De nombreux analystes ont fait valoir que les fondements de la nouvelle normalité chinoise sont une baisse progressive des taux de croissance et un ajustement graduel des niveaux d'endettement. À mon avis, ces analyses ne sont pas nécessairement complètes car elles se concentrent trop sur les performances macroéconomiques, alors que nous devons analyser plus en profondeur certaines des connotations de la nouvelle normalité pour l'économie chinoise, c'est-à-dire les phénomènes économiques et sociaux sous-jacents et très importants qui détermineront la nouvelle normalité pour la macroéconomie chinoise. En résumé, la nouvelle normalité pour l'économie chinoise sera caractérisée par les quatre aspects importants suivants.

1. Une lutte acharnée entre les anciens et les nouveaux points de croissance

Ce sera l'une des caractéristiques les plus évidentes et les plus marquantes de la nouvelle normalité dans l'économie chinoise. Il y a deux anciens points de croissance en Chine, les exportations et l'immobilier, qui seront retirés progressivement et de manière quelque peu répétée. Parmi ceux-ci, la croissance des exportations sera directement affectée par les fluctuations économiques internationales et sera soumise à diverses fluctuations et répétitions. D'une manière générale, les exportations et l'excédent commercial en proportion du PIB de la Chine continueront à diminuer parce que la taille de l'économie chinoise augmente et que le marché mondial ne pourra pas soutenir la croissance soutenue des exportations chinoises. Toutefois, ce processus n'est pas linéaire, mais plutôt fluctuant.

En raison du fait que les besoins fondamentaux de la population urbaine chinoise en matière de logement sont largement satisfaits, associé à un ajustement des marchés financiers qui a conduit à des rendements d'investissement plus élevés pour la population, on assistera à une baisse volatile de la croissance de l'immobilier. Ces baisses fluctuantes des anciens points de croissance seront entrelacées avec la volatilité croissante des nouveaux points de croissance, provoquant une douleur dans la croissance macroéconomique globale.

Il existe trois nouveaux domaines de croissance pour l'économie chinoise. Le premier est l'investissement à long terme dans les infrastructures de consommation publique. Il s'agit notamment d'investissements dans les trains à grande vitesse, les métros, les équipements publics urbains, la lutte contre la pollution de l'air et de l'eau. Le second est la transformation et la mise à niveau de diverses capacités de production, y compris la mise à niveau des capacités hautement polluantes et à forte intensité énergétique, qui ne sera vraisemblablement pas non plus linéaire ni en progression constante. Le troisième est la consommation des ménages, dont la part dans le PIB de la Chine a augmenté de 0,7 % par an pour atteindre environ 47 %.

Le fait est que la sortie des anciens points de croissance est volatile et que le lancement de nouveaux points de croissance ne se fait pas sans heurts, de sorte qu'il y aura des fluctuations des taux de croissance au cours des trois à cinq prochaines années. Cette volatilité est différente de la volatilité macroéconomique traditionnelle de la Chine, qui provient davantage des fluctuations de la demande globale, y compris la demande d'investissement, et qui oblige donc le gouvernement à freiner régulièrement et à réagir par divers moyens politiques et administratifs. Dans la nouvelle normalité de l'économie chinoise, la volatilité macroéconomique est essentiellement une question d'alternance entre les anciens et les nouveaux points de croissance. Cette alternance continuera à entraîner un manque de dynamique de croissance intrinsèque. Par conséquent, le thème fondamental de la politique macroéconomique au cours de cette période sera de stabiliser la croissance et de prendre diverses mesures pour générer de nouveaux points de croissance. Le plus important d'entre eux sera probablement l'investissement dans les infrastructures de consommation publique. Dans une certaine mesure, cet investissement devra être mené par le gouvernement, et ce sera le principal objectif des efforts du gouvernement pour stabiliser la croissance.

Dans le même ordre d'idées, le ratio dette/PIB de la Chine, qui se situe actuellement à environ 200 %, va augmenter en raison du taux d'épargne national élevé, et le processus dit de désendettement ne se produira pas dans un avenir proche. L'effet de levier élevé résultant d'une épargne importante est justifié, mais la clé est la nécessité d'augmenter la dette à long terme garantie par l'État dans sa structure.

2. Une restructuration économique progressive

La deuxième manifestation de la nouvelle normalité dans l'économie chinoise est en fait apparue : un ajustement structurel potentiel, progressif, qui n'est pas pleinement reconnu par les observateurs. Cet ajustement structurel se traduit de plusieurs manières.

Premièrement, la hausse continue des taux de rémunération du travail, en particulier pour les cols-bleus, s'explique par l'épuisement de la main-d'œuvre excédentaire. Contrairement aux augmentations à deux chiffres des salaires des ouvriers, qui ont nettement dépassé la croissance du PIB nominal, le taux de rendement global du capital a baissé. En fait, la Chine se trouve déjà à un stade où le coût du capital est élevé, avec des taux d'intérêt réels supérieurs à 3 %, ce qui n'était pas fréquent à l'époque de la réforme et de l'ouverture. On pense qu'après le prochain cycle de réformes, les taux d'intérêt réels baisseront à nouveau, car l'économie chinoise se caractérise essentiellement par un taux d'épargne national élevé. Même aux niveaux actuels, l'augmentation des salaires des ouvriers a entraîné une tendance au remplacement du travail par le capital, tous les secteurs cherchant à augmenter le ratio capital/travail. Avec le remplacement du travail par le capital, l'accumulation du capital va s'accélérer.

Le second est l'ajustement structurel réel qui est encouragé. Avec le développement d'un nouveau type d'urbanisation, le système d'enregistrement des ménages a été largement libéralisé, à l'exception des mégapoles, et la population active chinoise pourra se déplacer librement pour la première fois en 60 ans. À l'avenir, la configuration régionale de l'économie chinoise dépassera les contraintes de la planification administrative, les villes et les régions se disputant une population de qualité, et la géographie économique de la Chine changera considérablement. L'impact de ce processus sur le développement économique de la Chine sera profond.

Troisièmement, la part de la consommation des ménages et celle du secteur des services sont toutes deux en hausse. En outre, le secteur des services n'est pas seulement productif, mais comprend également des services aux consommateurs tels que la logistique, la distribution, le commerce électronique et les services financiers. Le principal flux d'emplois se situe également dans le secteur des services.

3. La réforme entre dans les eaux profondes

La réforme entrant dans la zone des eaux profondes consiste ainsi à une nouvelle normalité de l'économie chinoise. La détermination et les objectifs du cycle actuel de réformes, ainsi que leur portée, sont sans précédent. Dans le même temps, il convient de noter que la résistance à la réforme est également, je le crains, sans précédent.

L'impulsion pour la réforme devrait provenir de deux sources, l'une étant l'énergie au sommet pour pousser à la réforme. Cet élan descendant est désormais si fort que le gouvernement central a mis en place un groupe de direction chargé d'approfondir la réforme institutionnelle de manière globale. Mais le problème est que dans le cycle actuel de réformes, les gouvernements de base et les entreprises d'État ont été relativement passifs, manquant globalement de créativité et d'énergie. Les raisons en sont nombreuses, et l'une des plus importantes est que certains fonctionnaires ne sont pas suffisamment motivés et sont craintifs.

La première des trois réformes les plus notables de l'économie est la réforme du système financier. La marchandisation des taux d'intérêt devrait être largement achevée dans les deux ou trois prochaines années, les banques créées par des capitaux privés ont déjà commencé à voir le jour et l'ouverture des comptes de capital est à l'ordre du jour. La seconde est la réforme du système fiscal, qui est en cours de planification et se concentre sur l'amélioration du système fiscal et la délimitation de la relation fiscale entre le gouvernement central et les gouvernements locaux. Ce type de réforme descendante pourrait être encouragé dans un avenir proche. La troisième grande réforme est celle des entreprises d'État, qui a fait l'objet d'une grande attention. La réforme fondamentale des entreprises d'État passe par une plus grande commercialisation, par une plus grande séparation entre les entreprises d'État et le gouvernement et par une plus grande capitalisation des entreprises d'État. En bref, ce sera la nouvelle normalité pour l'économie chinoise d'entrer dans les eaux plus profondes de la réforme.

4. L'élargissement de l'influence de la Chine dans l'économie mondiale

Depuis la réforme et l'ouverture, la Chine a entamé un processus d'acceptation des règles économiques internationales et d'intégration dans le système financier international. Mais aujourd'hui, le paysage international a considérablement changé. La Chine joue un rôle essentiel dans l'économie mondiale et, grâce à son taux d'épargne national élevé et à l'abondance de son capital, elle deviendra bientôt le plus grand investisseur du monde, les investissements à l'étranger dépassant les investissements étrangers et la taille de ses entreprises augmentant. L'interaction entre la Chine et le monde est donc devenue un processus de rétroaction à double sens : non seulement l'économie chinoise accepte de plus en plus les exigences des règles internationales et renforce son internationalisation, mais elle propose aussi constamment ses propres modifications des règles de l'économie mondiale et fait constamment accepter à la communauté internationale certaines de ses demandes fondamentales par le biais de diverses opérations, par exemple en participant à la création d'institutions financières telles que la Nouvelle banque de développement des BRICS, améliorant ainsi l'économie internationale. La Chine n'est plus un simple destinataire des règles internationales, mais devient progressivement un acteur actif et pragmatique, proposant des réformes de l'ordre économique international afin de rendre la communauté internationale plus réceptive à l'existence de l'économie chinoise. C'est la nouvelle normalité pour l'économie chinoise à l'avenir.

En bref, depuis l'éclatement de la crise financière mondiale, la Chine et le monde sont entrés dans une nouvelle normalité. Cette nouvelle normalité est elle-même un processus dynamique qui façonne en permanence un nouveau paysage pour la Chine et le monde. Une analyse minutieuse et la saisie des opportunités sont des leçons essentielles pour tous les participants à l'économie chinoise.

L'économie chinoise peut-elle encore rattraper son retard ?

La croissance économique de la Chine a ralenti depuis 2013, les données les plus récentes publiées par le Bureau national des statistiques montrent que la croissance du PIB a chuté à 6,0 % au troisième trimestre de 2019. L'un des arguments académiques les plus dominants est que l'économie chinoise a terminé sa période de rattrapage et qu'un déclin continu de la croissance sera une tendance à long terme. Il y a deux raisons principales à cela. Premièrement, le PIB par habitant chinois atteindra un niveau de 11 000 USD, et l'expérience historique montre que lorsqu'une économie atteint ce niveau de PIB par habitant, la croissance économique a tendance à diminuer régulièrement. Deuxièmement, en ce qui concerne les facteurs intérieurs, le vieillissement de la population est devenu une tendance majeure et la population active totale est saturée ; dans un avenir proche, l'offre de main-d'œuvre continuera de diminuer.

Ce type d'analyse ne saisit pas la nature la plus fondamentale de la croissance économique chinoise et ne voit pas le potentiel le plus fondamental de la croissance économique de la Chine. En fait, avec les bonnes mesures et une période d'ajustement et de réforme, l'économie chinoise devrait être en mesure de se remettre sur la voie du rattrapage.

La logique du rattrapage

Un indicateur important du potentiel de croissance continue d'une économie est l'écart qui la sépare des principales économies mondiales. En effet, les principales économies vont continuer à croître, sous l'impulsion de la technologie, de l'innovation des modèles d'entreprise et d'autres facteurs, et leur PIB par habitant ne stagnera pas en termes absolus.

Aujourd'hui, la première économie mondiale est celle des États-Unis, dont le PIB par habitant a atteint 63 000 USD en 2018. En termes de parité de pouvoir d'achat (1 USD équivaut à environ 4 CNY), le PIB par habitant chinois représente toujours moins de 30 % de celui des États-Unis. Et historiquement, la différence entre une économie dont le PIB par habitant est de 11 000 USD est relativement faible par rapport au PIB par habitant des États-Unis, bien inférieur aux 63 000 USD de 2018.

De ce point de vue, nous ne pouvons donc pas considérer le potentiel de croissance de l'économie chinoise en termes absolus. L'économie chinoise dispose encore d'un énorme potentiel de croissance dans tous les aspects du rattrapage en termes de modèles d'entreprise, de technologies de production, de développement du marché, de concepts de gestion et de réformes institutionnelles.

La Chine remplit les critères des « trois bons élèves » pour sortir du « piège des revenus moyens »

Ces derniers temps, le Centre d'études économiques sur la Chine et le monde de l'université Tsinghua a étudié ce que l'on appelle le « piège des revenus moyens ». Nous constatons qu'au cours des 70 années écoulées depuis la Seconde Guerre mondiale, seuls 13 des plus de 100 pays et territoires du monde ont réussi à sortir du « piège des revenus moyens », c'est-à-dire à faire passer le PIB par habitant de plus de 4 000 USD à 12 000 USD (norme de la Banque mondiale). Ces pays et territoires sont le Portugal, la Grèce, Malte, Israël, la Corée, Chypre, Taïwan (Chine), l'Espagne, le Japon, Oman, l'Irlande, Hong Kong et Singapour. Nous avons constaté que trois conditions ont permis à ces 13 pays et régions de sortir du « piège des revenus moyens », que nous appelons le critère des « trois bons élèves ».

La Chine d'aujourd'hui satisfait pleinement aux critères des « trois bons élèves ».

Le premier est de savoir si un système d'économie de marché s'est enraciné dans une économie. La réponse est oui, après des années de réforme et d'ouverture, même si le système économique peut encore être amélioré de manière continue, il est indéniable que l'économie de marché s'est enracinée dans l'esprit des gens et que la direction de la réforme du marché est inébranlable.

Deuxièmement, la qualité de la population et le capital humain doivent répondre aux normes de base. Les normes de santé publique chinoises sont parmi les plus élevées au monde, notamment parmi les pays émergents ; le niveau d'éducation de sa population est particulièrement élevé par rapport aux autres pays émergents, le taux brut de scolarisation dans l'enseignement supérieur ayant atteint 37,5 % et le taux d'analphabétisme des plus de 15 ans est tombé à moins de 4 %, contre 30 % en Inde, tandis que les normes d'analphabétisme en Chine sont nettement supérieures à celles de la moyenne des pays émergents. L'augmentation des niveaux de santé publique (y compris l'espérance de vie par habitant) et de l'éducation de la population fournira les conditions les plus fondamentales pour la croissance économique de la Chine.

Troisièmement, l'ouverture aux économies développées. L'expérience précieuse du développement économique rapide de la Chine au fil des ans a été son ouverture au monde extérieur, en particulier aux pays développés. En particulier, la Chine a toujours été ouverte aux pays développés en termes d'investissements, d'importations et d'exportations. Lorsqu'un pays s'ouvre au monde développé, son niveau de croissance économique se rapproche de plus en plus de celui du monde développé, selon ce que les Japonais appellent le « modèle de l'oie ».

Pronostic lorsque le PIB par habitant aura atteint 20 % de celui des États-Unis

Sachant que le niveau actuel du PIB par habitant de la Chine représente 20 % de celui des États-Unis et, surtout, qu'elle a atteint un niveau de PIB par habitant qui se situe historiquement au-delà du « piège du revenu moyen », quel est le potentiel de croissance de l'économie chinoise des 15 prochaines années ?

Examinons la croissance des 13 pays et régions qui ont atteint 20 % du PIB par habitant des États-Unis au cours de l'histoire : le Japon, la Corée et Taïwan (Chine) ont maintenu des niveaux de croissance supérieurs à 7 % (voir tableau 1), et d'autres pays et régions ont continué à afficher une bonne dynamique de croissance à ce stade de développement. Il en ressort que l'économie chinoise a un énorme potentiel de croissance.

Logique du développement des grandes puissances

Nous devons accepter le fait que la Chine est un grand pays avec une population importante par rapport à d'autres pays et régions d'Asie de l'Est et à des pays qui ont historiquement brisé le piège des revenus moyens. Alors, le potentiel de croissance économique des grands pays sera-t-il sensiblement réduit ?

Je pense que la réponse est non, c'est-à-dire que la Chine, en tant que grand pays, a plus de potentiel de croissance qu'un petit pays. La raison en est que l'économie chinoise équivaut à un petit monde et qu'il existe encore un énorme potentiel de commerce intérieur, qui n'a pas été pleinement exploité à l'heure actuelle. Par exemple, les disparités économiques entre les provinces chinoises sont aussi importantes que celles entre les économies du monde. Le PIB par habitant de la province du Zhejiang est plus de quatre fois supérieur à celui de la province du Guizhou, une différence presque égale à l'écart de revenu entre la Chine et les États-Unis. Plus important encore, le Zhejiang et le Guizhou peuvent atteindre une mobilité totale des facteurs de production, y compris le capital et la main-d'œuvre, ce qui est quasiment impossible entre la Chine et les États-Unis. Par conséquent, les capitaux de la province du Zhejiang continueront d'affluer vers les régions économiquement défavorisées et, de même, une partie de la main-d'œuvre des régions économiquement défavorisées affluera également vers les régions développées. On ne saurait trop insister sur l'énorme potentiel de ce type de commerce intérieur.

Plus important encore, comme il s'agit de l'économie d'un grand pays, une fois qu'un grand marché unifié est formé, il peut soutenir en permanence le développement des entreprises et des industries chinoises. Si on prend l'exemple de Taobao et Jingdong, l'une des raisons pour lesquelles ces plateformes de commerce électronique se sont développées si rapidement ces derniers temps est qu'elles ont appris des concepts commerciaux et des modèles d'entreprise étrangers avancés, mais surtout, un marché unifié a été formé en Chine, permettant à Taobao et Jingdong de vendre leurs produits à l'échelle nationale et d'unifier leur logistique, réduisant ainsi considérablement le coût par unité de transaction.

L'énorme marché chinois est également en mesure de soutenir la R & D et de maintenir l'augmentation des investissements dans ce domaine. C'est la principale raison pour laquelle les trains à grande vitesse chinois ont pu aller à l'étranger aujourd'hui. Je crains que la raison pour laquelle le train à grande vitesse est devenu la première industrie chinoise à se mondialiser ne soit pas due au fait que les ingénieurs chinois sont plus compétents et meilleurs que ceux de Siemens, mais surtout à la grande population de la Chine, à la densité de la population dans de nombreuses villes et à l'énorme volume du trafic de ville à ville, qui a créé une énorme demande de train à grande vitesse, une demande rare dans les autres pays développés du monde.

Dans la même logique, les entreprises chinoises de machines de construction et d'ingénierie sont également devenues des leaders mondiaux. Par conséquent, l'économie chinoise devrait aujourd'hui avoir un potentiel de croissance supérieur à celui de la Corée du Sud, du Japon et de Taïwan (Chine).

La clé d'une bonne économie est de briser les barrières à la mobilité de la population entre les provinces et les régions. Lorsque la main-d'œuvre sera en mesure de se déplacer davantage entre les provinces, il y aura une nouvelle vague de développement dans l'ensemble de l'économie chinoise. Le mécanisme spécifique de ce phénomène est l'urbanisation. Il convient de noter que l'avancement du processus d'urbanisation ne signifie pas que l'économie de chaque région augmentera simultanément. La région du Nord-Est, par exemple, peut avoir décliné, mais la croissance des autres régions compensera de loin la contraction relative de l'économie de la région du Nord-Est.

Le vieillissement est-il un coup fatal ?

Ce point de vue est très populaire, mais l'auteur n'est pas du tout d'accord. Tout d'abord, le facteur du vieillissement de la population ne peut être utilisé isolément pour l'analyse et les conclusions, mais doit être considéré conjointement avec le niveau de développement du PIB par habitant, le niveau de santé de la population et la qualité de la main-d'œuvre.

En effet, l'âge moyen de la population chinoise augmente, mais avec des niveaux de santé nettement supérieurs à ce qu'ils étaient il y a 20 ou même 10 ans, et parallèlement un grand nombre de travailleurs à faible niveau de revenus ont toujours la volonté et la capacité à continuer à travailler. Le problème du vieillissement de la population pourrait donc être résolu directement si le système était suffisamment flexible, de sorte que le système de retraite non seulement ne pénalise pas les travailleurs différés, mais les encourage également à travailler.

Par exemple, les cols-bleus hommes[1] âgés de 55 ans sont en moyenne en meilleure santé que leurs parents à l'âge de 45-50 ans, mais le système actuel oblige nombre d'entre eux à prendre leur retraite à 55 ans. De même, les femmes de 50 ans qui travaillent sont en moyenne en meilleure santé que les femmes de 45 ans il y a 30 ans, mais elles ont aussi tendance à prendre leur retraite prématurément, une grande partie de la main-d'œuvre étant désormais gaspillée car elle va danser sur les places et s'occuper de travaux ménagers inutiles. Une fois que l'âge de la retraite sera reculé, avec des prestations supplémentaires pour ce groupe et l'élimination de la discrimination fondée sur l'âge, cela contribuera grandement à soutenir le taux d'activité de la Chine.

---

1. NdT : membre d'une classe ouvrière qui exécute un travail manuel et gagne un salaire horaire

Un autre facteur dont il faut tenir compte est que la Chine est une économie à forte épargne et à fort investissement et qu'à mesure que le capital s'accumule, le ratio capital/travail de la Chine continuera à se hisser au premier rang mondial. En conséquence, la quantité de capital par travailleur continuera à augmenter, la productivité du travail a une énorme marge d'amélioration et l'intensité du travail continuera à diminuer. Cela nous ramène au fait fondamental que le PIB par habitant de la Chine représente 20 % de celui des États-Unis, comme indiqué ci-dessus. Il y a encore de la place pour que la qualité et la quantité du capital de travail en Chine continuent d'augmenter.

À court terme, le vieillissement de la population contribue en fait à la restructuration de l'économie chinoise. La pénurie relative de l'offre de main-d'œuvre due au vieillissement de la population a entraîné une augmentation des salaires des travailleurs, ce qui a conduit à une augmentation du revenu disponible et donc à une hausse soutenue de la consommation. Le défaut de l'économie chinoise est précisément la consommation plutôt que l'offre. Par conséquent, quelle que soit la perspective à court ou à long terme, le vieillissement n'est pas un facteur fatal dans la croissance économique continue de la Chine.

Dans quelle mesure les effets des changements dans le système économique international sont-ils négatifs ?

Nombreux sont ceux qui affirment que lorsque l'économie chinoise continuera à se hisser au rang de grande puissance, les États-Unis et d'autres grandes puissances prendront diverses mesures pour restreindre le développement de la Chine.

En effet, les États-Unis ont l'intention stratégique de restreindre le développement économique de la Chine et de freiner son impact sur le nouvel ordre économique mondial. Mais il faut voir que la réalisation de cette intention stratégique dépend dans une large mesure de la réaction de la Chine.

Le monde développé n'est pas un bloc monolithique, et les États-Unis ne peuvent pas dominer complètement le système de gouvernance économique dans le monde développé. Des stratégies économiques différentes vis-à-vis de la Chine sont apparues entre les États-Unis et le Royaume-Uni, ainsi qu'entre les États-Unis et l'Allemagne. Dans l'ensemble, l'environnement international est favorable à la poursuite du développement de la Chine et on ne peut pas dire que les facteurs internationaux constituent une contrainte pour le développement futur de la Chine.

En bref, après une période de réforme et d'ajustement, et après avoir résolu certains goulets d'étranglement du développement actuel, tels que la paresse et la négligence des gouvernements locaux, le coût élevé du financement, la lente élimination des capacités de production arriérées et la lenteur de l'apurement des créances douteuses, l'économie chinoise peut encore être rajeunie et revenir à l'ère de la croissance moyenne à élevée. Les entreprises et la population chinoises doivent avoir confiance dans les perspectives du développement économique.

L'économie chinoise : perspectives 2035 et 2050

Que pouvons-nous attendre de l'économie chinoise après le 19ᵉ Congrès du Parti communiste chinois ? Quelles sont les caractéristiques du développement économique de la Chine à court et moyen terme au cours des prochaines années ? À quel niveau de développement se situera l'économie chinoise en 2020, lorsqu'elle aura atteint une société modérément prospère ? Que signifie réaliser une modernisation socialiste de base d'ici 2035 ? À quoi ressemblera l'image de l'économie chinoise au milieu du XXIᵉ siècle, lorsque l'objectif du deuxième centenaire sera atteint en 2050 ? Quels sont les problèmes auxquels l'économie chinoise doit désormais faire face ? Il s'agit d'une série de questions qui méritent d'être soigneusement analysées et examinées par le peuple chinois.

L'économie de la Chine en 2020, lorsque la construction d'une société modérément prospère sera pleinement développée

L'objectif de construction d'une société modérément prospère est un objectif de développement global qui englobe non seulement les tâches et les objectifs du développement économique, mais aussi ceux d'autres domaines tels que le développement social. Que signifie donc, en termes de développement économique, la construction d'une société modérément prospère à tous égards ?

Une analyse complète montre que d'ici 2020, lorsqu'une société modérément prospère sera pleinement développée, le PIB par habitant de la Chine atteindra environ 10 000 USD aux taux de change du marché ; à parité de pouvoir d'achat, il représentera environ 30 % de celui des États-Unis. Ce niveau de développement serait très proche du seuil des pays à haut revenu tel que défini par la Banque mondiale. À ce moment-là, la Chine aura déjà largement fait ses adieux au « piège des revenus moyens ».

Du seul point de vue des indicateurs de développement économique, il n'est pas difficile d'atteindre cet objectif. Cet objectif est tout à fait réalisable si l'économie maintient un taux de croissance de 6 % d'ici à 2020. Comme le secrétaire général Xi Jinping l'a souligné à plusieurs reprises dans une série de discours importants : « Pour construire une société modérément prospère sous tous ses aspects et atteindre l'objectif du premier centenaire (centenaire de la fondation du PCC), l'éradication totale de la pauvreté parmi les pauvres des zones rurales est un indicateur de référence. » « L'édification intégrale d'une société modérément prospère dans tous les aspects est notre engagement solennel envers le peuple chinois, et il doit être réalisé dans tous les aspects sans aucune place pour la négociation. »[1] C'est probablement une priorité absolue pour le Parti et le gouvernement d'ici à 2020.

L'économie chinoise en 2035

Le rapport du 19e Congrès du Parti communiste chinois indique que la Chine parviendra essentiellement à la modernisation socialiste d'ici 2035. Le rapport en donne une description plus détaillée : « D'ici là, la Chine verra alors sa puissance économique, scientifique et technologique s'accroître considérablement, et se hissera au premier rang des pays novateurs. Le droit du peuple à la participation et au développement sur un pied d'égalité se verra pleinement garanti ; l'édification d'un État, d'un gouvernement et d'une société qui respectent la loi sera parachevée pour l'essentiel ; les systèmes institutionnels seront améliorés dans divers domaines ; et la modernisation du système et de la capacité de gouvernance de l'État sera réalisée dans son ensemble. Le degré de civilité de notre société atteindra un niveau plus élevé, le «soft power» culturel s'accroîtra considérablement, et le rayonnement de la culture chinoise deviendra plus large et plus profond. La vie de la population sera plus aisée, la proportion des personnes à revenu moyen s'accroîtra sensiblement ; les écarts de développement entre les régions, et entre les villes et campagnes, ainsi que les écarts du niveau de vie entre les habitants seront notablement réduits ; l'homogénéisation des services publics

---

1. Extraits du discours de Xi Jinping sur l'édification intégrale d'une société modérément prospère, Central Literature Publishing House, 2016, p. 154.

fondamentaux sera pratiquement réalisée. Une structure de gouvernance sociale moderne prendra forme, créant une société où règnent le dynamisme, l'harmonie et l'ordre. L'écosystème connaîtra une amélioration fondamentale, et la belle Chine deviendra réalité. »[2] Alors, quelles seront les perspectives de l'économie chinoise en 2035 en termes de développement économique ?

Du point de vue de l'économie, nous pouvons le décrire de deux manières. La première méthode, et la plus couramment utilisée, consiste à mesurer le niveau de revenu absolu par habitant. Selon cette mesure, la Chine devrait pouvoir atteindre le niveau de développement des 20 premiers pays les plus développés comptant plus de 5 millions d'habitants d'ici 2035, soit un PIB par habitant compris entre 25 000 et 30 000 USD en prix constants de 2011.

Mais il faut voir qu'une telle image du développement n'est peut-être pas l'objectif dans l'esprit du peuple et des décideurs chinois, car le monde change, les pays se développent, et l'objectif pour atteindre la modernisation socialiste devrait aussi être un repère mobile, une norme relative à atteindre, c'est-à-dire la norme d'être considéré comme le pays le plus développé du monde en 2035, ce qui est la deuxième méthode.

Après une analyse minutieuse, nous pensons que la Chine est bien placée pour rejoindre, d'ici 2035, les rangs des pays moyens et grands les plus développés du monde, dont la population est supérieure à 5 millions d'habitants. En d'autres termes, en termes de développement économique et de niveau d'aisance de sa population, la Chine se situe largement dans le top 30 des pays de taille moyenne et grande ayant une population de plus de 5 millions d'habitants. À l'image d'aujourd'hui, il serait possible d'atteindre le niveau de pays comme Israël et le Portugal. Le PIB par habitant de la Chine représentera environ 60 % de celui des États-Unis en termes de PPA (parité de pouvoir d'achat) actuels et l'économie sera environ le double de celle des États-Unis, ce qui constitue une étape extrêmement importante. En effet, l'histoire nous a montré que lorsqu'un pays atteint un niveau de développement économique supérieur à 50 % de celui des États-Unis, son développement économique est généralement relativement stable et l'impact des crises financières, des crises économiques, des chocs externes et des troubles sociaux sur l'économie et la société est plus facilement atténué.

---

2. Xi Jinping : *Édification intégrale de la société de moyenne aisance et faire triompher le socialisme à la chinoise de la nouvelle ère* – Rapport au 19e Congrès national du Parti communiste chinois, Renmin eds, 2017, p. 28-29.

L'économie chinoise en 2050

Selon nos calculs détaillés, d'ici 2050, la Chine devrait être en mesure d'atteindre son objectif de devenir un pays socialiste moderne, fort, démocratique, civilisé, harmonieux et beau en termes de développement économique. En termes de développement économique, il est tout à fait possible que la Chine fasse partie des grands et moyens pays les plus développés du monde à cette époque. Le niveau de richesse par habitant se situera alors dans le top 20 des moyens et grands pays, et le niveau de vie par habitant en termes de parité de pouvoir d'achat sera d'environ 70 % de celui des États-Unis. Le volume économique total sera plus de 2,5 fois, voire près de 3 fois celui des États-Unis. En termes de puissance nationale globale, la Chine sera à l'avant-garde du monde, et devrait être le leader mondial en matière de science et de technologie, d'innovation, de protection de l'environnement, d'éco-civilisation, de développement des ressources humaines et d'espérance de vie.

Nous pensons que cet objectif de croissance n'est pas hors de portée : les objectifs de développement décrits ci-dessus seront atteints si le taux de croissance du PIB de la Chine se maintient à 5,5 % au cours des 10 prochaines années, à 4 % pour les 10 années suivantes et à 3 % pour les 13 dernières années.

Nous supposons ici que le taux de croissance moyen du PIB dans le monde développé est de 2 %, ce qui correspond au taux de croissance moyen du PIB dans le monde développé au cours des 20 dernières années. Actuellement, la plupart des économistes au niveau international estiment que la croissance des pays développés va ralentir au cours de la période à venir en raison du vieillissement de la population et d'un ralentissement du rythme du progrès technologique, ce dernier étant considéré comme la cause fondamentale : ils estiment que le développement des sciences et des technologies de la vie au cours des 50 dernières années a entraîné d'énormes changements dans la vie des gens, les voitures passant de rien à tout et les logements de petits à grands. Ces changements ont été substantiels, et les changements des prochaines décennies seront localisés, s'appuyant sur ce qui a déjà été fait. En résumé, on considère généralement que les taux de croissance des pays développés au cours des deux ou trois prochaines décennies ne dépasseront pas ceux des deux dernières décennies.

La réalisation des objectifs de développement ambitieux de la Chine exige un travail acharné

Il faudra travailler dur pour atteindre les différents objectifs de développement.

Premièrement, il est nécessaire de tirer pleinement parti des avantages du développement des grands pays et de transformer la résolution du déséquilibre du développement en un moteur de la croissance économique. À l'heure actuelle, le développement inégal est un problème majeur pour l'économie chinoise. Ce déséquilibre se manifeste de multiples façons en particulier dans le déséquilibre de développement entre les régions et entre les zones urbaines et rurales. Ce déséquilibre peut être transformé en un moteur de croissance grâce à des réformes politiques et institutionnelles. Par exemple, la province du Jiangsu, qui est voisine de celle de l'Anhui, a un revenu par habitant classé parmi les plus élevés du pays et deux fois plus élevé que celui de la province de l'Anhui. La province de l'Anhui est en train de rattraper son retard à toute vitesse, et ce rattrapage et la convergence de l'écart de revenu par habitant est le moteur de la croissance.

Deuxièmement, la qualité de la main-d'œuvre et la qualité de la population doivent être continuellement améliorées. L'économie du futur sera une compétition entre les pays pour la qualité et la compétence de leur main-d'œuvre, et celui qui aura la meilleure main-d'œuvre aura plus d'opportunités d'emploi et un niveau de vie plus élevé. La société du futur sera également une compétition entre les machines et les hommes, les machines remplaçant à grande échelle les hommes pour les tâches simples, tandis que les tâches complexes telles que les soins aux personnes âgées et les divers services sociaux seront difficiles à accomplir par des machines – ces services devront être assurés par des travailleurs de plus en plus qualifiés. Le taux brut d'inscription à l'université en Chine atteint désormais 48,1 %, et il est urgent d'assurer l'accès universel à l'enseignement secondaire. La main-d'œuvre du futur doit posséder un certain niveau d'alphabétisation afin de pouvoir relever les défis d'une société vieillissante et de ne pas être remplacée par de simples machines lorsqu'elle entrera dans le secteur des services, et c'est clairement un aspect que la Chine doit continuer à améliorer à l'avenir. Il est également important de noter qu'une augmentation de la qualité de la main-d'œuvre correspond également à une augmentation de l'offre effective de main-d'œuvre, qui peut être utilisée pour relever les défis posés par la diminution démographique.

Troisièmement, il faut s'attaquer à la charge que représente le vieillissement de la population. La population vieillit rapidement, ce qui est une caractéristique du développement de la Chine. Pour faire face efficacement au vieillissement, une solution aux caractéristiques chinoises combinant « pension sociale » et « pension familiale » devrait être mise en place. S'appuyer uniquement sur les soins sociaux entraînera des coûts sociaux élevés, les États-Unis ayant consacré 18 % de leur PIB aux soins de santé en 2017 ; s'appuyer entièrement sur les soins familiaux n'est pas réaliste à mesure que la société évolue. Il est donc nécessaire d'explorer un système de retraite aux caractéristiques chinoises.

Quatrièmement, il faut se prémunir contre l'apparition de risques financiers systémiques et régionaux. L'expérience historique, en particulier dans les pays d'Amérique latine, montre que ce risque constitue le choc le plus fort pour le processus de développement économique. Une crise financière pourrait retarder le développement d'une décennie, voire de deux, et le système financier chinois contient indéniablement des facteurs susceptibles de déclencher un risque systémique. Par exemple, la Chine a la masse monétaire la plus élevée du monde en pourcentage du PIB et le « déversoir » d'énormes liquidités pourrait se transformer en un énorme facteur de déstabilisation à tout moment, sous l'effet de facteurs internationaux, un problème qui nécessite une solution systémique. Le système financier chinois est désormais entré dans une phase d'ajustement, la croissance des stocks monétaires au sens large étant à peu près égale à celle du PIB nominal, ce qui constitue une excellente évolution. Dans les années à venir, il faudra continuer à travailler dur pour réduire le taux de croissance de la masse monétaire au sens large, tout en augmentant la part du financement direct, y compris les obligations, et en réduisant la dépendance de l'économie chinoise vis-à-vis des prêts bancaires et de la masse monétaire au sens large, grâce au développement des marchés de la dette et des actions.

Dans l'ensemble, grâce à un travail acharné, l'économie chinoise est en bonne voie pour réaliser le brillant projet décrit dans le rapport du 19e Congrès du Parti communiste chinois. La Chine sera la locomotive du développement économique mondial au cours des prochaines décennies et, de fait, un modèle pour toutes les économies du monde.

2. Finance et immobilier

Contexte général du développement financier de la Chine

Depuis l'éclatement de la crise financière asiatique en 1997, le gouvernement central a organisé une Conférence nationale sur les travaux financiers tous les cinq ans, ce qui a entraîné à chaque fois des changements importants dans le paysage financier. Quels sont les points les plus marquants de la Conférence nationale sur les travaux financiers de 2017 ? Peut-on y discerner les grandes lignes du développement financier de la Chine dans les cinq prochaines années ?

La prévention et le contrôle des risques financiers constituent la priorité absolue des travaux financiers pour les cinq prochaines années

Le point le plus marquant de la Conférence nationale sur le travail financier de 2017 a été l'accent mis à plusieurs reprises sur la prévention et le contrôle des risques financiers, qui a été porté à un niveau sans précédent. Autour de la prévention et du contrôle des risques, la Conférence nationale sur les travaux financiers a proposé que la finance revienne à son essence, c'est-à-dire au service de l'économie réelle et non à sa propre circulation.

Afin de prévenir et de contrôler les risques, la Conférence nationale sur les travaux financiers de 2017 a également proposé la nécessité de renforcer la réglementation, avec des mesures spécifiques visant à créer un Comité national de stabilité et de développement financiers, où la stabilité signifie prévenir et contrôler les risques et le développement signifie servir le développement de l'économie réelle.

Je m'attends à ce que le Comité national de stabilité et de développement financiers soit un véritable organe exécutif doté d'un niveau administratif et d'une autorité nettement supérieurs à ceux « d'une banque et trois commissions » (Banque populaire de Chine [PBC], Commission de réglementation bancaire de Chine [CBRC], Commission de réglementation des valeurs mobilières de Chine [CSRC] et –Commission de réglementation des assurances de Chine [CIRC]), plutôt qu'un simple organe de délibération ou de coordination. Par conséquent, nous pouvons prédire que la réglementation financière atteindra un niveau sans précédent au cours des cinq prochaines années.

Servir l'économie réelle, contrôler les risques financiers et renforcer la supervision financière est indissociable de la réforme. Il était donc naturel que la réforme soit un mot-clé de la Conférence nationale sur les travaux financiers – une approche de réforme visant à mettre le système financier au service de l'économie réelle, à prévenir et à contrôler les risques financiers et à renforcer la surveillance financière.

Trois grandes « avancées » dans le développement de l'industrie financière chinoise

Pourquoi la prévention et le contrôle des risques financiers étaient-ils une priorité absolue lors de la Conférence nationale sur les travaux financiers de 2017 ? Selon moi, les problèmes actuels du secteur financier chinois peuvent être résumés par trois grandes « avancées ».

La première « avancée » est que la liquidité de financement dépasse les besoins réels de l'économie réelle. Depuis le déclenchement de la crise financière internationale en 2008, la liquidité de l'économie chinoise n'a cessé d'augmenter et représente aujourd'hui environ 200 % de l'économie réelle en termes de monnaie au sens large, soit le niveau le plus élevé au monde en termes de PIB absolu et relatif. Cette situation comporte d'énormes risques. En fait, l'auteur a souligné à plusieurs reprises qu'il s'agit du plus grand « déversoir » de l'économie chinoise.

Certains disent que le système financier doit éviter à la fois les « cygnes noirs[1] » et les « rhinocéros gris[2] ». Le plus grand « rhinocéros gris » du système

---

1. NdT : métaphore pour un événement extrêmement rare, imprévu et ayant un impact énorme

2. NdT : métaphore pour les menaces hautement probables mais négligées qui ont un impact énorme

financier chinois est le fait que les liquidités sont très en avance sur les besoins de l'économie réelle. Dans les économies développées, le stock d'actifs financiers, notamment de titres à revenu fixe, n'est pas inférieur à celui de la Chine, mais ils ne sont pas structurés de la même manière qu'en Chine. La liquidité des actifs financiers dans l'économie chinoise, c'est-à-dire le stock de dépôts bancaires et de monnaie, est beaucoup plus élevée que le stock d'obligations (plus de deux fois), alors que l'inverse est vrai dans les économies avancées telles que les États-Unis. Cela a posé les dangers cachés pour la stabilité financière de la Chine.

La deuxième « avancée » est que certains services financiers sont en avance sur le développement de l'économie réelle. Cela se traduit principalement par le fait qu'un grand nombre de transactions financières s'auto-entretiennent et se complaisent. Par exemple, les prêts interbancaires sont très actifs et un grand nombre de produits financiers interbancaires, qui sont en fait adossés à des prêts interbancaires. Il existe également un grand nombre de prêts interbancaires entre institutions non bancaires et institutions bancaires en dehors des activités normales. Le financement du secteur de l'assurance a également connu par le passé des flux excessifs de capitaux vers le marché boursier et d'autres domaines. Ce développement auto-entretenu se reflète dans la valeur ajoutée gonflée, générée par le secteur financier, qui a atteint environ 9 % du PIB en 2016, approchant, voire dépassant, le niveau de valeur ajoutée des services financiers dans les économies développées.

La troisième « avancée » est que le développement des marchés financiers dans leur ensemble est en avance sur le système réglementaire et la nature contraignante du système juridique. La différence entre les marchés financiers et les autres marchés est que les transactions sur les marchés financiers sont complexes, traversent des fuseaux horaires et des zones géographiques et qu'elles impliquent un éventail extrêmement diversifié de personnes, ce qui peut facilement entraîner des troubles émotionnels au sein des groupes sociaux, et nécessite donc une réglementation stricte. Et une réglementation forte ne suffit pas à elle seule. Il est également nécessaire que l'État de droit intervienne, car les autorités de régulation sont beaucoup moins puissantes que les autorités judiciaires pour sanctionner les violations graves. Les sanctions imposées par le service de régulation se limitent à des amendes, à des restrictions ou à des interdictions de participer à des transactions financières, mais ne sont pas de nature à restreindre la liberté personnelle des personnes impliquées et à les faire appliquer fermement.

La réglementation des marchés financiers chinois s'inscrit dans la continuité de la réglementation sectorielle en vigueur depuis une dizaine d'années. Le pouvoir judiciaire comprend très peu le secteur financier et son expertise et ses compétences sont loin d'être suffisantes pour faire face à la complexité des transactions dans le secteur financier, ce qui laisse la justice financière largement dans l'incertitude. En tant que membre du Comité national de la Conférence consultative politique du peuple chinois (CCPPC), j'ai proposé à plusieurs reprises, au cours des dix dernières années, la création d'un parquet et d'un tribunal des valeurs mobilières de haut niveau à Shanghai ou à Shenzhen, et je continue à faire campagne en ce sens.

Vue d'ensemble du développement financier de la Chine au cours des cinq prochaines années

Sur la base de l'analyse ci-dessus, la mise en œuvre de l'esprit de la Conférence nationale sur les travaux financiers de 2017 devrait conduire à cinq grandes tendances dans le développement du secteur financier chinois au cours des cinq prochaines années.

Tout d'abord, le taux de croissance de la masse monétaire devrait diminuer progressivement, tout en étant inférieur au taux de croissance du PIB nominal. La réduction du taux de croissance de la masse monétaire par rapport à la croissance du PIB est une exigence fondamentale pour la résolution des risques financiers systémiques, et c'est aussi l'esprit sous-jacent de cette Conférence nationale sur les travaux financiers. Depuis le premier semestre 2017, le taux de création monétaire dans le système bancaire a ralenti en raison d'une réglementation plus stricte des prêts interbancaires et inter-établissements financiers, ce qui a entraîné un taux de croissance positif de la monnaie au sens large inférieur au PIB nominal, absent depuis de nombreuses années. Cette tendance devrait se poursuivre au cours des cinq prochaines années, de sorte que l'activité de prêts interbancaires continuera de diminuer et que la tendance au resserrement du financement persistera. Cela ne sera pas une mauvaise chose pour le développement du secteur financier chinois, car cela encouragera les institutions financières à réglementer plus précisément leurs propres exigences en matière de capital et à améliorer leur gestion du capital, et conduira à la fusion et à la restructuration d'un grand nombre de petites et moyennes banques.

Deuxièmement, les petites institutions financières diversifiées vont prospérer. Les petites et microentreprises et les entreprises innovantes ne peuvent être soutenues que par des petites institutions financières innovantes. Il est tout à fait possible que ces petites institutions financières florissantes soient soumises à la « grande réglementation » du gouvernement. Le retour de la finance à son objectif initial, à savoir servir l'économie réelle, nécessite des services financiers diversifiés. Par conséquent, dans les cinq prochaines années, les assurances de prêt, les petits prêts, le crédit à la consommation et même les institutions fournissant des services financiers basés sur le big data des transactions sur Internet vont fleurir, et les réglementations correspondantes suivront progressivement.

Troisièmement, le rythme d'ouverture des services financiers au monde extérieur va s'accélérer. Cela signifie que les banques commerciales, les sociétés de valeurs mobilières et les compagnies d'assurance chinoises seront davantage ouvertes au monde extérieur. Non seulement l'empiètement des banques et des sociétés de valeurs mobilières étrangères sur les institutions financières locales, que l'on craignait lorsque la Chine a adhéré à l'OMC il y a 15 ans, ne s'est pas produit, mais, au cours de la période récente, le secteur des services financiers locaux de la Chine s'est considérablement développé et a montré sa propre capacité d'innovation. Aujourd'hui, le secteur financier chinois a encore plus de force et de raisons de s'ouvrir au monde extérieur. En s'ouvrant au monde extérieur, il est possible de mieux s'inspirer des meilleures pratiques étrangères en matière de contrôle des risques et, en ouvrant le secteur financier au monde extérieur, il est également possible de dissiper les doutes internationaux, notamment parmi les entreprises multinationales, quant au retournement de l'ouverture économique de la Chine.

Quatrièmement, l'internationalisation du RMB ralentira régulièrement. L'internationalisation du RMB passe essentiellement par une libéralisation progressive des flux de capitaux transfrontaliers. Actuellement, les marchés financiers chinois ne sont pas bien réglementés et les liquidités sont encore relativement abondantes, de sorte qu'une simple libéralisation des flux de capitaux transfrontaliers pour promouvoir l'internationalisation du RMB comporte des risques importants. Dans l'esprit de cette Conférence nationale sur les travaux financiers, l'internationalisation du RMB doit céder la place à l'exigence de servir l'économie réelle par la finance et à la nécessité de contrôler les risques financiers globaux. Si le processus d'internationalisation du RMB est trop rapide, cela déclenchera des perceptions irréalistes de l'économie chinoise parmi les investisseurs internationaux et introduira directement la volatilité financière de l'étranger dans les marchés financiers chinois. Par conséquent, je pense que l'internationalisation du RMB au cours des cinq prochaines années sera davantage une question de stabilité que de rapidité.

Cinquièmement, il y aura des ajustements structurels des prix des actifs financiers. En raison de la nécessité générale de contrôler le risque financier au cours des cinq prochaines années, les prix des produits financiers à faible risque vont augmenter, tandis que les prix des produits financiers à haut risque vont diminuer. Par exemple, les rendements des obligations d'État sont susceptibles de baisser, tandis que les rendements des obligations d'entreprises et locales à haut risque vont augmenter. Par exemple, le cours des actions des grandes valeurs de premier ordre et des sociétés cotées en Bourse affichant de solides performances peut augmenter régulièrement, tandis que celui des petites et moyennes entreprises plus risquées peut subir une correction modérée à la baisse. Essentiellement, l'économie chinoise met l'accent sur la stabilité financière globale et les investisseurs ajusteront leurs primes de risque. Globalement, les cinq prochaines années verront donc un ajustement structurel des marchés financiers chinois, avec un marché haussier pour les actifs financiers à faible risque et un marché baissier pour les actifs financiers à haut risque.

En conclusion, la Conférence nationale sur les travaux financiers contient un message très important, qui doit être étudié attentivement, et dont la mise en œuvre ultérieure doit être observée avec attention, car nous pouvons voir le contexte général du développement financier de la Chine dans la période à venir.

La modernisation du système financier est la clé pour franchir le seuil des pays à revenu élevé

L e rapport du 19e Congrès du Parti communiste chinois a fixé les objectifs des « deux centenaires », et la période de 2019 à 2021 est une période cruciale dans le cheminement vers le « premier centenaire ». Si le système financier peut être transformé et l'économie réelle améliorée, l'économie chinoise devrait rejoindre les rangs des pays à revenu élevé tels que définis par la Banque mondiale aux alentours du centenaire de la fondation du Parti communiste chinois. Toutefois, depuis la mi-2018, l'économie chinoise a connu un nouveau cycle de fluctuations, mis en évidence par un manque de confiance des micro-entités (en particulier les petites, moyennes et microentreprises privées) et une croissance régulière à modérée du PIB réel. Si l'on se projette dans les trois prochaines années, il est important de juger la situation avec précision et de procéder à des ajustements.

Quelles sont les raisons de cette série d'ajustements ?

Nous pensons que la principale raison de cette série d'ajustements économiques est la pression à la baisse et les inquiétudes des investisseurs causées par la rapide contraction financière. Du quatrième trimestre 2017 à la fin de l'année 2018, des politiques telles que la « nouvelle réglementation sur la gestion des capitaux » ont considérablement freiné le financement des prêts confiés et des prêts fiduciaires, entraînant une baisse précipitée des nouveaux financements sociaux. Le resserrement du financement a entraîné un déclin rapide des investissements dans les infrastructures, d'une part, et des difficultés de financement pour les PME, d'autre part, ce qui a eu un impact négatif sur la macroéconomie en général.

Plus important encore, la combinaison du resserrement financier et des frictions commerciales entre la Chine et les États-Unis a mis en lumière des problèmes profondément ancrés dans le secteur financier de l'économie chinoise. Par exemple, les canaux de financement déraisonnables pour l'investissement ont évincé les ressources de crédit bancaire ; la lenteur de la cession des actifs financiers non performants a conduit à l'affectation d'un grand nombre de ressources financières à des entreprises peu efficaces et difficiles à mettre en faillite ; la réduction des taux d'intérêt à court terme par la banque centrale a à peine conduit à une réduction des taux d'intérêt sur les prêts aux entreprises, de sorte que la politique monétaire traditionnelle n'a pas apporté un fort sentiment d'accès aux microentreprises. Ces questions sont toutes étroitement liées à la finance.

La finance est le sang de l'économie réelle et l'organisme ne peut fonctionner correctement sans elle. Le sévère resserrement financier qui a débuté fin 2017 a en fait freiné la dynamique de croissance propre à l'économie. Contrairement au cycle précédent de contrôle global, le cycle actuel de resserrement financier est structurel, les principales mesures étant le contrôle strict des prêts confiés, des prêts fiduciaires et autres financements « informels », et l'introduction de la « nouvelle réglementation sur la gestion des capitaux » pour obliger les « systèmes bancaires parallèles » à freiner fortement.

Les autres sources de financement, telles que les prêts en CNY, n'ont pas comblé le vide laissé par le canal du « système bancaire parallèle », ce qui a contribué à la baisse rapide des nouveaux financements sociaux en 2018. Malgré les signaux de croissance stable publiés lors de la réunion du Bureau politique du Comité central du PCC fin juillet, l'ampleur des nouveaux financements sociaux au second semestre 2018 n'est toujours pas supérieure à celle de la même période en 2017, tous mois confondus.

Certes, il existe des éléments d'arbitrage réglementaire et d'évasion réglementaire dans le financement du « système bancaire parallèle », et il est raisonnable de les réglementer et de les contrôler. Cependant, d'une part, de nombreux financements du « système bancaire parallèle » étaient initialement destinés à contourner la réglementation, et il existe des obstacles institutionnels à la restitution de ces actifs. D'autre part, le retour des actifs du « système bancaire parallèle » dans le tableau fera baisser le ratio d'adéquation des fonds propres et le ratio de provisionnement des banques et d'autres institutions, ce qui sera répercuté sur les entreprises non financières, entraînant une augmentation de leurs coûts de financement.

En raison des particularités du système financier chinois, les entreprises d'État, en particulier les plateformes de financement ayant des liens étroits avec le gouvernement, sont toujours considérées comme des débiteurs bénéficiant de garanties implicites, et les entreprises privées sont donc souvent plus durement touchées en cas de resserrement financier. C'est comme une piscine avec de l'eau profonde et de l'eau peu profonde. Lorsqu'elle est pleine, toutes les zones ont beaucoup d'eau, mais lorsqu'elle commence à se vider, même si vous ouvrez la bonde dans la partie profonde, c'est la partie peu profonde qui manquera d'eau en premier. Si vous voulez drainer l'eau profonde, vous devez trouver des moyens de remplir le fond de la piscine, c'est-à-dire réformer les garanties cachées et la structure des investissements et du financement des infrastructures à un niveau plus profond, plutôt que de faire simplement le « pompage » de l'eau.

Promouvoir la transformation et l'amélioration de l'économie réelle en modernisant complètement le système financier

Après 40 ans de croissance rapide, l'économie chinoise est entrée dans une nouvelle phase de développement qui impose des exigences accrues au système financier. Dans les années à venir, la Chine devrait saisir l'occasion de moderniser son système financier de manière globale et de le transformer en profondeur, plutôt que de se contenter de procéder à des ajustements globaux. Plus précisément, les cinq aspects suivants du travail doivent être traités de toute urgence.

Premièrement, promouvoir la modernisation du système d'investissement et de financement pour la construction d'infrastructures. Au cours des dernières années, le développement des infrastructures en Chine a connu une croissance rapide et a joué un rôle important dans la relance de l'économie. Toutefois, certains critiquent également le fait que les infrastructures chinoises sont déjà saturées et que de nouveaux investissements ne sont pas recommandés. Le niveau approprié d'infrastructures est étroitement lié au niveau de développement économique, à la densité de population, à la structure géographique et à la structure industrielle d'un pays, et il est difficile d'estimer avec précision un niveau raisonnable d'infrastructures pour un pays. À titre de référence, nous avons analysé le total, la superficie et la densité par habitant de quatre types d'infrastructures : aéroports, chemins de fer, oléoducs et gazoducs et routes, et nous les avons comparés à ceux de pays développés tels que les États-Unis, l'Allemagne et le Japon. Il s'avère que le développement des infrastructures en Chine a encore un certain potentiel.

Tout d'abord, le nombre d'aéroports en Chine est encore relativement faible. Le nombre d'aéroports régionaux de petite et moyenne taille dotés de pistes en béton en Chine est non seulement beaucoup plus faible que celui des États-Unis, de l'Allemagne et du Japon, compte tenu de la population et de la superficie, mais même en termes de volume total, il est bien inférieur à celui de l'Allemagne et beaucoup plus faible que celui des États-Unis. Deuxièmement, si l'on tient compte de la taille du pays, le kilométrage ferroviaire et routier de la Chine est également inférieur à celui de l'Allemagne et du Japon et se situe loin derrière celui des États-Unis, même en tenant compte de la topographie. Enfin, le nombre total d'oléoducs et de gazoducs en Chine représente près de 1/20 de celui des États-Unis, et la densité des pipelines est beaucoup plus faible qu'en Allemagne si l'on considère la population, et beaucoup plus faible qu'au Japon si l'on considère la superficie. Bien que le simple calcul du volume total par rapport à la population et à la superficie ne tienne pas compte de nombreux facteurs, il montre qu'il faut encore développer les infrastructures en Chine. Un autre facteur à prendre en compte est que le développement des infrastructures devrait être modérément en avance sur les autres composantes économiques en raison des effets de l'aménagement du territoire et de l'agglomération spatiale. Par exemple, la construction du métro doit être modérément en avance sur les autres constructions urbaines, sinon elle sera limitée par des conditions telles que les fondations des logements et les perturbations dues aux vibrations.

Dans le même temps, le développement des infrastructures comprend un grand nombre de projets de « consommation publique ». La construction et l'entretien des ceintures vertes urbaines, l'amélioration des équipements de déneigement et de dégivrage en hiver dans le Nord-Est, et la construction de ceintures forestières transrégionales coupe-vent et retenant le sable présentent tous cet attribut. En raison de leur caractère de biens publics, ces services sont difficiles à fournir sur une base marchande et aucun prix de marché ne peut être fixé. Cependant, la demande de la population pour ces consommations publiques augmentera inévitablement avec l'augmentation de ses revenus. De ce point de vue, il est nécessaire et approprié que l'économie chinoise se développe modérément à ce stade de développement.

La réalisation du potentiel de la construction d'infrastructures nécessite une transformation complète du système d'investissement et de financement des infrastructures en Chine. À cette fin, une société nationale d'investissement dans les infrastructures pourrait être créée pour gérer la planification et la faisabilité des projets d'infrastructure par les gouvernements locaux et pour retirer le financement des infrastructures du système de crédit des banques commerciales.

Deuxièmement, elle devrait mettre en place un mécanisme d'élimination efficace des actifs financiers non performants au sein du système financier, promouvoir la restructuration simultanée des actifs financiers et des actifs physiques, faciliter la transformation et la mise à niveau de l'économie réelle et accroître la concentration industrielle. Selon diverses équipes de recherche, le pourcentage d'entreprises « zombies[1] » parmi les entreprises industrielles de la taille de la Chine est de 7 à 10 %. Ces entreprises « zombies » consomment beaucoup de ressources de crédit et devraient être mises en faillite ou restructurées. En Chine, cependant, le chemin vers la restructuration est long et difficile. Les informations rassemblées du Réseau national d'information sur les faillites et les restructurations montrent qu'à la fin de 2018, un total de 297 entreprises publiques avaient été mises en faillite et en restructuration, ce qui ne représentait que 14,6 % des 2 041 entreprises « zombies » annoncées par la SASAC (Commission chinoise d'administration et de supervision des actifs publics) en 2016, les grandes entreprises publiques étant encore moins nombreuses. Selon Li Shuguang, directeur du Centre de recherches sur le droit de l'insolvabilité et la restructuration des entreprises de l'Université chinoise de sciences politiques et de droit, le nombre d'affaires faisant l'objet d'une procédure d'insolvabilité en Chine est inférieur à 0,2 % de celui des États-Unis et à 1,16 % de celui de l'Europe occidentale. Plus important encore, certaines industries chinoises sont confrontées à une profonde restructuration, et la transformation et la mise à niveau de ces industries nécessiteront inévitablement un degré plus élevé de concentration, ce qui impliquera la sortie d'un grand nombre d'entreprises, soit par le biais de fusions et d'acquisitions, soit par la faillite et la liquidation. Cela impose des exigences plus élevées pour résoudre les actifs financiers problématiques. Le système financier chinois doit être prêt à mobiliser des institutions spécialisées telles que les sociétés de gestion d'actifs pour absorber les risques et les actifs non performants. Dans le même temps, nous devrions être déterminés à aider les entreprises « zombies » à faire faillite ou à se restructurer, plutôt que de laisser leurs dettes se prolonger indéfiniment et croître

---

1. NdT : Une entreprise « zombie » est définie par son manque de profitabilité. Il s'agit plus précisément d'une entreprise ne dégageant pas suffisamment de profits pour couvrir les charges d'intérêt de sa dette.

de plus en plus, ce qui consommera indéfiniment des ressources financières. Plus précisément, les banques devraient être encouragées à utiliser les provisions existantes pour absorber les prêts non performants et effacer les mauvaises créances ; les politiques financières et de sécurité sociale devraient être utilisées pour résoudre le problème des licenciements et du réemploi des employés ; la progression des audiences des tribunaux sur les cas de restructuration de faillite devrait être accélérée et l'exécution judiciaire interrégionale devrait être renforcée.

Troisièmement, développer vigoureusement le marché obligataire et en faire le canal de financement direct le plus important. L'émission et la fixation du prix des obligations sont plus transparentes et claires que celles des actions, et les défaillances des obligations et leurs conséquences sont plus facilement définies au niveau juridique. Plus important encore, le financement par obligations exige des entreprises qu'elles assument davantage de risques et de responsabilités en raison du calendrier précis des remboursements et des paiements d'intérêts. L'expérience internationale montre que les marchés obligataires des économies développées telles que l'Allemagne sont également plus importants que les marchés d'actions et peuvent nous fournir des enseignements utiles. Le développement actuel du marché obligataire peut être réalisé de la manière suivante : premièrement, briser la division entre le marché interbancaire et le marché des changes, établir un marché obligataire unifié et fournir un canal fluide pour que les investisseurs individuels participent directement au marché obligataire ; deuxièmement, rationaliser les types de produits et changer progressivement l'état d'esprit administratif « un régulateur, une variété » ; la troisième consiste à rationaliser le traitement des défauts de paiement afin que les investisseurs assument leur juste part des risques d'investissement et à accélérer le processus de restructuration des faillites.

Quatrièmement, promouvoir la construction de l'État de droit sur le marché boursier et consolider les fondements de l'État de droit. L'expérience des pays qui ont réussi à développer leur marché boursier, comme les États-Unis et le Royaume-Uni, montre que le développement sain du marché boursier dépend de nombreuses conditions institutionnelles et ne peut être atteint dans la précipitation. La clé du développement actuel du marché boursier chinois est de renforcer les fondements de l'État de droit, et les institutions et talents professionnels doivent être formés pour faire respecter les procédures judiciaires du marché des capitaux. À l'heure actuelle, le marché boursier est principalement réglementé par la CSRC, qui ne dispose pas des capacités et des pouvoirs d'enquête et de justice, et l'amende maximale pour chaque affaire est actuellement inférieure à 1 million de CNY, ce qui est bien en deçà de l'exigence de réglementation du développement du marché boursier. Le tribunal financier de Shanghai a été officiellement inauguré en août 2018, marquant une étape importante dans la professionnalisation de la justice financière. Toutefois, il ne suffit pas de disposer d'un tribunal, il faut créer un parquet des valeurs mobilières qui travaille en étroite collaboration avec le département des enquêtes économiques des autorités de sécurité publique et qui se spécialise dans les enquêtes sur les affaires relatives aux marchés des capitaux. Dans le même temps, il convient d'intensifier les efforts d'application afin d'accroître l'effet dissuasif des sanctions.

Cinquièmement, un mécanisme de surveillance et de réponse aux risques financiers doit être mis en place pour identifier les risques financiers majeurs en temps utile et y répondre de manière proactive. Après 40 ans de développement, le volume du système financier chinois a considérablement augmenté, tout comme sa complexité. Il est donc urgent de mettre en place un mécanisme de surveillance et de réponse aux risques financiers intersectoriels et inter-marchés, afin de surveiller le crédit, la gestion des capitaux, les titres et les taux de change de manière unifiée, et de réagir de manière proactive en cas d'événements majeurs.

Dans les années à venir, ce mécanisme devrait se concentrer sur le niveau global de liquidité des marchés financiers et sur le risque de déficit des comptes courants. En 2018, la banque centrale a maintenu la stabilité de base des prix du marché monétaire à court terme grâce à divers outils politiques tels que les déclassements ciblés, les prises en pension et les facilités de prêt à moyen terme (MLF). À la mi-2019, il conviendra d'accorder une plus grande attention à l'évolution des prix du marché du financement à long terme sur cette base, et d'ouvrir le mécanisme de transmission entre les prix du marché du financement à court et à long terme, sans risque et à risque. Le taux de change du CNY a connu des fluctuations d'appréciation suivies de dépréciation en 2018, avec un taux moyen annuel de 6,61, maintenant une stabilité de base. Cependant, le marché des changes reste sous pression en 2019. L'impact des frictions commerciales sur les exportations exerce une pression sur le taux de change dans une certaine mesure. Dans le même temps, des risques tels que le ralentissement aux États-Unis et dans d'autres économies développées et les ajustements de valorisation sur les marchés financiers en 2019 entraîneront une accumulation progressive de l'aversion au risque chez les investisseurs, et le taux de change du CNY subira des pressions en cas de fluctuations sur les marchés financiers internationaux.

Le risque d'un déficit de la balance courante est particulièrement préoccupant. Les échanges de biens de la Chine sont restés excédentaires en 2018, mais la balance courante du pays a enregistré un déficit de 5,5 milliards de USD au cours des trois premiers trimestres de 2018 en raison d'un important déficit des échanges de services. Le risque d'un déficit en 2019 sera considérablement amplifié. L'analyse de régression prévoit un déficit annuel du commerce des services d'environ 310 milliards de USD pour 2019, et un déficit de la balance courante pour l'année si l'excédent commercial des marchandises se réduit au même rythme qu'en 2018 (-16 % de croissance en glissement annuel). Comme les taux de change et les flux de capitaux sont fortement influencés par les attentes, un déficit de la balance courante est susceptible de déclencher une fluctuation dans le sentiment des investisseurs et de créer une plus grande pression de sortie. Par conséquent, la balance des paiements doit encore être gérée avec soin.

Après des calculs minutieux, nous pensons que la période allant d'aujourd'hui à 2021 est une étape importante dans l'évolution de l'économie chinoise, qui passe du statut de « revenu moyen » à celui de « revenu élevé ». Si nous parvenons à faire avancer la transformation du système financier, à promouvoir la transformation et la mise à niveau de l'économie réelle, à maintenir une croissance économique réelle d'environ 6,3 % par an au cours des trois prochaines années et à conserver un taux de change fondamentalement stable, la Chine devrait entrer dans les rangs des pays à revenu élevé tels que définis par la Banque mondiale (selon les derniers critères de la Banque mondiale pour 2019, le seuil de revenu pour les pays à revenu élevé est un revenu national brut par habitant de 12 056 USD) avant le 100e anniversaire de la fondation du Parti communiste chinois. Cela constituera une base solide pour le début d'un nouveau voyage vers un pays socialiste modernisé.

La restructuration majeure du secteur financier, « nerf de la guerre » pour la stabilité économique

Depuis la mi-2018, la situation économique de la Chine a changé, montrant un changement constant et une tendance à la baisse constante. Alors, quels sont les problèmes à l'origine des changements économiques actuels ? Quels sont les problèmes à long terme qui doivent être résolus par des mesures à moyen et long terme telles que des ajustements institutionnels, et quels sont les problèmes qui peuvent être résolus à court terme par une série de mesures qui peuvent rapidement stabiliser l'économie ? Il est important de prendre le bon pouls, puis de prescrire le bon remède.

Cinquième étape de la fluctuation macroéconomique après la crise financière

Depuis le déclenchement de la crise financière internationale en 2008, la Chine a connu quatre périodes de fluctuation macroéconomique et se trouve actuellement dans sa cinquième phase. La première phase s'est déroulée de 2008 à mi-2009, lorsque l'économie a été entraînée par l'environnement extérieur et a connu un bref ralentissement. La deuxième phase s'est déroulée de la mi-2009 à 2011, lorsque le ralentissement économique a commencé à s'inverser au second semestre 2009, avec un rebond en forme de « V ». La troisième phase s'est déroulée de 2012 à 2016, lorsque la croissance économique a de nouveau diminué. Du second semestre 2016 à mi-2018, la quatrième phase a été atteinte, lorsque l'économie s'est relativement bien stabilisée et que l'économie mondiale a connu une reprise complète en 2016 et 2017, un fait rare ces dernières années. Depuis mi-2018, cependant, la macroéconomie chinoise est entrée dans une cinquième phase de développement, qui se caractérise par des changements réguliers et une spirale descendante.

On estime généralement que la pression à la baisse que subit actuellement l'économie chinoise est principalement due au manque de pouvoir de la « troïka » qui dirige l'économie. La première est la faiblesse de la demande extérieure, qui a été directement affectée par les frictions commerciales entre la Chine et les États-Unis, qui n'ont pas encore montré de signes d'apaisement, en particulier au premier semestre 2019, lorsque les chiffres des exportations chinoises diminueront de manière plus significative, les exportations de 2018 ayant été achevées en avance sur le calendrier. La seconde est le début du ralentissement de la consommation et du taux de croissance des ventes au détail au second semestre 2018. La troisième est le ralentissement des investissements. L'analyse générale situe le taux de croissance des investissements en actifs fixes autour de 5,8 % en 2018, les investissements en infrastructures ne progressant que de 3,7 %, le tout bien en dessous du taux de croissance du PIB.

Dans le même temps, le manque d'incitation des entreprises à investir est également un facteur important qui affecte les investissements, et cela reflète certains des problèmes à long terme de l'économie chinoise qui doivent être résolus.

Trois problèmes profonds

Les problèmes à long terme de l'économie chinoise se reflètent principalement dans les aspects suivants.

Le premier problème est qu'un grand nombre d'industries sont confrontées à l'intégration, à la transformation et à la modernisation. Il n'est pas surprenant qu'un grand nombre d'industries en Chine soient actuellement en état de surcapacité, étant donné qu'après 40 ans de croissance rapide, l'organisation industrielle de la Chine est extrêmement fragmentée. Dans l'industrie automobile, par exemple, il existe actuellement des centaines d'usines de production de voitures en Chine, et la surcapacité est importante, alors qu'une économie de marché mature ne compte généralement pas plus de cinq usines de production automobile. Ce phénomène se reflète dans presque toutes les industries. Il est donc urgent de mettre en place un processus continu d'agglomération dans les industries chinoises, ce qui signifie qu'un certain nombre d'entreprises (notamment les petites et moyennes entreprises) seront confrontées à la faillite et à la sortie, aux fusions et aux acquisitions. Par conséquent, tous les problèmes actuels de l'économie privée ne peuvent être attribués à l'absence d'un environnement concurrentiel équitable, à la faible protection des droits de propriété dans l'économie privée, à la difficulté de financement et au coût élevé du financement et d'autres problèmes superficiels. Les problèmes fondamentaux comprennent également l'absence d'effets d'échelle causés par une faible concentration industrielle, une concurrence excessive à faible niveau et d'autres problèmes. De nombreuses entreprises doivent être préparées à se restructurer et à se transformer, et les entrepreneurs privés sont confrontés au choix difficile de créer une deuxième entreprise ou de prendre leur retraite.

Le deuxième problème, profondément enraciné, est le manque d'incitations pour les gouvernements locaux pour le développement économique. Les raisons de ce changement sont nombreuses. La raison immédiate est que l'évaluation des autorités locales n'est plus simplement axée sur le développement économique, mais est devenue plus complète et plus complexe, et que l'incitation des autorités à développer l'économie est nettement plus faible qu'auparavant. Dans le même temps, des politiques telles que le « remplacement de la taxe professionnelle par une taxe sur la valeur ajoutée » et la consolidation des impôts locaux et nationaux au cours des dernières années ont en fait réduit la proportion des recettes fiscales directement conservées par les collectivités locales et provenant du développement économique local, ce qui a également réduit l'incitation économique des collectivités locales à aider les entreprises locales à se développer. Le problème de la paresse des collectivités locales et du manque d'intérêt pour le développement des entreprises, qui résulte de divers facteurs, doit être traité à la racine. Les gouvernements locaux sont également des acteurs importants de l'activité économique et sont confrontés au problème des incitations, qui doivent actuellement être renforcées, tant sur le plan politique qu'économique.

Le troisième problème, profondément enraciné, est le besoin urgent de repositionner l'économie nationale par le biais de réformes. Les entreprises publiques d'aujourd'hui ne sont plus du tout les mêmes qu'il y a quelques décennies. Certaines des entreprises publiques actuelles sont plus traditionnelles, comme Gree Electric, Anhui Conch Cement et Northeast Pharmaceutical, tandis que d'autres sont des méga-entreprises, comme Baowu Steel. En plus de cela, il existe également des plateformes de financement des collectivités locales qui sont apparues ces dernières années, qui n'opèrent pas nécessairement dans des industries spécifiques, mais dont la fonction principale est d'investir et de financer, en fin de compte dans des projets d'infrastructures liés à la zone locale. Ces entreprises absorbent une quantité considérable de ressources financières précieuses, mais l'efficacité de leurs investissements reste à voir. L'économie nationale doit être repositionnée dans la nouvelle ère, et une réponse théorique est nécessaire pour savoir pourquoi cela est nécessaire et en quoi cela est différent de l'économie privée, c'est sur cette base que les réformes doivent être approfondies.

Face à ces problèmes à moyen et long terme, il faut chercher une percée en approfondissant encore les réformes. Il ne fait aucun doute que la décentralisation, les réductions d'impôts et la réforme des entreprises publiques sont très importantes et ont reçu beaucoup d'attention. En particulier, il convient de souligner que les incitations politiques et économiques pour que les gouvernements locaux développent leurs économies doivent être renforcées, et que nous sommes actuellement loin d'en avoir conscience. Sans l'enthousiasme des collectivités locales, il sera difficile de mettre en œuvre de nombreuses politiques du gouvernement central, et beaucoup de problèmes rencontrés par le développement des entreprises, y compris le développement des entreprises privées, ne seront pas résolus efficacement. L'économie est extrêmement complexe et il existe de nombreux problèmes qui ne peuvent être résolus par une simple « simplification » ou « libéralisation » de la part du gouvernement. De nombreux problèmes rencontrés par le développement des entreprises, de l'emploi à l'accès aux marchés de toutes sortes, ne peuvent être réformés du jour au lendemain. Même dans les pays développés, la création et le développement des entreprises sont soumis à une réglementation lourde et à des autorisations gouvernementales. Ce dont on a le plus besoin aujourd'hui, c'est que les gouvernements locaux, qui ont une relation directe avec les entreprises, se mettent à la place de ces dernières, les aident activement à se créer et à se développer, résolvent et surmontent les problèmes institutionnels de leur développement, et explorent des mécanismes pratiques et à long terme.

Toutefois, l'approfondissement des réformes et la résolution des problèmes à long terme, bien que présentant des avantages considérables, ne peuvent être réalisés du jour au lendemain. En revanche, la chose la plus importante dans le domaine économique de la Chine qui devrait être avancé à l'heure actuelle, et où des résultats significatifs peuvent être obtenus à court terme, c'est la réforme financière.

La stabilité financière : « nerf de la guerre » pour la stabilité économique à court terme

Nous devons voir que le principal problème affectant le fonctionnement actuel de l'économie chinoise n'est ni les exportations, ni la consommation, ni l'enthousiasme des entreprises à investir. Le problème le plus direct, à court terme, est le problème financier.

À l'heure actuelle, les exportations ne représentent qu'environ 15 % du PIB de la Chine, tandis que les exportations vers les États-Unis ne représentent que 3,5 % du PIB, et seulement 2 % environ des exportations vers les États-Unis proviennent en fait de la propre valeur ajoutée de la Chine. Nous pouvons donc dire que les frictions commerciales entre la Chine et les États-Unis n'affectent directement que 2 % du PIB de la Chine. À court terme, le ralentissement de la consommation s'explique principalement par la baisse des ventes de voitures. La principale raison en est que les consommateurs freinent leurs achats en prévision des allègements fiscaux de 2019. Dans l'ensemble, la consommation est stable. Le principal goulot d'étranglement pour les investissements est l'accès restreint au financement, en particulier dans le domaine des investissements dans les infrastructures. Le financement de ce secteur provient principalement du crédit bancaire et de l'émission d'obligations. La contraction globale du système financier a eu un impact direct sur les investissements dans les infrastructures des collectivités locales, car le crédit bancaire s'est resserré et les obligations spéciales des collectivités locales ont tardé à être émises en 2018.

En fait, avec le développement rapide du système financier chinois, l'intégration profonde de l'industrie et de la finance et la titrisation croissante des actifs, l'impact de la finance sur l'économie s'accroît de jour en jour. À l'heure actuelle, les actifs financiers de la Chine représentent déjà 400 % du PIB, c'est-à-dire quatre fois plus que le PIB. Il y a six ans, cette part n'était que de 300 % et il y a dix ans, elle était inférieure à 200 %. C'est parce que le volume des actifs financiers est si différent de ce qu'il était autrefois que la fluctuation des marchés financiers est devenue une cause majeure de la fluctuation économique. Cela s'est clairement reflété sur le marché en 2018. En outre, à mesure que les marchés financiers chinois s'internationalisent, leur résonance avec les marchés étrangers augmente, ce qui exacerbe la fréquence de la fluctuation de l'économie nationale.

Par conséquent, pour résoudre le problème du ralentissement économique, le moyen le plus direct et le plus efficace à court terme est la réforme financière. Un point majeur de la réforme financière est la réforme de la structure financière.

Une restructuration majeure du secteur financier : « nerf de la guerre » pour la stabilité financière

Dans l'ensemble, il y a quatre choses à faire pour restructurer la structure financière.

Tout d'abord, nous devons retirer du système bancaire tous les financements par emprunts destinés à la construction d'infrastructures par les collectivités locales, y compris les dettes publiques et cachées, et les transférer sur le marché obligataire. La raison principale est que la plupart des projets d'investissement des collectivités locales sont à long terme et à faible rendement, ce qui n'est pas conforme à l'orientation commerciale des banques commerciales. Plus important encore, les banques commerciales ont besoin d'institutions plus autoritaires pour superviser et restreindre les activités d'investissement et de financement des gouvernements locaux. Pour y parvenir, la stratégie optimale consiste à créer une société nationale d'investissement dans les infrastructures pour gérer uniformément le financement des projets de construction d'infrastructures et être entièrement responsable de l'analyse de faisabilité, de l'émission d'obligations spécifiques, du contrôle de l'échelle de la dette des collectivités locales et d'autres questions. Selon les estimations pertinentes, la proportion actuelle de la dette locale, y compris la dette cachée, par rapport au PIB a atteint 40 %, voire plus. Un tel montant de dette est utilisé pour soutenir des actifs à long terme tels que des projets d'infrastructures locales et nécessite donc une source de financement à long terme. Selon nos calculs, chaque année environ 15 % des prêts bancaires sont actuellement utilisés pour couvrir les dettes cachées des collectivités locales. Si nous parvenons à sortir cette dette du système bancaire, ce sera un atout majeur pour le secteur des entreprises en général et le secteur privé en particulier.

Deuxièmement, les institutions financières doivent se désendetter de manière précise et proactive. Les institutions financières peuvent être tenues d'annuler les créances douteuses et irrécouvrables déclarées sur une base régulière, par exemple, un tiers d'entre elles chaque année et la totalité dans un délai de trois ans, de manière à éliminer les actifs non performants en temps utile et à contrôler efficacement les risques. À cette fin, les institutions financières peuvent bénéficier d'un soutien en termes de politiques fiscales et d'imposition.

Troisièmement, il est nécessaire de se concentrer sur le développement du marché des obligations d'entreprise qui devrait devenir le principal outil de financement direct des entreprises. Par rapport au marché boursier, le marché obligataire offre des rendements relativement plus garantis aux investisseurs et est plus contraignant pour les entreprises, avec des exigences nettement moins élevées en matière de qualité de gouvernance d'entreprise et de transparence de l'information. Dans la situation actuelle de la Chine, où le système juridique n'est pas assez solide et où la qualité de la gouvernance d'entreprise n'est pas aussi bonne qu'elle pourrait l'être, le financement par obligations devrait être au centre du développement. En outre, le financement par obligations devrait être lié au marché boursier, au marché interbancaire et au marché de gré à gré dès que possible, et inciter les actionnaires ordinaires à passer des actions aux obligations tout en renforçant le pouvoir des investisseurs institutionnels.

Quatrièmement, pour le marché boursier, il est urgent de renforcer de manière significative les institutions de base du marché boursier, en particulier le système juridique. Il est nécessaire de renforcer de manière approfondie les enquêtes, les poursuites et les décisions judiciaires relatives aux irrégularités boursières et aux infractions à la loi sur le marché boursier. Le plus gros problème du marché boursier actuel est l'absence de garanties institutionnelles efficaces pour la qualité de la gouvernance d'entreprise, ce qui a conduit à une prolifération d'irrégularités au sein des entreprises (notamment fausses informations, transfert d'intérêts, délits d'initiés) et à des sanctions très faibles. Les branches du système de réglementation des valeurs mobilières n'atteignent que le niveau provincial et pas les villes ni les comtés, tandis que le système de réglementation des banques et des assurances a formé une structure à trois niveaux « province – ville – comté ». Les infractions liées aux valeurs mobilières sont souvent difficiles à sanctionner, la Commission chinoise de réglementation des valeurs mobilières (CSRC) imposant une amende maximale de seulement 600 000 CNY dans le cadre des sanctions administratives, tandis qu'en termes de sanctions pénales, le record actuel est de 13 ans d'emprisonnement. Cette peine est beaucoup plus faible que dans les pays développés tels que les États-Unis, où les peines de plus de 10 ans, voire la prison à vie, ne sont pas rares. Par conséquent, nous devons renforcer vigoureusement les enquêtes, les poursuites, les jugements et l'application des violations du marché boursier, renforcer la capacité des institutions telles que le Bureau d'enquête sur les délits boursiers du ministère de la Sécurité publique à traiter les affaires, établir des tribunaux et des bureaux de procureurs plus professionnels en matière de valeurs mobilières, et renforcer la capacité de régulation du système de réglementation des valeurs mobilières.

Les mesures susmentionnées, combinées, s'attaqueront à la fois aux symptômes et aux causes profondes du problème, permettant ainsi d'exploiter efficacement le potentiel de croissance de l'économie chinoise. Après deux ou trois années d'ajustement difficile, l'économie chinoise devrait retrouver une tendance de croissance saine.

Comment changer l'offre financière ?
Le point le plus sensible est la réforme

Alors que la réforme structurelle de l'économie réelle du côté de l'offre continue de progresser, une tâche de plus en plus importante dans le programme de réforme économique de la Chine est la réforme structurelle de l'offre financière. La réforme structurelle de l'offre financière consiste en définitive à modifier la manière dont le système financier fournit des financements à l'économie réelle. Son importance est indéniable, car l'offre de financement a un impact direct sur la restructuration de l'économie réelle, tant au niveau de l'entrée de nouvelles entreprises que de la sortie des anciennes ayant des capacités excédentaires. Quel est donc l'objectif de la réforme structurelle du côté de l'offre financière ? Il faut, bien sûr, commencer par les points sensibles du fonctionnement économique. Dans l'ensemble, il y a six points sensibles majeurs dans l'économie actuelle, et ces points sont des points de réforme.

Premier point sensible : le financement du développement des infrastructures

À l'heure actuelle, l'investissement dans la construction d'infrastructures représente déjà plus d'un cinquième de l'investissement total de la Chine en actifs fixes, soit environ 8 % de l'ensemble du PIB. Le développement des infrastructures est un point de croissance important pour l'économie chinoise dans ce cycle et est également un acteur clé dans l'amélioration de la qualité de vie de l'économie et du peuple chinois. Pourquoi dire cela ? Bien que le stock actuel d'appareils ménagers tels que les téléviseurs et les réfrigérateurs atteigne un stade de saturation et que la croissance de la consommation de voitures ait ralenti, il existe certainement un potentiel d'urbanisation supplémentaire. Mais la contrainte qui pèse sur la qualité de vie de nombreux ménages n'est plus le stock de biens de consommation ordinaires ou de biens durables, mais l'offre de biens publics : notamment l'eau potable, l'air pur, l'accès facile aux transports publics, des parcs naturels. La fourniture de ces biens publics relève largement de l'investissement dans les infrastructures, dont le financement est l'un des principaux problèmes de l'économie chinoise.

À l'heure actuelle, le principal organe de planification et de construction des infrastructures en Chine sont les autorités locales, et les points sensibles sont très importants. Ils collectent principalement des fonds par trois canaux principaux : premièrement, indirectement par l'intermédiaire des banques, c'est-à-dire par le biais de nombreux projets de coopération entre le gouvernement et le capital social (PPP) ; deuxièmement, par l'émission d'obligations d'investissement dans les infrastructures, dont le montant total est approuvé par le gouvernement central, chaque gouvernement local demandant un quota distinct, dont l'ampleur est relativement modeste ; et troisièmement, par l'intermédiaire d'institutions financières non bancaires telles que les fiducies. Aucune de ces institutions d'investissement existantes ne peut constituer une contrainte efficace pour les entités de planification et d'investissement des gouvernements locaux. Par conséquent, les autorités locales ont généralement l'envie de surinvestir dans les infrastructures et de lever des fonds sans discernement. Cela a créé des problèmes tels qu'une dette excessive des collectivités locales et un manque de transparence de la dette. La solution actuelle à ce problème est principalement le résultat d'une surveillance du gouvernement de plus haut niveau, en « imposant une certaine uniformité ». Cela a entraîné des fluctuations dans les investissements dans les infrastructures, notamment une croissance réelle nulle en 2018, entraînant une baisse de la croissance du PIB d'au moins 0,2 %. C'est le principal problème de l'économie chinoise aujourd'hui.

L'orientation de la réforme visant à résoudre les points sensibles du développement des infrastructures est claire : la formation d'un organisme relativement unifié dédié au financement des investissements en infrastructures des collectivités locales, qui doit se prémunir efficacement contre l'action des collectivités locales. L'idéal pour gérer efficacement la dette des collectivités locales et leurs projets d'infrastructure serait de transformer la Banque nationale de développement existante afin qu'elle puisse assumer l'entière responsabilité de l'évaluation des projets, du financement et du recouvrement de la plupart des investissements en infrastructures locales. Cependant, il semble que la taille et la capacité de la Banque nationale de développement nationale ne soient pas encore suffisantes pour répondre à cette exigence, de sorte que de nouveaux mécanismes d'approvisionnement doivent être conçus, comme la création d'une ou plusieurs institutions indépendantes et comparables de développement et d'investissement dans les infrastructures, semblables à la Banque mondiale, avec un mandat clair pour gérer efficacement les projets d'investissement et de financement des infrastructures des collectivités locales.

Deuxième point sensible : le financement obligataire

À l'heure actuelle, la principale source de financement de l'économie chinoise reste les banques commerciales, qui ont leurs limites en tant qu'institution financière d'un genre très particulier. La plus grande caractéristique des banques commerciales est que leurs fonds proviennent d'investisseurs particuliers, qui disposent d'une grande liquidité. Cela oblige les banques commerciales à être prudentes dans leurs investissements - une exigence qui est extrêmement raisonnable, on voit donc que les banques sont extrêmement prudentes dans leurs investissements : entre les entreprises et les collectivités locales, elles préfèrent investir dans les collectivités locales ; entre les grandes entreprises et les petites entreprises, elles préfèrent investir dans les grandes entreprises ; entre les projets à court et à long terme, elles préfèrent investir dans des projets à court terme. Il s'agit d'un défaut inhérent à la conception du mécanisme des banques commerciales. L'un des aspects les plus importants de la solution à ce problème consiste à élargir pleinement l'accès au financement par obligations. Dans les économies de marché modernes telles que les États-Unis et l'Europe, les obligations constituent la principale source de financement, et le potentiel de développement du financement par obligations en Chine est encore énorme. Le problème le plus important qui affecte actuellement le financement obligataire est la concentration de ce dernier sur le marché interbancaire, qui représentait environ 87 % en 2018, plutôt que directement auprès des investisseurs individuels. Le marché obligataire devrait passer directement des échanges interbancaires aux échanges publics, ou aux échanges boursiers, ou encore le marché obligataire interbancaire devrait être complètement ouvert aux investisseurs individuels. Lorsque l'excitation des investisseurs chinois se déplacera du marché boursier vers l'investissement obligataire, pour ainsi dire, le canal de base du financement direct en Chine sera ouvert et le bastion le plus difficile de la réforme structurelle du côté de l'offre de financement sera surmonté.

Troisième point sensible : le système judiciaire de base du marché boursier

Les bases d'un bon marché boursier doivent être solidement établies, tout comme les bases du football chinois doivent être posées dès l'enfance. La base du bon fonctionnement du marché boursier est l'État de droit. À l'heure actuelle, le cadre de l'État de droit sur le marché boursier chinois est très imparfait et les violations sont principalement surveillées et traitées par la Commission chinoise de réglementation des valeurs mobilières (CSRC). Tandis que les pouvoirs de la CSRC sont relativement limités, les villes de niveau préfectoral ne disposent pas d'un organe subordonné à la CSRC. Par conséquent, un grand nombre d'irrégularités ne sont pas traitées. Plus fondamentalement, la CSRC est essentiellement un organisme de surveillance plutôt qu'un organisme d'application de la loi, dépourvue de pouvoir coercitif et le montant des amendes est extrêmement limité, plafonnant à 600 000 CNY ![1] Dans ce contexte, la situation en matière de conformité sur le marché boursier chinois est préoccupante, toutes sortes de fraudes, de délits d'initiés et d'irrégularités se produisant de manière répétée sans que les personnes impliquées soient sévèrement punies. Les marchés boursiers les mieux gérés dans le monde d'aujourd'hui sont fondés sur un état de droit très strict. Par exemple, aux États-Unis, dans les années 1980, la vague d'état de droit sur le marché boursier a permis d'éliminer de manière spectaculaire diverses irrégularités dans les actions américaines. La Chine a désormais besoin non seulement de mettre en place un tribunal des valeurs mobilières à Shanghai ou à Shenzhen, mais aussi un bureau du procureur des valeurs mobilières, voire un

---

1. Le 27 juillet 2019, un porte-parole de la CSRC a déclaré lors d'une session de questions-réponses : « Le marché et les investisseurs se sont rendu compte que les dispositions légales sont trop indulgentes en termes de sanctions, et que les intermédiaires n'ont pas été diligents dans leurs responsabilités. Nous travaillons avec les parties concernées pour promouvoir l'amendement et l'amélioration de la loi sur les valeurs mobilières dès que possible. Nous travaillons avec les parties concernées pour promouvoir la modification et l'amélioration des dispositions pertinentes de la loi sur les valeurs mobilières et du droit pénal dès que possible. Nous avons l'intention d'augmenter substantiellement la limite supérieure des peines d'emprisonnement et le montant des amendes et des sanctions pour les violations des valeurs mobilières telles que la divulgation de fausses informations par les émetteurs, les sociétés cotées et leurs actionnaires de contrôle et contrôleurs réels, et le manquement des intermédiaires tels que les cabinets comptables et les commanditaires à l'obligation de diligence. Le coût de la violation de la loi sur le marché des capitaux sera effectivement augmenté. » *cf. 600 000 pénalités maximales deviendront l'histoire ! La Commission chinoise de réglementation des valeurs mobilières a pris des mesures*, China Fund News, 27 juillet 2019.

bureau d'enquête sur les valeurs mobilières au sein du département de la sécurité publique, afin de réaliser une surveillance interrégionale et complète des sociétés cotées en Bourse, et d'arrêter sérieusement quelques cas typiques pour mettre en garde tous les acteurs du marché boursier.

Quatrième point sensible : l'investissement providentiel

Le nombre total de fonds de capital-investissement en Chine est très important et les investisseurs sont très enthousiastes à l'égard de l'investissement en capital-investissement, mais il y a une pénurie de fonds de capital-risque et de fonds d'investisseurs providentiels, qui représentent environ 1/10 de la taille totale des fonds de capital-investissement. À cet égard, des politiques correspondantes devraient être introduites, telles que la possibilité d'utiliser le montant des pertes pour compenser les bénéfices réalisés, réduisant ainsi la charge fiscale des investisseurs en capital-risque ; par exemple, les bénéfices des fonds providentiels peuvent être étalés sur un certain nombre d'années à des fins fiscales, et ces fonds de capital-risque peuvent être autorisés à être émis dans le public pour trouver des investisseurs à long terme, de manière à promouvoir ainsi le développement des entreprises innovantes en Chine.

Cinquième point sensible : le mécanisme de faillite

Le métabolisme de l'économie réelle dépend dans une large mesure du métabolisme des actifs financiers, et une série d'actifs non performants doivent être dissous. L'une des bonnes nouvelles pour la Chine à l'heure actuelle est que la population active est bien employée et que le chômage n'est pas un problème grave. Par conséquent, le principal obstacle à la sortie de l'économie réelle est la restructuration financière. Nous devrions donc encourager tout particulièrement les banques et les autres institutions financières à prendre la tête de la restructuration des faillites, à briser les barrières des intérêts des gouvernements locaux, et à promouvoir à leur tour le métabolisme de l'économie réelle grâce à l'élimination des créances douteuses et irrécouvrables dans le secteur financier.

Sixième point sensible : des bénéfices manufacturiers relativement faibles et un soutien financier insuffisant

Le fait que les ressources financières tendent à aller vers l'immobilier et les projets d'infrastructure menés par les collectivités locales plutôt que vers l'industrie manufacturière est un problème de longue date, car l'industrie manufacturière offre non seulement un faible taux de rendement, mais elle n'est pas non plus facile à cerner en termes de risque. La finance doit se réformer et innover pour résoudre ce problème. Un point d'entrée serait de transformer l'industrie fiduciaire actuelle, plutôt que de forcer les banques commerciales à prêter au secteur manufacturier à un certain taux ou à une certaine échelle. Les sociétés fiduciaires disposent de mécanismes d'investissement plus souples que les banques, notamment la possibilité de prendre des participations à long terme dans certaines entreprises manufacturières. Le plus gros problème du secteur des fiducies en termes de financement est qu'il ne peut pas émettre d'obligations à long terme et que ses sources de financement et ses canaux de distribution sont relativement étroits. L'économie réelle sera mieux servie par le secteur des fiducies si l'émission de titres de créance est libéralisée du côté du capital et l'investissement en actions du côté des actifs. Le secteur de la fabrication d'équipements devrait être utilisé comme une percée pour piloter une réforme à grande échelle de l'industrie fiduciaire.

À l'heure actuelle, le système financier présente de nombreux points sensibles, et la réforme structurelle de l'offre du système financier est devenue une tâche importante dans la réforme économique de la Chine. Une fois la percée réalisée, elle jouera un rôle important dans la promotion de la réforme structurelle de l'offre de l'économie réelle chinoise.

Le financement des collectivités locales doit être coupé du système bancaire

Quels sont les facteurs les plus importants qui influent actuellement sur l'évolution future de l'économie chinoise ?

Ce dont on ne parle pas beaucoup, voire ce que l'on ignore pour le moment, ce sont certains des problèmes de l'économie chinoise elle-même, notamment les problèmes du système financier chinois et du financement fiscal local, qui, à mon avis, sont probablement les facteurs les plus critiques de la tendance actuelle de l'économie chinoise.

Le nœud du problème financier réside dans la compression des ressources financières par les collectivités locales

Qu'est-ce qui a mal tourné dans le système financier chinois ? La situation actuelle montre clairement que la mauvaise transmission monétaire et l'incapacité à injecter en douceur des liquidités dans l'économie réelle constituent une préoccupation majeure.

Une manifestation claire de cela en 2018 a été le grand nombre de sociétés cotées en Bourse qui n'ont pas eu accès aux prêts et la nécessité pour les actionnaires de mettre en gage leurs fonds propres pour obtenir des financements. Selon la China Securities Depository and Clearing Corporation Limited (CSDC), au 30 novembre 2018, le nombre d'actions gagées sur le marché des actions A était de 641,437 milliards, soit environ 10 % du capital social total, et la valeur marchande des actions gagées s'élevait à 4 530 milliards de CNY. L'augmentation du nombre d'actions promises au cours des derniers mois par rapport aux périodes précédentes, mais la diminution de la valeur marchande, est due à la baisse continue du prix des actions. Lorsque le marché boursier chute, la valeur des gages diminue et les sources de financement telles que les banques/sociétés de courtage exigent des principaux actionnaires des sociétés cotées en bourse qu'ils reconstituent leur marge ou leur garantie, voire qu'ils liquident leurs positions de force si le cours de l'action tombe en dessous d'une ligne d'alerte – bien que cela mette à l'épreuve la trésorerie des actionnaires, cela exerce évidemment aussi une pression sur la stabilité et la capitalisation boursière des sociétés cotées en Bourse et entraîne de nouveaux chocs sur le cours de l'action, créant ainsi un cycle négatif.

Les sociétés cotées en Bourse ayant accès au financement, il n'est pas surprenant que le problème de longue date des prêts difficiles et coûteux pour un grand nombre d'entreprises privées, notamment les PME, se soit encore aggravé.

Pourquoi est-il difficile pour les entreprises de trouver des financements ? L'un des aspects les plus critiqués des marchés de capitaux et de la société en général en 2018 a été l'approche « uniforme » adoptée par les autorités de réglementation en matière de désendettement. Cette politique de désendettement simple et brutale s'apparente à un régime alimentaire pour les cellules cancéreuses, avec pour résultat une réduction drastique du système immunitaire de l'organisme, tandis que les cellules cancéreuses elles-mêmes se développent irrésistiblement. Le résultat final est une détérioration de l'état de santé général, ce qui ne constitue jamais un bon traitement du cancer, mais plutôt une approche précise et ciblée. Le problème fondamental du système financier de l'économie chinoise actuelle est la nécessité d'éliminer un grand nombre d'actifs financiers de mauvaise qualité, semblables à des cellules cancéreuses. La réduction des prêts et le contrôle du financement social total ne constituent en aucun cas un remède. Un traitement ciblé est nécessaire pour s'attaquer à la racine du problème.

Quel est donc le nœud du problème du manque de financement d'un grand nombre d'entreprises ?

À la base, le problème fondamental est la nature institutionnelle de la finance et des finances de la Chine. À l'heure actuelle, le système financier chinois est en fait dominé par le crédit bancaire, et les banques sont disposées à investir dans des projets garantis à faible risque, avec des taux d'intérêt élevés et des montants individuels importants, qui sont précisément les types de prêts associés au gouvernement, et beaucoup de ces prêts bancaires sont des prêts aux entreprises d'État associées aux autorités locales, qui sont les utilisateurs finaux de ces prêts. Dans le système politique chinois, les gouvernements locaux ne sont pas indépendants – ils sont essentiellement des filiales à part entière du gouvernement central. Le système bancaire est très clair, bien que les prêts soient accordés à des entreprises publiques locales, ils sont en fait utilisés par les autorités locales qui ont des obligations de remboursement, et les gouvernements locaux ne feront pas faillite (le gouvernement central devra les garantir en cas de problème), il n'y a donc pas de risque de défaillance. En outre, les gouvernements locaux cherchent souvent à obtenir des prêts sans tenir compte du coût et souvent pour de courtes périodes, car les responsables des collectivités locales sont généralement nommés pour moins de cinq ans. Dans ce cas, leur principal objectif est d'assurer la croissance économique locale et la stabilité financière à court terme, et ils s'appuient donc sur des dettes à court terme et à coût élevé pour développer les investissements ou emprunter de l'argent frais.

Quel est le montant réel de la dette des collectivités locales ? Selon les données publiées par le ministère des Finances, le solde de la dette directe des collectivités locales était d'environ 18 400 milliards de CNY fin 2018. En outre, les collectivités locales ont une grande quantité de dettes cachées, dont une grande partie est créée par les collectivités locales qui empruntent de l'argent sous diverses formes, en contournant la supervision des autorités supérieures. Les estimations de la dette cachée des collectivités locales varient d'une institution de recherche à l'autre, allant généralement de 9 000 milliards de CNY à 47 000 milliards de CNY, avec des estimations plus concentrées autour de 30 000 milliards de CNY. Cette dette de 30 000 milliards de CNY provient du système bancaire. Les prêts bancaires sont principalement à court ou moyen terme, donc si le prêt court sur cinq ans, les 30 000 milliards de CNY devront être recyclés tous les cinq ans, ce qui représente environ 6 000 milliards de dollars de prêts bancaires chaque année. Et l'ampleur des nouveaux prêts dans le système bancaire chaque année est d'environ 13 500 à 14 000 milliards de CNY. Si l'on ajoute le recouvrement d'environ 25 000 milliards de CNY dans le cadre du refinancement, le total est d'environ 40 000 milliards de CNY, ce qui signifie que l'entretien de la dette cachée des collectivités locales absorbera 15 % des ressources de crédit bancaire chaque année. Pour les banques, prêter aux institutions et entreprises liées aux collectivités locales est un moyen très simple et peu coûteux de prêter, mais cela entraîne également une compression des ressources et rend le financement difficile et coûteux pour les entreprises, en particulier les petites et moyennes entreprises.

« Opération majeure » pour résoudre les difficultés de financement et améliorer la transparence de l'effet de levier

Alors, comment résoudre ce problème ? Je pense qu'une « opération majeure » est nécessaire sur le système financier et fiscal chinois. L'objectif de cette opération est double : premièrement, il s'agit d'éliminer du système bancaire les dettes locales cachées et de ne pas laisser le financement et le refinancement des collectivités locales évincer les précieuses ressources de crédit bancaire ; deuxièmement, les emprunts des collectivités locales doivent être gérés efficacement par des instruments tant administratifs que de marché.

La clé de cette « opération majeure » est la création d'une société nationale d'investissement dans les infrastructures. Cette entreprise pourrait s'inspirer de la Banque mondiale et d'autres agences internationales de développement. D'une part, elle pourrait lever des fonds à grande échelle et à faible coût sur le marché des capitaux avec la garantie du gouvernement central, avec un taux d'intérêt annualisé d'environ 3,5 % pour une dette à 10 ans, ce qui est beaucoup plus faible que le taux d'intérêt pour le financement des collectivités locales sur le marché. D'autre part, et surtout, cette société pourrait gérer entièrement et professionnellement le financement de tous les projets d'infrastructures des collectivités locales, c'est-à-dire que les gouvernements locaux devraient emprunter par l'intermédiaire de cette société pour financer les projets d'infrastructures. Cette société d'investissement dans les infrastructures pourrait être constituée en société et dotée d'un personnel issu de la Commission nationale du développement et de la réforme, du ministère des Finances, du Commissariat général d'audit et d'autres départements concernés, afin de pouvoir vérifier de manière professionnelle, complète et efficace la situation financière de chaque collectivité locale, d'estimer la taille réelle de ses actifs immobilisés et d'évaluer sa capacité de remboursement, sur la base de quoi elle pourra former un jugement global à long terme. À l'heure actuelle, la Banque de Développement de Chine remplit partiellement ce rôle, mais il lui est difficile de se concentrer sur la supervision de la gestion du financement des collectivités locales nationales alors qu'elle est déjà la plus grande institution de financement du développement au monde et qu'elle est responsable d'un large éventail de financements du développement, notamment ceux de la « Ceinture et la Route ».

De cette manière, les coûts de financement des collectivités locales peuvent être réduits de manière significative. Si le taux d'intérêt du marché pour le seul financement des collectivités locales est de 7 %, sur la base d'une dette cachée de 30 000 milliards de CNY, et en supposant un coût de financement global de 3,5 % pour les sociétés d'investissement dans les infrastructures, le gouvernement économiserait 1 000 milliards de CNY par an en coûts de financement. Plus important encore, cela permettra de gérer et de contrôler de manière unifiée les investissements en infrastructures des collectivités locales, ce qui se traduira par une croissance à long terme, stable et efficace.

Si cette opération est couronnée de succès, les ressources de prêt des banques seront entièrement libérées, la situation de financement de l'ensemble du secteur des entreprises sera massivement améliorée, la pression exercée sur les sociétés cotées en Bourse pour lever des fonds sera allégée, le problème du financement difficile et coûteux des PME sera résolu, et le marché des capitaux chinois s'engagera désormais sur une voie de développement relativement saine et durable.

En outre, grâce à cette opération, le levier de l'économie chinoise deviendra plus transparent. La question de l'effet de levier dans l'économie chinoise n'est pas simplement une question de « haut ou de bas », mais plutôt de qualité et de transparence. En fait, l'économie chinoise n'est pas très endettée en soi, la dette du secteur non financier s'élevant à environ 2,6 fois le PIB en 2018, soit un niveau similaire à celui des États-Unis et inférieur à celui du Japon (3,6 fois), tandis que le taux d'épargne national de la Chine est plus deux fois supérieur à celui des États-Unis et environ 1,5 fois supérieur à celui du Japon.

En conclusion, le facteur le plus important affectant l'évolution future de l'économie est constitué par les problèmes du système économique chinois lui-même, notamment les problèmes institutionnels du secteur financier. Le système financier chinois doit procéder à un ajustement structurel, et la clé pour y parvenir est d'effectuer une « opération majeure » sur la finance chinoise.

Le désendettement structurel doit être ciblé dans le cadre de l'assouplissement des liquidités

Au cours du premier semestre 2018, un certain nombre d'arguments ont été avancés pour dire que l'économie chinoise connaissait une faiblesse du côté de la demande et que certaines politiques de stimulation visant à stabiliser la croissance étaient donc nécessaires.

L'auteur n'est pas d'accord avec ce jugement. Selon moi, la macroéconomie chinoise continue de se redresser et la dynamique de la croissance économique spontanée poursuit sa reprise, l'indicateur central étant le taux de croissance des investissements du secteur privé, qui a rebondi de 4 % à la même période en 2017 à environ 8 % au premier semestre 2018. Dans le même temps, les bénéfices de l'ensemble de l'économie réelle augmentent régulièrement et l'économie devient plus résiliente et durable.

Certaines des perturbations macroéconomiques ont été principalement le résultat d'une politique de désendettement « uniforme ». En conséquence, toutes les activités économiques qui dépendent fortement du financement externe ont chuté de manière significative, et l'ampleur des activités bancaires hors bilan, y compris ce qu'on appelle le « shadow banking[1] », a diminué de 2 100 milliards de CNY par rapport à la même période en 2017, ce qui a directement entraîné une baisse du taux de croissance des investissements dans les infrastructures, qui est

---

1. NdT : le shadow banking, littéralement banque de l'ombre, ou système bancaire parallèle, désigne des entités ou des activités qui participent au financement de l'économie, mais agissent en dehors du système bancaire traditionnel.

passé de 19 % au cours de la même période en 2017 à 9 % au premier semestre 2018.

Plus important encore, les mesures « uniformes » visant à réduire l'effet de levier ont déclenché une série de réactions en chaîne sur les marchés des capitaux, notamment le fait que de nombreux actionnaires de sociétés cotées en Bourse mettent souvent leurs actions en gage pour obtenir des financements, mais la chute continue du cours des actions a déclenché une crise de liquidité. En outre, de nombreuses obligations sont actuellement difficiles à émettre, et même si elles sont émises, elles tombent rapidement en dessous du prix d'émission. Mi-2018, les marchés financiers étaient tendus et le sentiment des investisseurs instable.

Il faut dire que le principal facteur qui a affecté la tendance économique au premier semestre 2018 n'était pas le déclin du dynamisme de l'économie chinoise elle-même, mais plutôt le côté politique, où les politiques de désendettement structurel n'ont pas été mises en œuvre efficacement et avec précision.

Nécessité d'une nouvelle compréhension de la nature du désendettement structurel

L'approche actuelle du désendettement, de type « uniforme », n'a pas de sens. C'est, par exemple, comme un patient atteint d'un cancer qui tente d'éliminer les cellules cancéreuses en réduisant massivement ses apports nutritionnels dans l'espoir de les faire mourir de faim par un régime. Cette approche ne fonctionne évidemment pas, car les cellules cancéreuses ont plus de vitalité que les cellules normales, et en suivant un régime draconien, les mauvaises cellules ne sont pas affamées à mort, mais les bonnes cellules sont endommagées. Dans le secteur financier, sans intervention extérieure, les actifs non performants sont souvent plus susceptibles d'être prêtés que les actifs normaux, car les créanciers sont souvent réticents à exposer les problèmes et préfèrent rembourser les anciennes dettes par de nouvelles, en prêtant de l'argent frais pour rembourser les anciennes. Par conséquent, en l'absence d'un traitement précis et ciblé, ce type d'approche aveugle « uniforme », qui repose sur la réduction de la taille des prêts et le désendettement, a entraîné un resserrement financier global plutôt qu'une réelle réduction de l'effet de levier.

Le désendettement structurel nécessite une compréhension renouvelée de deux questions.

Premièrement, le ratio d'endettement de l'économie chinoise n'est généralement pas élevé, mais le problème réside dans sa structure. Il est généralement admis que la dette de l'économie chinoise équivaut à environ 260 % du PIB, un ratio de levier global qui équivaut à celui des États-Unis et de nombreuses économies développées, et qui est clairement faible par rapport au ratio de levier global du Japon, qui est de 350 %.

Le niveau raisonnable de l'effet de levier dans une économie dépend de deux facteurs. Le premier est le niveau du taux d'épargne national propre à l'économie. Si le taux d'épargne national est élevé, par exemple en Chine ou au Japon, à plus de 35 %, il y aura naturellement une grande quantité d'épargne à investir, et le ratio d'endettement augmentera naturellement. La seconde est que cela dépend de la structure de financement de l'économie. Si les fondements du marché du financement par actions dans une économie ne sont pas solides, comme c'est le cas dans l'économie chinoise actuelle, y compris les fondements juridiques du marché des actions, comme l'absence d'un parquet spécial et d'un tribunal des valeurs mobilières. Dans ce contexte, l'argent des épargnants est soit investi dans des entreprises ou des ménages par des canaux informels, en contournant les intermédiaires financiers, soit converti directement en investissements sous forme d'obligations ou de prêts bancaires, qui ont des contraintes plus fortes sur le risque de défaut et d'insolvabilité que le financement par actions, qui a peu de règles explicites et permet à l'utilisateur du financement par actions de retenir indéfiniment les dividendes des actionnaires. En Chine, en partant du principe que le marché boursier est difficile à développer vigoureusement, compte tenu de la même ampleur de l'épargne nationale, le ratio de levier sera bien sûr plus élevé.

Par conséquent, l'économie chinoise a un effet de levier d'environ 260 % en 2018, ce qui ne doit pas être considéré comme élevé. Le problème est que la structure de levier de l'économie chinoise est déraisonnable. Cet aspect se manifeste par le fait que la dette locale est trop élevée par rapport à la dette centrale et par l'absence d'un mécanisme disciplinaire global pour la dette locale. Il est difficile pour les investisseurs de saisir la qualité de la dette locale. Cela implique des risques financiers. D'autre part, la dette des entreprises est relativement élevée et doit être restructurée. Le principal problème de cette dette élevée est qu'une grande partie de la dette de mauvaise qualité n'a pas été restructurée à temps.

Selon une analyse de l'auteur, le pourcentage d'entreprises « zombies » parmi les entreprises industrielles de taille supérieure en Chine est de 7 à 10 %, et même si nous calculons à 5 %, il y a près de 6 000 milliards de CNY d'actifs non performants qui doivent être restructurés. La vitesse à laquelle le système financier se débarrasse des actifs non performants n'est pas satisfaisante. Selon les états financiers de 16 banques cotées, malgré l'accélération actuelle de la cession des prêts non performants, le rythme d'accumulation de nouveaux prêts non performants s'est accéléré, compensé par une augmentation des soldes de prêts non performants de près de 50 milliards de CNY en 2017. Le taux de prêts non performants de la banque s'est redressé de 0,01 % à 1,75 % au premier trimestre 2018. Au rythme actuel de la restructuration, il faudra au moins cinq ans pour éliminer les 6 000 milliards de CNY d'actifs non performants.

Le second point de vue est que la clé du désendettement structurel est la suppression précise des actifs non performants. Selon l'analyse ci-dessus, l'effet de levier n'est pas un problème en soi, mais plutôt l'élimination des dettes non performantes par des mesures précises de désendettement.

Mise en œuvre précise des trois éléments essentiels du désendettement structurel

Sur la base de l'analyse ci-dessus, nous pouvons tirer trois prédictions politiques.

Premièrement, une liquidité relativement accommodante doit être maintenue dans le processus de désendettement structurel. Le désendettement structurel lui-même a tendance à provoquer la panique sur l'ensemble des marchés financiers, car il signifie que certains actifs non performants doivent être cédés, ce qui entraîne souvent une réaction en chaîne de bonnes entreprises soupçonnées d'être problématiques ; dans le même temps, le processus de cession des actifs non performants entraîne également une diminution des actifs investis par les bonnes entreprises dans les entreprises problématiques.

Deuxièmement, un certain nombre d'actifs non performants sont éliminés avec précision. À l'heure actuelle, la provision pour actifs non performants des principales institutions financières chinoises, notamment des cinq plus grandes banques d'État, est adéquate, généralement supérieure à 150 %, mais aucune de ces provisions n'est utilisée pour résoudre les actifs non performants. Dans un avenir proche, les autorités de réglementation pourraient exiger de ces grandes institutions financières qu'elles se débarrassent d'une quantité importante d'actifs non performants dans un certain délai, par exemple, 500 cas de prêts non performants d'un montant total supérieur à 50 milliards de CNY par grande banque d'État dans un délai de six mois. Ces cessions ne sont pas de nouveaux prêts pour ramener les prêts non performants à la normale, mais de véritables restructurations ou faillites. La Commission chinoise de réglementation des banques et des assurances peut évaluer directement le nombre de prêts non performants traités par les banques et gérer de manière flexible l'évaluation des prêts du personnel historique des banques concernées, contribuant ainsi à réduire la charge historique, à alléger la charge et à accélérer la restructuration des actifs. Dans le même temps, il est recommandé de briser le « cercle étrange » de l'assurance mutuelle entre les entreprises et d'éliminer en principe les traités historiques d'assurance mutuelle des banques commerciales pour les prêts non performants, afin de briser le blocage de la restructuration des actifs. En éliminant le « cancer » de l'économie chinoise à une telle échelle, la qualité de l'effet de levier sera considérablement améliorée.

Troisièmement, la consolidation de certaines dettes locales en dettes centrales. En général, les collectivités locales ne s'endettent pas directement, car le mandat des fonctionnaires locaux est généralement d'environ trois ans, de sorte qu'il existe naturellement une mentalité consistant à s'endetter sans demander de remboursement. Dans le cadre du système politique actuel de la Chine, une meilleure approche consisterait à ce que le ministère des Finances crée un fonds d'investissement dans les infrastructures, similaire à celui de la Banque mondiale, qui travaillerait avec les autorités locales pour investir dans des projets d'infrastructure locaux, tous les fonds nécessaires à la construction d'infrastructures locales étant réunis par ce fonds. De cette façon, les actions des autorités locales sont contrôlées et toute la dette locale est rendue plus transparente et les notations de crédit peuvent être standardisées.

À l'heure actuelle, la dette du gouvernement central ne représente que 15 % du PIB, tandis que la dette locale, y compris la dette liée aux autorités locales, représente plus de 30 % du PIB, ce qui constitue une structure très déraisonnable. Une fois le système de la dette locale unifié, un large éventail de projets d'infrastructure des collectivités locales sera financé principalement par la dette émise de manière centralisée, et la solvabilité des obligations correspondantes s'améliorera considérablement et les taux d'intérêt baisseront.

Nous avons des raisons de croire qu'une fois les trois ajustements ci-dessus mis en place, la tâche de désendettement structurel en Chine sera menée à bien de manière ordonnée, les attentes des investisseurs nationaux et étrangers concernant la macroéconomie chinoise se stabiliseront relativement rapidement et les marchés des capitaux pourront connaître un rebond. À l'avenir, la direction du désendettement structurel de la Chine et la précision de ses politiques seront également considérablement améliorées, et les problèmes macroéconomiques de la Chine ainsi que le ralentissement relatif du marché des capitaux devraient être atténués.

Étude des causes de la bulle immobilière en Chine : une étude de cas au « centre de l'univers »

Avec la hausse des prix du logement, la question « un diplôme de Tsinghua a beaucoup moins de valeur qu'un appartement dans le district universitaire de Tsinghua » est devenu un sujet brûlant parmi les internautes. Certaines familles ont longtemps lutté pour envoyer leurs enfants à l'université Tsinghua, mais après l'obtention de leur diplôme, ces derniers n'ont pas les moyens d'acheter un appartement près de l'université Tsinghua.

Cela n'est pas difficile à expliquer, aussi permettez-moi de conclure en analysant pourquoi les prix sont si élevés à proximité de l'université Tsinghua : il s'agit de l'un des exemples les plus intéressants et inexplorés de la bulle immobilière en Chine.

Wudaokou : « Centre de l'Univers »

Début 1980, lorsque j'ai rejoint l'université Tsinghua, ce n'était que des champs devant la porte Est de l'université Tsinghua et il n'y avait qu'une petite route qui y menait. En dehors de la petite route se trouvait la rue Shuangqing, sur laquelle ne pouvaient rouler que deux voitures côte à côte. Elle menait à l'usine de laine Qinghe, un exemple typique de la réforme des entreprises d'État.

La porte Est de l'université Tsinghua était très déserte à ce moment-là. Tous les après-midi (surtout en hiver) après 16 heures, comme beaucoup de mes camarades de classe, je courais de la Porte Est jusqu'à la ligne de chemin de fer à Wudaokou, puis je repassais par la centrale thermique maintenant abandonnée près de la Porte Nord et revenais à Tsinghua, un trajet d'environ 5 kilomètres.

À cette époque, les étudiants de Tsinghua étudiaient dur et accordaient une attention particulière à l'éducation physique. Tout le monde se démenait pour faire de l'exercice, dans l'espoir d'obtenir de bons résultats aux tests standards comme la course de 1 500 mètres.

Les temps ont changé, et maintenant cet endroit a complètement changé, il est désormais connu sous le nom de « Wudaokou », et est également appelé en plaisantant « Centre de l'Univers ».

50 000 contre 100 000 : la valeur d'un bien immobilier a doublé en raison de la proximité d'écoles de qualité

Les prix élevés dans cette zone sont en effet liés à l'environnement scolaire. Cette zone est proche de Tsinghua, à une station de métro à l'ouest de la porte Est de l'université de Pékin, il y a l'école primaire affiliée à l'université Tsinghua, l'école primaire affiliée à l'université de Pékin, les écoles n° 1 et n° 2 de Zhongguancun, le collège de Zhongguancun et un peu plus loin le lycée 101, le collège affilié à l'université Tsinghua et bien d'autres établissements de qualité.

Dans quelle mesure la proximité d'établissements scolaires peut-elle expliquer les prix élevés des logements ? Voici une bonne comparaison.

Comme il s'agit d'un quartier scolaire, en 2017, les prix de l'immobilier dans ce quartier étaient proches de 100 000 CNY le mètre carré, voire les dépassaient. Par exemple, à Wudaokou, au sud de la rue Chengfu, se trouve la résidence Shuiqing Muhua, qui a été construite il y a une quinzaine d'années, et le prix des appartements est déjà proche de 100 000 CNY le mètre carré.

De l'autre côté de la rue, dans une autre résidence (dont on est propriétaire pour 70 ans), plus proche de l'université Tsinghua, le prix n'est récemment remonté que jusqu'à près de 50 000 CNY le mètre carré. La raison en est que jusqu'à présent on ne peut obtenir de « certificat de résidence (*luohu*) » pour ces appartements, et donc on ne peut pas profiter de l'avantage du district scolaire. La raison pour laquelle ces appartements ne peuvent pas bénéficier du permis de résidence, c'est qu'ils n'ont pas pu rejoindre le comité de quartier et que le poste de police de Zhongguancun n'a donc pas approuvé le permis de résidence. La raison pour laquelle ils n'ont pas pu se joindre au comité de quartier est le retard pris dans la formation du comité des propriétaires, car les propriétaires étaient originaires du monde entier, trop dispersés, et parce que la situation était compliquée par le fait qu'un hôtel cinq étoiles se trouvait à proximité et que de nombreuses installations de l'hôtel étaient reliées au bâtiment. Je dis souvent à mes jeunes collègues autour de moi qu'il faut saisir l'occasion pour y acheter un appartement, car les prix y sont encore bas à cause du problème de certificat de résidence. Tôt ou tard ce problème sera résolu, et les prix de l'immobilier bondiront à un niveau comparable à celui du quartier.

PIB au sommet, donnant lieu à la bataille entre l'immobilier résidentiel et commercial

Wudaokou est surnommé « Centre de l'Univers » par les étudiants de Tsinghua, car c'est un quartier extrêmement fréquenté par des gens qui vont et viennent, même pendant les week-ends et les vacances. Il abrite de nombreux jeunes entrepreneurs, de jeunes étudiants et de jeunes professionnels. Mais dans cette zone de 5 kilomètres carrés, au cours des 20 premières années du XXIe siècle ce sont principalement des immeubles de bureaux qui ont été construits alors que les logements résidentiels sont extrêmement rares.

Les immeubles de bureaux comprennent le Tsinghua Science Park, d'une superficie d'environ 500 000 mètres carrés. Il se compose de sept ou huit tours de 25 étages, dont un terrain spécialement concédé par le gouvernement à Google. Il comprend également la VIA Tower, un bâtiment spécifiquement accordé à la société VIA Electronics de Taïwan pour sa propre construction. Contrairement à l'immobilier de bureau, il n'y a que trois ou quatre nouveaux projets résidentiels à ma connaissance, dont Shuiqing Muhua qui vient d'être mentionné et dont la superficie est probablement inférieure à 100 000 mètres carrés. Un autre projet de grande envergure est celui de Huaqing Jiayuan, qui a été construit il y a 15 ans et dont la superficie est d'environ 150 000 mètres carrés. C'est grâce à Ren Zhiqiang, qui était le patron de Huayuan (groupe immobilier public) à l'époque. Pour parler franchement, le niveau de construction, la qualité du travail et la conception de Huaqing Jiayuan sont très grossiers aux yeux d'aujourd'hui. En outre, il y a Tangning ONE construit en 2011 par l'entreprise Longhu, une résidence haut de gamme dont le prix moyen est d'environ 150 000 CNY le mètre carré. Les appartements susmentionnés, qui ne sont pas encore disponibles pour le transfert de propriété, représentent une superficie totale d'environ 50 000 mètres carrés et à l'origine le projet s'intitulait « installations de soutien du parc scientifique et technologique de Tsinghua ». Il semble que l'offre de biens résidentiels soit très faible par rapport aux millions de mètres carrés de biens immobiliers commerciaux.

La conséquence directe de cette situation est que l'offre de biens résidentiels étant limitée les prix ont augmenté rapidement. Le prix unitaire de départ de Huaqing Jiayuan, par exemple, dont Ren Zhiqiang est fier, était d'un peu plus de 3 000 CNY, et en 2017, il était de plus de 120 000 CNY. Les enseignants les plus audacieux qui ont acheté un appartement ici et qui avaient de l'argent à dépenser sont maintenant multimillionnaires. La plupart de ces enseignants ont maintenant déménagé de Huaqing Jiayuan parce que c'est devenu un endroit où les étudiants internationaux, en particulier les étudiants coréens, et les jeunes étudiants, louent des appartements. Les jeunes vont et viennnent et sont très bruyants, ce qui ne convient plus aux familles. Ren Zhiqiang disait souvent qu'en tant que promoteur, il avait créé une grande richesse pour les gens qui achetaient des appartements, mais qu'il n'a pas gagné beaucoup lui-même. Ses paroles sont fiables, du moins pour le « Centre de l'Univers » de Wudaokou.

Cependant, la question la plus importante est de savoir pourquoi les autorités de Beijing et même du district de Haidian hésitent à allouer davantage de terrains résidentiels à Wudaokou alors qu'ils savent que les prix de l'immobilier sont si élevés. La raison en est que le PIB est le facteur le plus important. En effet, la mise à disposition d'immeubles de bureaux et de parcs technologiques à Wudaokou, ainsi que la construction de gratte-ciel pour Google et la société taïwanaise VIA Electronics, peut directement stimuler le PIB. Ainsi, aujourd'hui, Wudaokou abrite un grand nombre d'entreprises telles que Sohu, Netease et Google, sans oublier le Centre national des examens et China Education Network, qui a été le premier à fournir des services d'information sur Internet aux établissements d'enseignement supérieur. Cela a en effet permis au PIB de Wudaokou de croître, qui a acquis la réputation d'un centre de haute technologie. Mais la conséquence directe est que les prix de l'immobilier local sont restés élevés et qu'un grand nombre de travailleurs de haute technologie de Wudaokou, ainsi que les enseignants de l'université Tsinghua et de l'université de Pékin, sont obligés d'acheter des logements en dehors du district.

Le cas de Harvard et Stanford

À ce stade, autant faire un détour et quitter temporairement Wudaokou pour observer l'immobilier à proximité de l'université de Harvard et de l'université de Stanford.

Au cours des cent dernières années, l'université de Harvard est devenue un modèle d'enseignement supérieur aux États-Unis et a stimulé le développement économique de la région environnante. Cependant, les terrains entourant l'université appartiennent en grande partie à des résidents et, à l'exception de Harvard Yard, Harvard n'a pas de portes. L'université est complètement intégrée à la ville. Alors comment l'université de Harvard répond-elle à ses propres besoins croissants en matière de logement ?

L'université de Harvard a depuis longtemps créé sa propre société immobilière et a été constamment à la recherche de terrains et de maisons dans son voisinage. Toutefois, cela n'a pas suffi, car les locaux résidentiels achetés ne peuvent pas être transformés en bureaux sans l'autorisation du comité d'urbanisme de la ville de Cambridge, où se trouve Harvard. En conséquence, les relations entre l'université de Harvard et le Conseil d'urbanisme de Cambridge étaient souvent tendues, l'université devant constamment lutter contre la conversion de certains immeubles résidentiels en immeubles de bureaux.

En outre, la rénovation par Harvard de ses propres bâtiments est soumise à l'intervention du Conseil d'urbanisme de la ville de Cambridge. Le Comité d'urbanisme est élu par les habitants. Il prend souvent en compte les intérêts des résidents existants plutôt que le développement global de la ville, ce qui a donné lieu à de nombreuses histoires absurdes. Par exemple, lorsque l'université de Harvard a rénové un immeuble de bureaux en 2010, les concepteurs ont conçu deux bâtiments de part et d'autre de Cumberlege Road – qui abritent aujourd'hui l'Asia Center et le Fitzgerald Center for Chinese Studies ainsi que le Département du gouvernement de l'université de Harvard – pour qu'ils soient parfaitement symétriques, avec un passage souterrain conçu pour relier les deux bâtiments sans perturber la vue. Cependant, le comité de planification n'a jamais accepté le passage souterrain, même s'il n'affectait pas du tout la vue. On raconte que l'un des membres du comité de planification, dont l'enfant n'avait pas été admis à Harvard, était très en colère et s'y opposait fermement. Par conséquent, malgré sa réputation grandissante à l'ère de la mondialisation, Harvard a eu du mal à se développer dans son voisinage. Le PIB de la ville de Cambridge a également eu du mal à croître, du moins pas aussi vite qu'avec l'université de Harvard.

C'est précisément en raison de l'incertitude à long terme sur les relations avec la ville de Cambridge qu'avant le déclenchement de la crise financière mondiale, le président de Harvard, M. Summers, a décidé de traverser la ville de Cambridge et de se développer à Alston, une petite ville de l'autre côté de la rivière Charles, car il y avait beaucoup de terrains vacants à Alston et qui abrite actuellement le stade de Harvard et la Harvard Business School. Cependant, en raison du déclenchement de la crise financière, ce plan de développement a été retardé de près de dix ans.

Stanford est beaucoup plus chanceuse que Harvard à cet égard. Stanford a en effet contribué à l'essor de l'industrie de la haute technologie dans la Silicon Valley, ce qui a entraîné une augmentation considérable des terrains qui l'entourent. Heureusement, le campus de Stanford était autrefois une ferme extrêmement immense, de sorte que le surnom de Stanford est devenu « La ferme ». Stanford ne s'inquiète pas pour les terrains. En réponse aux prix élevés de l'immobilier, Stanford a aménagé une partie de ses propres terrains pour en faire des résidences qu'elle possède en grande et petite propriété pour les professeurs. En règle générale, ces maisons ne peuvent être vendues qu'aux enseignants de l'université de Stanford. Cela résout en partie le problème du prix élevé des logements dans la Silicon Valley pour l'université de Stanford.

L'université Tsinghua et l'université de Pékin s'inspirent aussi partiellement de ce modèle. Tsinghua a acheté des terrains aux alentours, à Qinghe et y a construit de petites propriétés qu'elle a vendues aux enseignants, avec la même stipulation que Stanford, à savoir qu'elles ne pouvaient être transférées qu'à l'intérieur du campus. Cela a également permis de se prémunir partiellement contre les prix élevés à Wudaokou.

Dilemmes institutionnels et dilemmes ruraux dans l'offre de terrains résidentiels

Ce n'est pas qu'il y ait un manque de terrains dans les environs de Wudaokou, mais il est difficile de proposer ces sites pour le développement.

Il est quelque peu surprenant qu'un canton situé au milieu d'une zone aussi chère que Wudaokou, qui appartient au canton de Dongsheng, reste un canton et ne soit pas inclus dans le plan d'urbanisme. À ce jour, le canton de Dongsheng possède toujours son propre centre de santé et ses bureaux communaux, qui sont un ensemble de résidences basses d'environ cinq étages qui devraient être développées et utilisées en augmentant le ratio des parcelles par le biais d'échanges de terrains. Cependant, les autorités du canton elles-mêmes n'ont pas grand-chose à gagner directement de la conversion des terres d'un canton en terres urbaines, un tel accord est donc difficile à conclure.

En outre, il existe de nombreuses institutions dans les environs de Wudaokou, notamment l'université Tsinghua et l'Académie chinoise des sciences, qui disposent de nombreux terrains en propre, mais il s'agit de sites institutionnels et il est peu probable qu'ils soient convertis en terrains résidentiels. Par exemple, le bâtiment de l'Académie chinoise des sciences a été modernisé ces dernières années, passant de 5 à 15 étages, mais il s'agit d'immeubles de bureaux, qui ne peuvent être transformés en immeubles résidentiels. Le campus de Tsinghua couvre une superficie de près de 6 000 mus (1 mu est équivalent à 665 mètres carrés). Aujourd'hui, c'est l'une des plus grandes du pays parmi les universités qui n'ont pas construit d'autre campus. Le campus de Tsinghua compte un grand nombre d'immeubles résidentiels et d'immeubles de chambres universitaires de faible hauteur, de quatre et cinq étages, et il serait difficile de convertir ces immeubles en immeubles résidentiels de sept ou huit étages, car il serait difficile de démolir les résidences actuelles mais, surtout, parce que l'université Tsinghua ne dispose pas de la totalité des droits de disposition sur son terrain.

Cela crée un dilemme dans la mesure où, malgré les prix élevés de l'immobilier, les terrains ne sont guère disponibles pour la construction de logements et il est difficile d'apporter une solution du côté de l'offre. C'est un problème courant à toutes les grandes villes chinoises, et à Pékin en particulier.

Pourquoi les diplômés de Tsinghua ont-ils du mal à se payer un logement dans le district universitaire de Tsinghua ?

Enfin, analysons pourquoi les prix des logements dans le district scolaire de Wudaokou sont si élevés, ce qui dépasse de loin la capacité économique d'un étudiant très talentueux diplômé de l'université Tsinghua.

Premièrement, l'une des raisons pour lesquelles les parents envoient leurs enfants à Tsinghua est qu'ils y trouvent un sentiment d'épanouissement dans la vie, qui provient souvent de facteurs non financiers, notamment le bonheur personnel et la reconnaissance sociale. Par conséquent, les parents attendent de leurs enfants qu'ils fréquentent des universités prestigieuses, même si les diplômés ne sont pas bien payés.

Deuxièmement, sur le plan économique, le revenu des diplômés universitaires, y compris les diplômés de Tsinghua, est en constante augmentation et il est difficile de le mesurer en termes de revenu économique à court terme. À long terme, la prime de capital humain apportée par un diplôme de Tsinghua devrait être assez élevée.

Plus important encore, les prix élevés des logements près de Wudaokou sont un phénomène d'investissement. Les logements à prix élevé ne sont pas aussi prohibitifs que les biens de consommation chers, et tant que les investisseurs s'attendent à ce que les prix continuent à augmenter à l'avenir, les gens continueront à entrer sur ce marché. Cela devrait expliquer la difficulté de faire correspondre les prix élevés de l'immobilier avec un niveau d'éducation élevé et les revenus relativement élevés des étudiants très talentueux.

3. Internet et la nouvelle économie

Production intégrée à la consommation : le modèle d'économie Internet chinois ne fait que commencer

La bataille à l'entrée ouest de Tsinghua : le *online* est-il en train d'effacer le *offline* ?

À la fin du mois d'août à Pékin, quelques pluies d'automne rendent le climat un peu plus frais. Chaque année à cette époque, je me rends à l'entrée ouest de Tsinghua pour faire réparer mon vélo et le préparer pour la nouvelle année scolaire.

Ces dernières années, il ne reste plus que quelques magasins de vélos dans l'ancienne rue animée de l'entrée ouest de Tsinghua. Lorsque j'ai parlé au propriétaire, il m'a dit que le nombre de magasins de vélos était en baisse, en partie parce que de nombreux clients achètent des vélos en ligne et, surtout, parce que l'essor des vélos en libre-service ces dernières années avait réduit la demande de leurs propres vélos. Non seulement il y a moins de magasins de vélos, mais l'éventail des options se réduit également, les propriétaires de magasins me disant que les grossistes ont peur de stocker des vélos parce qu'ils ne voient pas la demande.

Contrairement au déclin des boutiques physiques de l'entrée ouest de Tsinghua, la variété des bicyclettes disponibles à la vente en ligne est immense. J'ai trouvé sur Internet des arbres de transmission internes sans palier, des freins à tringlerie avant et arrière et d'autres accessoires de haute technologie et j'ai modifié mon propre vélo pour qu'il soit « dans l'air du temps » et le chevaucher est vraiment super. Bien sûr, en fin de compte, c'est à Xiao Li de l'Anhui, à l'entrée ouest de Tsinghua, qu'est revenue la tâche d'aider à l'installation et à la mise en service.

Le déclin des magasins de bicyclettes de l'entrée ouest de Tsinghua est l'un des scénarios typiques dans lesquels l'économie de l'internet « élimine » les magasins et services hors ligne. La question qui se pose est la suivante : l'économie chinoise de l'internet est-elle en train d'éliminer le commerce de détail et les services traditionnels ? Considérons les trois exemples suivants.

Trois études de cas pour analyser les possibilités d'intégration des plateformes Internet

Le premier exemple est la vente de vin par le commerce électronique. Toute personne qui achète du vin sait qu'il vaut mieux dépenser plus d'argent que de souffrir en achetant une contrefaçon. Pour éviter les contrefaçons, les grands établissements vinicoles ont leurs propres astuces. L'un des principaux thèmes des publicités actuelles des trois grandes marques de l'industrie chinoise d'alcool – Moutai, Wuliangye et Yanghe – est la « lutte contre la contrefaçon », dans le but d'attirer vers leurs marques les clients préoccupés par les produits contrefaits. Les consommateurs savent très bien que la différence de goût entre ces alcools blancs et les vrais alcools bon marché produits par d'autres distilleries est bien moindre que la différence de prix exagérée, mais afin d'éviter les contrefaçons, ils achètent des alcools de marques connues offrant des garanties contre la contrefaçon.

Un entrepreneur du Shandong a acquis un lot de distilleries autour de la distillerie Wuliangye dans le Sichuan et m'a invité à goûter l'alcool. Même après des années de dégustation d'alcool, j'ai eu du mal à faire la différence entre son alcool et le Wuliangye. Les coûts de production de sa distillerie sont très bas, 1/20 du prix de détail du Wuliangye, mais comment peut-il convaincre les consommateurs que son alcool est bon ? Une stratégie possible consiste à trouver un détaillant ayant une bonne réputation pour vendre sous un label. À l'heure actuelle, certaines entreprises de commerce électronique ont rendu possible la vente de produits non contrefaits dans leurs propres magasins. La logistique et le service après-vente sont si bons que les consommateurs ne s'inquiètent pas de la qualité de l'alcool qu'ils produisent une fois qu'il a été marqué comme tel. C'est le mystère de l'image de sa propre marque.

À partir de cet exemple, on peut supposer que, plus tard, des entreprises de commerce électronique ayant une bonne réputation en matière d'autogestion et de services logistiques interviendront pour superviser la production de ces alcools, devenant ainsi le contrôleur de facto de leur production et même propriétaire de la marque. En un mot, des fabricants intégrés au commerce électronique !

Deuxièmement, l'exemple des supermarchés. Les supermarchés les plus traditionnels proviennent du marché matinal du marché libre, qui est frais et pratique, mais son inconvénient est que les supermarchés demandent beaucoup de main-d'œuvre pour les consommateurs et il est également extrêmement difficile pour les fournisseurs de livrer. Cela oblige les fournisseurs à livrer tôt le matin, et pose souvent des problèmes d'approvisionnement insuffisant ou excessif. Aujourd'hui, des sociétés de commerce électronique telles que Jingdong et Taobao ont créé des marques de supermarchés en ligne, qui présentent l'avantage immédiat de permettre aux consommateurs d'acheter des légumes et des aliments frais sans avoir à quitter leur domicile.

Le plus grand avantage potentiel de ce modèle commercial est que les entreprises de commerce électronique sont en mesure de saisir et d'analyser avec précision diverses données telles que les caractéristiques des consommateurs et leurs habitudes de consommation dans une région donnée. Ce type de données massives est réinjecté du côté de la production, permettant aux fabricants de proposer une large gamme de produits avec la meilleure adéquation possible entre la demande et la consommation. Il est concevable que ce processus conduira à terme à l'évolution du commerce électronique vers un certain nombre de super plateformes de distribution de légumes et de produits alimentaires. Enfin, ces plateformes de distribution intégreront à leur tour un grand nombre de d'exploitations et de fermes et utiliseront les données massives pour orienter précisément leur production. Les plateformes de commerce électronique ne se contentent pas de fournir des données mais aussi, et surtout, de contrôler le processus de production, car leur réputation et la qualité de leurs produits dépendent d'un contrôle précis du processus de production. Il est concevable que les entreprises de commerce électronique du futur posséderont directement ou indirectement un grand nombre de bases de production de produits de base.

Troisièmement, l'exemple des petites marchandises. L'un de mes passe-temps consiste à modifier moi-même des motos et des vélos, par exemple en y ajoutant des accessoires tels que des clignotants, des supports de téléphone portable ou des prises d'alimentation. D'après mon expérience, il est globalement plus pratique de trouver ces produits en ligne que de les acheter hors ligne. Mais le problème est que trouver les produits que vous désirez vraiment sur les plateformes Jingdong ou Taobao relève souvent d'un processus pénible. Par exemple, une recherche portant sur un connecteur de fil de feu de stop donnera des centaines de résultats, qui peuvent être filtrés davantage mais qui prennent encore beaucoup de temps. Plus important encore, l'industrie qui produit ces petits articles est souvent en surcapacité et le marché est inondé de produits bon marché et de mauvaise qualité. Comme je ne peux pas voir la qualité de ces pièces et que j'ai peur d'acheter des produits de mauvaise qualité, j'ai l'habitude de faire des recherches des prix élevés aux prix bas. En tant que consommateur, j'ai dû faire beaucoup d'efforts et dépenser plus d'argent pour éviter d'acheter une contrefaçon. Je pense que la prochaine étape consistera, pour les entreprises de commerce électronique, à regrouper ces milliers de producteurs et à les organiser en un certain nombre de producteurs réputés, crédibles et axés sur le service, dont les données pourront à leur tour guider ces entreprises en surcapacité afin qu'elles produisent avec précision et évitent la concurrence bon marché.

L'avenir du magasin de vélos de l'entrée ouest de Tsinghua

De l'analyse des trois cas ci-dessus, nous pouvons déduire à peu près l'avenir des magasins de vélos de l'entrée ouest de Tsinghua. Ma prédiction est que ces magasins physiques continueront d'exister et se développeront même à grande échelle, et le commerce de Xiao Li, originaire de l'Anhui avec un excellent savoir-faire, sera probablement plus prospère. Mais contrairement à aujourd'hui, Xiao Li et ses semblables seront très probablement intégrés par la plateforme de vélos partagés. Bien que les vélos partagés se trouvent actuellement dans l'ère « des Royaumes Combattants », un ou deux « Qin Shi Huang » vont forcément émerger après un an ou deux de chaos. Les « Qin Shi Huang » utiliseront certainement les données issues de notre utilisation des vélos partagés pour adapter les services de vélo à nos besoins. Par exemple, ils offriront aux étudiants et aux enseignants de Tsinghua un service personnalisé de location de vélos à long terme, ce qui est mieux que les vélos génériques loués à l'heure. En cas de problème, ils pourront se rendre à l'entrée ouest de Tsinghua pour faire réparer ou remplacer le vélo gratuitement, ou payer une petite somme pour améliorer diverses pièces. Plus en amont, les plateformes de vélos partagés fusionneront certainement avec certains fabricants de vélos pour proposer des produits précis. Ce type d'intégration ne se produira pas seulement à l'entrée ouest de l'université Tsinghua, mais également dans l'industrie du vélo, mais aussi dans d'autres domaines de production et de services, devenant ainsi un nouveau modèle pour le développement de l'économie Internet de la Chine.

Production intégrée à la consommation : modèle d'économie Internet de la Chine

Avec le développement de plateformes numériques telles que le commerce électronique et l'économie de partage, la tendance fondamentale de l'économie chinoise de l'internet est désormais connue : du côté des consommateurs, elle passe progressivement vers l'amont. Les plateformes de vélos partagés et de commerce électronique partent toutes du côté des consommateurs. En maîtrisant les informations relatives aux consommateurs (y compris la demande de qualité des consommateurs), elles permettent aux producteurs en amont de mieux adapter la qualité, la quantité et la variété des produits à la demande des consommateurs en aval, résolvant ainsi le problème fondamental de la surcapacité ou de l'offre excédentaire de cette économie de marché.

Cette perspective importante du développement économique de l'Internet en Chine est différente des autres pays. Aux États-Unis et en Allemagne, le développement d'Internet, et plus généralement la révolution technologique numérique, a souvent commencé du côté de la production. L'industrie 4.0 allemande est, dans une large mesure, une révolution dans le domaine de la production. Le développement de la technologie numérique en Chine, en revanche, a commencé du côté des consommateurs. L'internet chinois se développe donc d'une manière très particulière et emprunte une voie unique. Il ne fait aucun doute que la Chine doit s'inspirer des avantages de l'industrie 4.0 allemande, tels que l'automatisation de la production industrielle et l'utilisation intensive de nouveaux matériaux et de nouvelles sources d'énergie. Mais il est également indéniable que le modèle chinois comporte des aspects dont il est difficile de s'inspirer pour l'Europe et les États-Unis, car la Chine possède des villes très denses et des groupes de consommateurs jeunes, ainsi qu'un vaste réservoir de jeunes ingénieurs et de jeunes travailleurs et entrepreneurs très innovants et bien formés. Cela rend le développement de l'Internet chinois non seulement leader de la nouvelle ère économique, mais également extrêmement innovant à l'échelle mondiale.

À cet égard, les industries traditionnelles chinoises doivent être bien préparées à la réflexion. À court terme, nous pouvons directement observer que les entreprises de plateformes Internet, qui sont très recherchées par les investisseurs et ont un accès extrêmement facile au financement, peuvent utiliser l'importante quantité de liquidités qu'elles ont entre les mains pour acquérir et intégrer l'économie réelle traditionnelle – c'est la logique du capital, mais derrière elle se cache la logique de l'efficacité, c'est-à-dire que grâce à cette intégration, le problème de la surcapacité peut être largement résolu, la demande et l'offre peuvent être mieux adaptées, et la production et la distribution dans la société dans son ensemble peuvent être plus cohérentes. Il s'agit d'une nouvelle tendance qui permettra à l'économie chinoise d'être à la tête de l'économie mondiale à l'avenir. Les observateurs et les décideurs de l'économie chinoise devraient y accorder une grande attention. En fait, étant donné la forte base manufacturière de la Chine, une fois que les consommateurs et les producteurs seront totalement connectés à l'ère de l'internet, l'économie chinoise bénéficiera d'une toute nouvelle énergie pour sa croissance.

Le plus grand point fort d'« Internet + » devrait être de promouvoir la réforme

Dans les rues de Londres, les visiteurs remarquent souvent un phénomène étrange : la présence de motos munies de panneaux spéciaux sur les routes. Ces scooters sont équipés de vitres hautes sur lesquelles figure un plan de Londres. Vêtus de gilets orange spéciaux, les conducteurs s'arrêtent à chaque étape pour écrire sur le plan.

Que font-ils ?

En fait, ce sont les candidats à la qualification de chauffeur de taxi local qui se familiarisent avec le plan, les adresses et les rues de Londres. On dit que, l'examen pour les chauffeurs de taxi londoniens est réputé être l'un des plus rigoureux au monde et les candidats doivent généralement passer plusieurs épreuves. Ils doivent donc connaître chaque rue et même chaque magasin, et être capables de répondre rapidement sur la meilleure façon de se rendre d'un point A à un point B.

Pourquoi tant de gens veulent-ils obtenir une licence de taxi à Londres alors que c'est si difficile ?

En effet, une fois que vous êtes chauffeur de taxi à Londres, vous avez un emploi à vie. Bien que le coût des taxis à Londres soit très élevé et qu'il soit peu probable que le grand public les emprunte, les barrières à l'entrée des taxis locaux sont très élevées et les chauffeurs de taxi sont syndiqués, ce qui leur permet de gagner un bon revenu.

De quoi s'agit-il ? C'est l'illustration la plus intuitive d'un monopole.

Cependant, du point de vue du consommateur, il est clair que les chauffeurs de taxi londoniens sont certainement très professionnels, mais franchement, d'après mon expérience, ils peuvent parfois être assez grognons et il n'est pas facile de leur parler. Plus important encore, les taxis londoniens fournissent un service excessif, car la plupart des passagers d'aujourd'hui n'ont pas besoin de voyager dans un si grand taxi à Londres, ni que les chauffeurs de taxi connaissent chaque rue en détail. Dans le monde actuel de la navigation par satellite, tout cela est inutile, car les passagers ne veulent rien d'autre qu'un service de base pour se rendre de A à B en toute sécurité et confort. Apparemment, le prix demandé par les chauffeurs de taxi londoniens est trop élevé.

Cette situation perdure depuis de nombreuses années et tout le monde le sait, mais une fois qu'un monopole a été établi, il est très difficile de le briser.

Le secteur des taxis à Pékin, et ailleurs en Chine, est de nature similaire à celui de Londres, sauf que le gouvernement, et non les associations de taxis, a le monopole de l'offre de taxis. Les sociétés de taxi existantes, dont beaucoup sont indirectement détenues par des propriétaires individuels ou des autorités locales, contrôlent l'octroi des licences de ces taxis.

Le nombre de taxis à Pékin a à peine augmenté ces dernières années, ce qui a entraîné une grave pénurie de l'offre et une baisse de la qualité du service. Contrairement à Londres, la grande majorité des chauffeurs de taxi en Chine sont des travailleurs à temps partiel qui ne possèdent pas de taxis, paient une « part » mensuelle très élevée et sont contraints d'accepter un revenu réel plutôt faible. Il en résulte une offre insuffisante de taxis, des chauffeurs qui font des heures supplémentaires et un service de mauvaise qualité.

À long terme, les chauffeurs de taxi d'aujourd'hui travaillent au détriment de leur corps, et il est probable qu'ils souffriront de diverses maladies chroniques dans un avenir proche, pour lesquelles la société devra finalement payer. En d'autres termes, les bénéfices excessifs des compagnies de taxis se font partout au prix de services de faible qualité, d'une offre insuffisante et des coûts de santé à long terme des chauffeurs de taxis payés par la société. C'est clairement déraisonnable.

Internet est en train de changer tout cela. À Londres, Uber a déjà fait son apparition ; en Chine, des entreprises telles que Didi and Kuaidi, qui ont déjà fusionné, et Uber et d'autres entreprises ont pénétré le marché. Ce modèle économique, dans lequel les particuliers apportent leur propre voiture, les sociétés de taxi fournissent la plate-forme de base et les chauffeurs assurent un service personnalisé aux clients, a un impact considérable sur le secteur des taxis. La réforme du secteur des taxis, qui a fait l'objet de débats et de discussions pendant de nombreuses années, est finalement en train d'être résolue.

Que nous apprend cette affaire ?

Elle nous montre que la plateforme Internet, avec ses faibles coûts de transaction, une large participation sociale et l'égalité relative des participants, est une force puissante pour le progrès social, et qu'elle peut atteindre des résultats qui ont longtemps été inaccessibles avec des réformes de haut en bas ou de la société d'élite.

À l'heure actuelle, l'Internet + est utilisé comme un outil de transformation économique de la Chine, mais je tiens à souligner que l'Internet + doit devenir un outil puissant de réforme. L'Internet + est une guerre populaire qui brisera un à un les intérêts opposés à la réforme et créera finalement l'élan nécessaire à une réforme globale. En définitive, cette réforme fait écho aux réformes descendantes et jouera un rôle dans ce cycle de réformes qui ne peut être sous-estimé.

Il ne s'agit pas de « véhicules autonomes », mais de « conduite intelligente », et cela va bouleverser l'industrie automobile

Le 7 mars 2016, BMW a lancé les célébrations de son nouveau centenaire, puis est apparue l'œuvre emblématique de l'intelligence artificielle, AlphaGo, qui a battu la superstar coréenne du jeu de Go dans des parties successives, et Google, Apple et d'autres géants ont souligné le développement de véhicules autonomes. La grande question qui se pose sans cesse est la suivante : l'ère des véhicules autonomes est-elle arrivée ? Une nouvelle révolution se prépare-t-elle dans l'industrie automobile, vieille de plus d'un siècle ? Je m'intéresse depuis longtemps aux produits et à l'industrie automobiles, et j'aimerais vous faire part de mes réflexions à ce sujet.

Les véhicules autonomes sont encore loin d'être une réalité

Pourquoi ? Tout d'abord, il est important de comprendre que, par essence, le véhicule autonome est très différent de l'utilisation de l'intelligence artificielle pour créer des « maîtres » du jeu de Go et des échecs. L'essence des véhicules autonomes est un jeu entre l'intelligence artificielle et les humains sur la route, le but du jeu n'étant pas de « gagner » mais d'éviter les accidents de la circulation. Les règles du Go et des échecs sont beaucoup plus simples que le Code de la route. Le Code de la route ne compte que quelques dizaines de pages, pourtant sur la route, tout le monde ne respecte pas pleinement celui-ci et le Code de la route est en réalité très complexe.

Par exemple, nous voyons souvent des voitures qui ne respectent pas le Code de la route et doublent dans une file d'attente. Il va de soi que la partie lésée peut complètement écraser la voiture sans aucune responsabilité légale. Cependant, en raison du coût extrêmement élevé de la gestion des accidents, peu de gens le font, de sorte que lorsque quelqu'un double dans une file d'attente, la grande majorité des gens cèdent simplement le passage.

De plus, les conditions de circulation sont si variées qu'elles sont beaucoup plus complexes qu'une partie de Go. Par exemple, quand deux voitures se rencontrent dans une petite allée, un conducteur normal peut souvent juger rapidement et avec une grande précision qui cède le passage à qui, et la différence entre un bon et un mauvais conducteur dans ce jugement de base n'est pas très grande. Mais il n'est pas facile pour une machine de répondre à cette situation de manière flexible et naturelle.

Je peux imaginer que dans quelques années, il y aura des voitures autonomes sur les routes, mais elles seront longtemps impopulaires auprès de leurs propriétaires, et beaucoup de gens trouveront ces voitures « idiotes », et les voitures à conduite manuelle gagneront la partie. C'est ici une question de droit et le propriétaire d'une voiture autonome doit être très prudent afin d'éviter d'éventuels accidents, en particulier dans l'environnement routier chinois, où une voiture avec chauffeur tentera de se battre, obligeant finalement la voiture autonome à rouler prudemment, au grand dam du propriétaire.

L'ère de la conduite intelligente est arrivée

La conduite intelligente et la conduite sans conducteur sont des concepts différents, et la conduite intelligente est plus large. Il s'agit d'une technologie dans laquelle des machines aident les gens à conduire et, dans des cas exceptionnels, les remplacent complètement.

L'ère de la conduite intelligente est arrivée. Par exemple, de nombreux véhicules sont désormais équipés de dispositifs de freinage automatique. Le principe technique est très simple : des capteurs radar et infrarouges sont installés à l'avant de la voiture, qui aident automatiquement le conducteur à freiner lorsqu'un corps étranger ou un piéton est détecté devant lui. Une autre technologie très similaire est le régulateur de vitesse adaptatif sur les autoroutes dont l'état de la route est stable, c'est-à-dire qu'il maintient une distance avec le véhicule qui le précède, accélère lorsque le véhicule qui le précède accélère et décélère lorsque le véhicule qui le précède décélère. Cette conduite intelligente peut réduire considérablement le nombre d'accidents de la route et donc les pertes encourues par les compagnies d'assurance.

Je pense que l'un des mécanismes par lesquels la technologie de conduite intelligente se généralisera bientôt est que les primes des compagnies d'assurance diminueront avec l'avènement de la conduite intelligente, ce qui incitera les constructeurs et les acheteurs de voitures à produire et à acheter des voitures dotées de cette technologie. On dit qu'aux États-Unis, la technologie de freinage intelligent deviendra une caractéristique de base imposée par le gouvernement pour les futures voitures.

La conduite intelligente n'aide pas seulement à déplacer la voiture, mais surtout à la garer. Audi et BMW ont tous deux introduit des modèles qui peuvent se garer automatiquement dans les espaces. La nouvelle BMW Série 7 peut être garée automatiquement après que le conducteur est sorti, ce qui non seulement réduit les exigences en matière de compétences de stationnement du conducteur, mais permet également de se garer dans un espace très réduit, car il n'est pas nécessaire de tenir compte de l'espace disponible pour ouvrir la porte après le stationnement. Audi a également fait la démonstration d'un concept dans lequel la voiture trouve sa propre place lorsqu'elle arrive dans un centre commercial, un hôtel ou un domicile, puis se conduit elle-même jusqu'au propriétaire lorsqu'il en sort, réduisant ainsi considérablement le temps passé à chercher une place de stationnement.

Un autre facteur à prendre en considération en ce qui concerne la vitesse à laquelle la technologie de conduite intelligente est promue est qu'elle ne remplace pas la flexibilité et le plaisir des automobilistes. Dans de nombreux cas, le conducteur peut continuer à prendre plaisir à conduire tout en étant capable de prendre l'initiative dans les situations les plus complexes en se basant sur son propre jugement, plutôt que de s'en remettre aux machines ou à l'intelligence artificielle. Je suis convaincu que la grande majorité des nouveaux modèles qui seront lancés dans les cinq prochaines années seront équipés de fonctions de conduite intelligente.

La conduite intelligente va bouleverser l'industrie automobile. Qui dominera, les logiciels et le matériel ?

Maintenant que l'ère de la conduite intelligente est arrivée, l'industrie automobile connaîtra-t-elle des bouleversements ? Je pense qu'il y en aura.

Tout d'abord, l'ère de la conduite intelligente a donné une impulsion encore plus forte au développement de technologies générales.

Qu'est-ce que la technologie générale ? Par exemple, comme les conducteurs en ont fait l'expérience, la meilleure et la plus chère des navigations fabriquées en usine n'est pas aussi bonne qu'une navigation sur téléphone portable telle que

Baidu Map ou Gaode Map. La raison en est simple : Baidu et Gaode peuvent mettre à jour les cartes à tout moment, ils sont très faciles à consulter et proposent les meilleurs itinéraires en fonction de l'évolution des conditions de circulation. Cependant, la navigation embarquée a souvent des cartes obsolètes, une saisie compliquée et peu pratique, et il est difficile de tenir à jour des conditions de circulation.

Pourquoi en est-il ainsi ? Le nombre d'utilisateurs de Baidu Navigation et de Gaode Navigation se mesure en centaines de millions. Afin de conserver ces utilisateurs, Baidu et Gaode doivent continuer à se développer et leurs investissements en R & D sont insignifiants par rapport au nombre de consommateurs. À l'inverse, même les grands constructeurs automobiles tels que Toyota et Volkswagen ne comptent pas plus de 10 millions d'utilisateurs cumulés de la navigation, ce qui ne justifie pas un investissement important et soutenu dans la recherche et le développement, et rend très difficile la mise à jour des cartes et des interfaces.

Cet exemple nous indique qu'il y aura certainement deux camps majeurs dans l'industrie automobile à l'avenir. Un grand groupe d'entreprises est spécialisé dans la conduite intelligente et les interfaces d'interaction homme-véhicule. Ces entreprises sont les plus susceptibles d'émerger des sociétés Internet telles qu'Apple et Google, qui se concentrent sur la conception de logiciels généraux pour la conduite intelligente et de procédures et normes standards pour l'interaction homme-véhicule et la communication entre véhicules. Le plus intéressant est que ces sociétés finiront probablement par être intégrées dans une ou deux entreprises. Ces deux entreprises disposeront de leurs propres plateformes, tout comme Apple et Android aujourd'hui. Ce type de plate-forme permet aux voitures de communiquer entre elles, aux téléphones portables de communiquer avec les voitures et aux personnes de communiquer avec les voitures. Celui qui contrôle la plateforme contrôle en grande partie l'utilisateur et aussi le constructeur automobile.

L'autre grand camp est celui des constructeurs automobiles traditionnels qui produisent des véhicules automobiles en contact avec le sol et en contact physique direct avec les consommateurs. Leur avantage réside dans l'étude des moteurs, des batteries, des systèmes de transmission, des systèmes de contrôle ainsi que d'autres éléments physiques liés aux systèmes de confort physique associés aux véhicules. Il est très probable que le nombre de ces fabricants de véhicules diminuera également progressivement à l'avenir, car il existe beaucoup de technologies communes entre eux, ce qui entraîne une concurrence accrue. En effet, les composants des systèmes de freinage automatique et des régulateurs de vitesse sont désormais fabriqués en grand nombre par Bosch. Les constructeurs automobiles qui produisent le matériel devront à l'avenir se concentrer et se spécialiser davantage. Afin d'être plus concentré et professionnel, l'échelle des constructeurs automobiles devrait être plus grande et la polyvalence technique devrait être renforcée.

À l'avenir, ces deux camps existeront, et la clé sera de savoir qui dominera : Google et Apple qui produisent les logiciels, ou BMW et Mercedes qui produisent le matériel ? Ou existe-t-il une relation plus parallèle et réciproque entre les deux ?

J'ai tendance à penser que dans le futur, soit Google, Apple, ou d'autres domineront BMW et Mercedes-Benz, soit il s'agira d'une relation plus réciproque. Parce que Google et Apple sont si grands et ont tant d'argent, qu'ils peuvent se permettre de mener une longue guerre et de dépenser beaucoup de ressources financières. Si BMW, Mercedes-Benz et certains constructeurs automobiles chinois ne s'intègrent pas rapidement, ils seront dépassés par ces sociétés de logiciels l'un après l'autre. À l'avenir, les bénéfices du marché automobile seront davantage répartis entre les entreprises de logiciels, à l'instar de la domination actuelle de Bosch sur le marché de la production de matériel. Mais la réponse n'est pas encore claire, et dans cinq ans, nous pourrons peut-être y voir plus clair. La clé réside dans la mesure dans laquelle les constructeurs automobiles qui produisent du matériel pourront accélérer l'intégration.

La dernière question qui doit être posée est la suivante : quel est l'avenir des constructeurs automobiles chinois à l'ère de la conduite intelligente ? Selon moi, les constructeurs automobiles chinois doivent accélérer l'élimination des capacités de production obsolètes et la consolidation afin d'être en mesure de prendre leur place dans la concurrence plus intense, basée sur les plates-formes et à grande échelle de l'avenir.

Dans le même temps, j'invite également les sociétés internet chinoises telles que Baidu et Tencent à se joindre à la recherche et au développement de plateformes pour voitures intelligentes et à développer divers logiciels pour la conduite intelligente en fonction des conditions de circulation et des habitudes de conduite chinoises. Sinon, la Chine restera à la traîne du monde développé dans l'énorme industrie des logiciels pour voitures intelligentes – tout comme le marché des smartphones, qui est dominé par les plateformes développées par les deux grandes entreprises américaines, Apple et Android. La Chine ne doit pas répéter cette erreur.

Les institutions traditionnelles devraient adopter la finance sur Internet

Depuis 2013, la finance sur Internet a connu un véritable essor en Chine, les fonds monétaires sur Internet, représentés par Yu'E Bao (service de gestion de fonds lancé par Alipay), regroupant rapidement des centaines de milliards de CNY, détournant une part importante des dépôts bancaires, et suscitant ainsi des inquiétudes de l'ensemble de la société sur le secteur bancaire traditionnel. La question centrale qui se pose est la suivante : la finance sur Internet aura-t-elle un impact important sur les services financiers traditionnels ?

Ma réponse est que l'impact de la finance Internet raisonnablement réglementée sur le système financier traditionnel est limité. La finance sur Internet, qui utilise simplement les canaux Internet, a un impact sur les institutions financières traditionnelles, mais il est relativement limité, tandis que la finance par Internet, qui est structurée sur la base de transactions Internet, non seulement n'aura pas d'impact sur les institutions financières traditionnelles mais sera, au contraire, un complément utile, à condition qu'une réglementation raisonnable soit mise en place, notamment pour empêcher la collecte de fonds pour le public et le détournement malveillant de fonds au nom de la finance par Internet.

Deux types de financement sur Internet

Tout d'abord, il est nécessaire de clarifier les deux types de services financiers Internet actuels.

La première catégorie peut être appelée services financiers Internet non primaires. Il s'agit des services financiers basés sur l'Internet qui utilisent l'Internet comme un outil, mais qui servent essentiellement des activités économiques hors ligne et font partie des services financiers traditionnels. Yu'E Bao appartient à cette catégorie. Ce type de service financier ne s'écarte pas de l'activité financière traditionnelle, il utilise simplement l'Internet comme un moyen plus efficace d'échange d'informations pour élargir les canaux de communication et de vente de services financiers traditionnels.

Dans le cas de Yu'E Bao par exemple, il s'agit essentiellement d'utiliser Internet comme un canal de commercialisation pour collecter des fonds auprès des internautes et les restituer aux banques commerciales sous forme de dépôts contractuels. Ce processus accélère le transfert des fonds des déposants des banques vers les fonds monétaires, mais l'activité sous-jacente reste les dépôts bancaires, qui sont finalement investis dans l'économie réelle par le biais des prêts bancaires.

La deuxième catégorie peut être appelée finance internet primaire, c'est-à-dire la fourniture de services financiers pour des activités économiques sur internet. Par exemple, une grande partie de l'activité économique se déroule entre les boutiques en ligne et les acheteurs sur Taobao à la suite de transactions : commande, expédition, réception, paiement, évaluation, etc. Cette série de transactions a laissé une multitude de données sur l'internet, qui peuvent très efficacement refléter les caractéristiques comportementales de ceux qui participent aux transactions sur internet, telles que la solvabilité (capacité de crédit), les habitudes et les préférences de consommation. Ces données peuvent être utilisées pour fournir des services financiers à divers participants aux transactions en ligne, tels que des prêts aux vendeurs et des paiements échelonnés par carte de crédit aux acheteurs. Ce type de transaction est conforme au principe fondamental selon lequel la finance est au service de l'économie réelle et constitue une extension des services financiers traditionnels.

Impact limité de la finance internet non primaire

La première catégorie de services financiers Internet non primaires a un certain impact sur le secteur financier traditionnel, mais celui-ci est relativement limité.

Tout d'abord, ce type d'activité utilise Internet comme outil de distribution, ce qui renforce la position relative et le pouvoir de négociation des déposants individuels vis-à-vis des banques – car il permet de regrouper rapidement les fonds de déposants dispersés et de négocier avec les banques concernées par le biais de fonds Internet, obtenant ainsi des taux de dépôt plus élevés et réduisant les marges normales des banques. Ce processus n'a pas été essentiellement provoqué par Internet, mais plutôt par la rupture du monopole des banques commerciales traditionnelles.

Ce monopole permet aux banques commerciales traditionnelles de bénéficier de marges plus élevées et de réaliser des bénéfices excessifs. Même sans l'émergence de ce type d'activité financière sur Internet, avec l'émergence d'une série de nouvelles institutions financières dans la réforme financière chinoise et la poursuite de la commercialisation des taux d'intérêt, les écarts de taux d'intérêt des banques commerciales existantes diminueront progressivement.

Par conséquent, l'impact du modèle financier Internet non primaire sur les banques traditionnelles n'est pas essentiellement dû à Internet, mais à son rôle de nouvelle institution financière, qui brise les monopoles.

Cependant, il faut aussi voir que cet impact est limité. Comme les risques potentiels associés à des produits tels que les transferts de Yu'E Bao sont importants, une réglementation raisonnable réduirait sa compétitivité sur le marché. Sur Internet, la capacité de produits tels que le Yu'E Bao à rassembler de la richesse est très forte. C'est précisément cette forte capacité à rassembler de la richesse qui apporte également une très forte capacité à disperser la richesse, car une fois que la confiance des déposants dans Yu'E Bao diminue,une ruée sur ce produit peut se produire rapidement. Par conséquent, les fonds monétaires basés sur Internet tels que Yu'E Bao doivent être raisonnablement réglementés.

L'un des objectifs d'une réglementation raisonnable est de réduire la probabilité d'une ruée sur ces fonds, essentiellement en limitant la liquidité de ces fonds, la facilité de retrait et la nécessité pour ces fonds de disposer d'une réserve pour les dépôts plus élevée que celle des banques. Par conséquent, les taux d'intérêt offerts aux investisseurs dans des produits tels que Yu'E Bao continueront à baisser. À mesure que les fonds d'équilibre seront soumis au régime réglementaire normal, ils deviendront plus sûrs et leurs taux d'intérêt seront plus bas, ce qui réduira progressivement leur impact sur les banques traditionnelles.

Complémentarité de la finance Internet primaire et de la finance traditionnelle

Les entreprises de finance internet primaire sont basées sur des activités de transaction en ligne qui sont, dans une certaine mesure, une extension de l'économie réelle et peuvent donc être considérées comme une extension, plutôt qu'un remplacement, de la finance traditionnelle. Plus important encore, les transactions sur internet sont uniques en ce sens qu'une grande quantité d'informations sur les transactions peut être facilement collectée et analysée par les institutions financières sur internet en utilisant une approche big data, améliorant ainsi la précision et l'efficacité des opérations financières.

Les activités financières primaires de l'Internet ne sont pas initialement couvertes ou accessibles par les institutions financières traditionnelles et, par conséquent, cette finance de l'Internet ne peut pas essentiellement remplacer les activités financières traditionnelles et n'affecte pas les transactions financières traditionnelles. Plus précisément, les transactions financières traditionnelles se concentrent généralement sur l'octroi de prêts à de gros clients, notamment des entreprises, ce qui doit se faire hors ligne et en face-à-face. L'analyse directe des données des gros clients ne peut remplacer la communication en face-à-face des besoins et la recherche réelle.

En théorie, les services financiers primaires sur Internet utilisent des données brutes, c'est-à-dire un large éventail d'informations sur les parties à une transaction qui peuvent être converties en code informatique ; les services financiers traditionnels ont tendance à exiger des informations générales, notamment les impressions subjectives des financiers qui rencontrent les parties à une transaction, ce qui est l'âme des transactions traditionnelles.

Comme une partie de l'économie réelle se déplace des transactions hors ligne vers les transactions en ligne, il y aura également un déplacement des services financiers traditionnels vers la finance primaire sur Internet, mais ce déplacement devrait être plus progressif plutôt qu'un changement rapide comme le transfert de solde qui a attiré une grande quantité de fonds des banques dans une courte période de temps. Les institutions financières traditionnelles ont largement le temps d'apprendre et de changer, et d'étendre leur espace commercial à l'ère de l'Internet.

Les institutions financières traditionnelles devraient adopter la finance sur Internet

L'Internet apparaît comme une nouvelle vague de développement financier et nous devons analyser la nature et le type d'activité. À court terme, si les activités financières telles que Yu'Er Bao, qui utilisent les capacités de distribution de l'internet, ont un impact certain mais gérable sur le secteur financier traditionnel, ce sont les activités financières primaires de l'internet basées sur des activités économiques en ligne réelles qui sont les plus souhaitables. Ce type d'activité financière élargira considérablement la portée du secteur financier traditionnel et impliquera une expansion de l'ensemble du secteur financier en réponse à l'évolution des temps, plutôt qu'une simple fragmentation des domaines d'activité financière traditionnels. Il faut s'attendre à ce que la finance sur Internet devienne un point d'entrée important pour la transformation économique et le développement financier de la Chine.

En particulier, il est important de noter que la finance sur Internet nécessite un régime de réglementation et de protection spécial. D'une part, Internet diffuse les informations extrêmement rapidement, ce qui signifie que si de mauvaises attentes concernant la finance sur Internet se forment, elles peuvent facilement se propager en ligne et provoquer des chocs excessifs, entraînant un retrait panique et des risques plus importants pour les investisseurs. D'autre part, il est également nécessaire d'assurer une bonne protection des investisseurs, car le nombre d'épargnants en Chine est énorme et beaucoup de petits épargnants sont moins conscients de l'autoprotection. Les autorités de réglementation doivent donc se prémunir contre la fraude financière au nom de la finance sur Internet, et la protection des investisseurs à l'ère d'Internet est particulièrement importante.

Trois questions sur Facebook Libra[1] : ange ou démon à l'ère de la mondialisation ?

Facebook a publié un livre blanc en juin 2019 prétendant créer un nouveau type de cryptomonnaie et une association pour la gérer : Libra et l'Association Libra.

Étant donné que Facebook est un géant des médias sociaux comptant plus de 2 milliards d'utilisateurs, l'impact de l'introduction de Libra sur le système monétaire actuel a rapidement suscité de nombreux débats dans la communauté financière mondiale et même parmi les banques centrales. Que faut-il penser de ce projet ambitieux et comment y répondre ? Commençons par comprendre cette nouvelle chose.

Libra hors du commun

D'après les informations accessibles au public, il semble que Libra est très différente des monnaies numériques existantes. Plus précisément, elle présente trois caractéristiques fondamentales.

Tout d'abord, sa valeur est rattachée à un panier de devises, ce qui élimine la crainte de nombreux investisseurs et négociants qui hésitent à l'utiliser par peur que sa valeur fluctue excessivement et ne déclenche de spéculation. À cet égard, Libra diffère des autres monnaies numériques, qui, générées sous une forme ou une autre (par exemple, par l'exploitation minière), sont émises en quantités limitées et ont, en fait, évolué vers des produits de spéculation financière plutôt que vers de l'argent liquide.

---

1. NdT : Projet de cryptomonnaie stable (*stablecoin*) initié par Facebook rejoint, à l'origine, par un consortium de 28 entreprises et ONG

Deuxièmement, Libra rend les transactions transfrontalières sûres et prati-ques grâce à un ensemble de solutions techniques. L'un des principaux objectifs de Libra est de remédier aux difficultés des transactions transfrontalières, qui sont actuellement extrêmement complexes, impliquant la conversion de devises et les systèmes de compensation des paiements interbancaires, avec des coûts élevés en termes de temps et d'économie, et sont également affectées par des facteurs géopolitiques. Les ennuis de la Russie, de l'Iran et même de Huawei avec le gouvernement américain sont tous liés à cette question, ce qui est une source constante de controverse au niveau international.

Troisièmement, Libra Coin a un conseil d'administration responsable de la gestion. Ce conseil d'administration est ouvert. Pour devenir membre du conseil d'administration, vous devez faire un investissement initial d'au moins 10 millions de USD en argent réel (pour acheter des jetons Libra) et recevoir une voix par tranche de 10 millions de USD.

Trois questions sur Libra

Pour Libra, nous devons nous poser trois questions fondamentales.

Tout d'abord, quelle est la nature de Libra ?

Il s'agit essentiellement de la même chose qu'Alipay et WeChat Pay, sauf que pour Alipay et WeChat Pay, le paiement par crédit est directement indexé sur le CNY. Un CNY correspond à un CNY dans WeChat et Alipay, tandis que la valeur monétaire de Libra est indexée sur un panier de devises. C'est également ce qui a motivé Facebook à créer Libra. Alors que Facebook ne s'était pas encore aventuré dans l'espace des paiements, il a vu Alipay et WeChat Pay prendre leur envol, alors bien sûr, cela a aussi donné des idées à Facebook.

La principale différence entre Libra et Alipay et WeChat Pay est que Libra a le statut d'une monnaie indépendante, qui ne correspond à aucune monnaie souveraine, mais est rattachée à un panier de monnaies souveraines, alors qu'Alipay et WeChat sont directement rattachés au RMB. En outre, Facebook a créé l'association Libra, qui est apparemment très ouverte et transparente, mais en fait, sa conception à seuil élevé est soupçonnée d'être une machine à gagner de l'argent.

Deuxièmement, Libra est-elle un ange ?

Comme Facebook a affirmé à plusieurs reprises qu'il « génère passivement de l'argent » et « base ses valeurs monétaires sur celles des principales devises mondiales », ses actions n'ont jusqu'à présent pas provoqué l'hostilité des banques centrales.

À l'avenir, il existe deux types de domaines dans lesquels Libra sont les plus susceptibles de réussir. La première catégorie concerne les pays à l'économie fragile, où les gens ne font pas confiance à leur propre monnaie et préfèrent utiliser Libra pour fixer les prix et économiser, et où Libra a le potentiel de devenir la monnaie des transactions quotidiennes. Dans des circonstances normales, cela est propice au développement économique des pays concernés.

En revanche, dans les pays économiquement développés, comme ceux de l'Union européenne et les États-Unis, il est peu probable que Libra remplace complètement les monnaies nationales. La raison en est très simple, car les transactions des gens se font principalement dans leur propre pays, et leurs achats, repas, locations, etc. sont tous libellés dans leur propre monnaie, ce qui est une règle de base de la banque centrale de la région. Si vous faites du commerce dans une monnaie qui ne correspond pas à la monnaie locale, vous créerez de nombreux problèmes pour les consommateurs et les fabricants, qui doivent toujours se préoccuper du taux de change entre la monnaie locale et Libra.

Les transactions transfrontalières sont un autre domaine dans lequel Libra peut réussir. À l'heure actuelle, les transactions transfrontalières sont extrêmement complexes. Libra a trouvé une percée dans ce problème grâce à sa technologie et à la facilité d'accès à l'internet. C'est pourquoi de nombreuses sociétés financières ont pris les devants et ont demandé à rejoindre l'Association Libra. Libra devrait être un outil puissant pour promouvoir la mondialisation économique et financière.

Troisièmement, Libra se changera-t-elle en démon ?

Dans une situation d'urgence, la gestion de Libra est susceptible de devenir une question géopolitique extrêmement complexe. Dans certains cas particuliers, certains pays puissants sont susceptibles de forcer Facebook à intervenir dans les transactions dans d'autres pays, voire à geler et confisquer certains comptes Libra dans ce pays. Si Facebook n'a jusqu'à présent contrôlé que l'opinion publique, avec l'outil Libra, il pourrait paralyser l'économie et même faire tomber le régime de tout pays qui l'utiliserait beaucoup.

Une autre préoccupation concernant Libra est que, comme de plus en plus de sociétés financières commencent à négocier en Libra, de nombreux actifs financiers seront libellés en Libra. Il est concevable qu'en cas de futures fluctuations majeures dans les systèmes économiques et financiers mondiaux, les principaux gouvernements du monde demanderont à l'Association Libra d'ajuster les règles spécifiques régissant le mouvement et le commerce de Libra afin d'élargir ou de réduire leur offre de devises. À ce moment-là, le conseil d'administration de Libra deviendra en fait une super banque centrale et Libra deviendra vraiment une monnaie indépendante avec sa propre politique monétaire indépendante, ce qui est complètement différent de la situation du HKD. Les banques centrales des pays doivent être conscientes de cette perspective.

Si le conseil d'administration de Libra devenait en fait une super banque centrale, et que Libra devenait une monnaie véritablement indépendante, qui gouvernerait sa politique monétaire ? Quels seraient les objectifs de sa politique monétaire ? La situation économique de quel pays ou région servirait de référence ? Quels seraient les intérêts économiques du pays ou de la région qui en pâtiraient ? Il s'agit de questions de politique internationale diaboliquement complexes.

Comment la Chine traite les monnaies ultra-souveraines ?

Sur la base de l'analyse ci-dessus, quelle devrait être l'attitude de la Chine et des autres pays émergents à l'égard de Libra ?

Tout d'abord, la Chine et les autres grands pays en développement doivent adhérer au principe selon lequel leurs propres transactions ne peuvent utiliser Libra. Même dans les pays comptant un grand nombre d'utilisateurs de Facebook, il est nécessaire que le gouvernement exige que toutes les transactions et évaluations dans le pays soient effectuées dans la monnaie locale, ce qui limite la portée de l'utilisation de Libra par ses résidents et contrôle la portée et la profondeur de sa popularité.

Deuxièmement, il faudrait que ces États souverains déclarent à l'avance qu'ils peuvent restreindre les transactions transfrontalières de Libra en cas d'urgence, afin d'éviter une fuite massive des capitaux et une crise économique.

Troisièmement, pour un pays aussi vaste que la Chine, il est important d'envisager l'adhésion de ses principales entreprises à l'Association Libra. Après tout, Libra a le potentiel de devenir une monnaie internationale majeure à l'avenir, et plutôt que de la rejeter, nous devrions la rejoindre et participer à son élaboration. En un sens, Libra pourrait évoluer vers une nouvelle monnaie comme les droits de tirage spéciaux (DTS) que le FMI souhaite depuis longtemps mettre en place, et puisque la Chine est active au sein du FMI et de son DTS, pourquoi ne pas participer à l'Association Libra de Facebook ? L'essence est la même.

Quatrièmement, des pays comme la Chine, qui disposent de super plateformes sociales et de plateformes de commerce électronique, devraient encourager leurs plateformes de commerce électronique et leurs plateformes sociales à s'internationaliser et à mettre en œuvre leurs propres outils de paiement en ligne à l'échelle internationale, renforçant ainsi l'influence des monnaies locales dans les transactions internationales. Ce n'est que lorsque la monnaie locale sera forte qu'elle sera en meilleure position pour participer à l'émission des futures monnaies internationales.

Pour un grand pays comme la Chine, il convient de reconnaître clairement que, quel que soit le degré d'internationalisation du RMB, il s'agit également d'une monnaie souveraine et que le monde produira certainement une monnaie super souveraine à l'avenir. Ce type de monnaie super souveraine n'est pas nécessairement créée par des entreprises chinoises locales : en fait, en raison des limites d'Internet et des transactions transfrontalières, il est peu probable qu'une telle monnaie super-souveraine soit créée par des institutions financières et des entreprises chinoises. Dans le processus de promotion de l'internationalisation de leurs propres monnaies, les grands pays tels que la Chine devraient également participer activement au fonctionnement et à la gestion de cette monnaie super-souveraine. C'est probablement une façon positive et pratique d'y faire face.

4. Pratique de la réforme et pensée économique chinoise

Résumé de l'économie de 40 ans de réforme et d'ouverture

Les 40 années de réforme et d'ouverture de la Chine ont produit la plus forte croissance économique de l'histoire de l'humanité. Au cours des 40 dernières années, l'économie chinoise a connu une croissance rapide, son produit intérieur brut (PIB, en termes de parité de pouvoir d'achat) passant de 4,9 % à 18,2 % du PIB mondial. À titre de comparaison, au cours des 40 années qui ont suivi la révolution industrielle, la part du PIB de la Grande-Bretagne dans l'économie mondiale est passée de 3,8 % à 5,9 % ; au cours des 40 années qui ont suivi la guerre civile aux États-Unis, la part du PIB est passée de 7,9 % à 17,3 % ; au cours des 40 années qui ont suivi la restauration Meiji au Japon, elle est passée de 2,3 % à 2,6 % ; au cours des 40 années qui ont suivi la Seconde Guerre mondiale, elle est passée de 3,3 % à 8,9 % ; au cours des 40 années de croissance rapide (1960-2000) des « quatre dragons asiatiques » (Corée, Singapour, Hong Kong (Chine) et Taïwan (Chine)), leur part du PIB est passée de 0,7 % à 3,5 %. En termes de volume, la Chine a connu la plus grande croissance économique de l'histoire humaine au cours des 40 dernières années.

Du point de vue de la Chine elle-même, les 40 dernières années ont été encore plus significatives. Selon nos recherches[1], la part du PIB de la Chine dans

---

1. Broadberry, S., Guan, H., & Li, D., China, Europe, and the Great Divergence: A Study in Historical National Accounting, 980–1850, *The Journal of Economic History*, Vol.78, No. 4 (2018), pp. 955–1000.

l'économie mondiale a atteint un sommet en 1600 (à 34,6 %) et a diminué depuis. Après 1820, alors que d'autres pays commençaient à s'industrialiser, la part du PIB de la Chine dans l'économie mondiale a commencé à diminuer à un rythme accéléré, pour atteindre seulement 4,9 % de l'économie mondiale au début de la réforme et de l'ouverture (1978). Pourtant, 40 ans plus tard, la part de la Chine dans l'économie mondiale est remontée à 18,2 %. En termes économiques, les 40 dernières années ont en effet constitué la première renaissance de la Chine depuis plus de 400 ans.

Pourquoi résumer 40 ans de réforme et d'ouverture au niveau économique ?

Pourquoi est-il nécessaire de dresser un bilan économique basé sur les 40 ans de réforme et d'ouverture de la Chine, alors que 40 ans est une courte période dans l'histoire de l'humanité, malgré les remarquables réalisations du monde en matière de développement ? La première raison est le développement de la Chine elle-même. Depuis la réforme et l'ouverture, la Chine a fait beaucoup de choses bien et a atteint la plus grande croissance économique de son histoire, mais les objectifs de la réforme n'ont pas encore été pleinement réalisés et de nombreux domaines doivent encore être réformés. Par conséquent, pour les économistes chinois, il est extrêmement important d'étudier et de résumer la réforme et l'ouverture du point de vue de l'économie. En outre, les économistes étrangers devraient également prêter attention à l'économie chinoise, car la Chine est devenue la deuxième plus grande économie du monde et a contribué à la plus grande croissance économique de l'histoire. La théorie économique doit expliquer cet important phénomène économique.

La deuxième raison est que, par rapport aux 40 autres années d'histoire, la croissance économique de la Chine depuis la réforme et l'ouverture a été si unique que nous devons en tirer des conclusions sur l'économie. L'une des plus notables est que le point de départ de la réforme était une économie publique fortement intégrée. Partant d'une gestion hautement unifiée de l'économie planifiée, la Chine a tenté d'ajuster la relation entre le gouvernement et l'économie. Le caractère unique de ce processus se passe de commentaires. Si l'on considère l'histoire de l'exploration humaine, il est facile de constater que de nombreuses percées théoriques ont été le résultat d'« exceptions accidentelles » qui, bien que révélant des principes universels, n'étaient pas la norme ou le lieu commun dans le contexte de l'époque. Ce sont, par exemple, des expériences d'origine accidentelle qui ont permis à l'humanité de découvrir la radioactivité, d'inventer la pénicilline pour soigner les maladies et de vulcaniser le caoutchouc pour fabriquer des pneus de voiture. C'est dans cette importante « expérience économique » des 40 années de réforme et d'ouverture de la Chine que les économistes peuvent le plus facilement tirer des conclusions précieuses et éclairantes dans le domaine des relations entre le gouvernement et l'économie. Dans le même temps, ces conclusions seront d'une pertinence générale et s'appliqueront au développement d'autres économies.

La troisième raison de faire le bilan des 40 ans de réforme et d'ouverture au niveau économique est l'intérêt de nombreuses économies émergentes pour l'expérience du développement rapide de la Chine. Les dirigeants et les citoyens de nombreux pays du monde tentent de tirer les leçons de l'expérience chinoise et d'élaborer des politiques et des dispositions institutionnelles qui soient universellement pertinentes et reproductibles. Il est vrai que la Chine possède un certain nombre de traits politiques et économiques distinctifs qui peuvent être difficiles à reproduire dans d'autres pays, mais l'expérience de la Chine peut certainement permettre de tirer des leçons d'importance générale qui peuvent être apprises et appliquées par d'autres pays.

Comment résumer les 40 ans de réforme et d'ouverture d'un point de vue économique ?

De nombreuses études ont proposé des explications à la croissance économique rapide de la Chine depuis la réforme et l'ouverture. Au niveau le plus macro, la déclaration du camarade Deng Xiaoping visant à « libérer l'esprit et à rechercher la vérité à partir des faits » est sans aucun doute louable. En d'autres termes, les systèmes et les politiques les plus propices au développement doivent être testés, mis en pratique et explorés, et non conçus de manière subjective à partir d'un livre. Il ne fait aucun doute que c'est l'une des expériences les plus importantes de la réforme économique de la Chine.

La deuxième perspective pour comprendre le décollage économique de la Chine est de l'analyser à partir des principes classiques de l'économie. Ces connaissances de bon sens en économie ont en effet joué un rôle énorme, et cela ne fait aucun doute. Par exemple, le succès de la Chine est inextricablement lié à l'importance qu'elle accorde à l'éducation. Avant même sa réforme et son ouverture, elle a encouragé l'égalité d'accès à l'éducation de base pour les filles et les garçons. Elle s'est concentrée sur la protection des droits de propriété et a encouragé les réformes de la propriété dans de nombreuses entreprises publiques et collectives, et elle a exploité son avantage comparatif grâce au commerce international. Ces analyses sont justifiées et les réalisations de la Chine dans ces domaines sont mondialement reconnues.

La troisième façon de comprendre le décollage économique de la Chine est de l'analyser sous l'angle des facteurs institutionnels particuliers de la Chine. Par exemple, certaines théories révèlent pourquoi les réformes progressives ont été couronnées de succès en Chine[2]. De nombreuses études ont fait valoir que la réforme en Chine est décentralisée dans l'unité relativement indépendante de la « province », de sorte que les gouvernements locaux peuvent mener des expériences différenciées avec des incitations appropriées. En s'inspirant de ces expériences lancées par les collectivités locales, le gouvernement central peut identifier les mesures les plus efficaces et les reproduire. En Union soviétique, en revanche, les régions étaient spécialisées dans un petit nombre de produits et étaient gérées verticalement depuis le centre, ce qui rendait difficile l'avancement des expériences de réforme décentralisées. D'autres études ont fait valoir, dans le contexte du système politique chinois, que le Parti communiste chinois n'est contrôlé par aucun groupe d'intérêt et que le parti au pouvoir est donc neutre dans ses décisions, et que ce « gouvernement neutre » contribue à la croissance économique soutenue de la Chine[3]. Toutes ces analyses fournissent des outils analytiques puissants pour comprendre le système institutionnel particulier de la Chine.

Par rapport à ces études existantes, notre étude adopte une perspective différente. Nous avons tenté de répondre aux questions suivantes : pouvons-nous

---

2. A Maskin, E., & Xu, C., Soft Budget Constraint Theories: From Centralization to the Market, *Economics of Transition*, Vol. 9, No.1 (2001), pp. 1–27.

Lau, L. J., Qian, Y., & Roland, G., Reform without Losers: An Interpretation of China's Dual-track Approach to Transition, *Journal of Political Economy*, Vol. 108, No.1 (2000), pp. 120–143.

Bai, C. E., Li, D. D., Tao, Z., & Wang, Y., A Multi-Task Theory of the State Enterprise Reform, *Journal of Comparative Economics*, Vol. 28, No.4 (December, 2000), pp. 716–738.

Li, D. D., Changing Incentives of the Chinese Bureaucracy, *The American Economic Review*, Vol. 88, No. 2(1998), pp. 393–397.

Qian, Y., & Xu, C., Why China's Economic Reforms Differ: The M-form Hierarchy and Entry/Expansion of the Non-State Sector, *Economics of Transition*, Vol. 1, No. 2(1993), pp. 135–170.

Berglöf, E., & Roland, G., Soft budget Constraints and Credit Crunches in Financial Transition, *European Economic Review*, Vol. 41, No. 3-5 (1997), pp. 807–817.

3. A Yao, Y., Neutral Government: An Explanation of the Success of China's Transitional Economy, *Economic Review*, Vol. 3 (2009), pp. 5–13.

extraire de la réforme et de l'ouverture de la Chine certains principes économiques universellement pertinents et précédemment négligés qui peuvent être inscrits dans les manuels scolaires ? Pouvons-nous extraire de la croissance économique rapide de la Chine des principes de pertinence générale qui ont été développés dans d'autres économies ? Par exemple, la révolution industrielle britannique, la croissance des États-Unis après la guerre civile et le décollage de l'économie japonaise ont-ils également joué un rôle que nous avons négligé ? Ces principes économiques fournissent-ils des recommandations politiques qui peuvent être apprises et reproduites par d'autres pays ?

À cette fin, l'auteur a créé une équipe de recherche spéciale et a mené une étude systématique sur une période de neuf mois. Le groupe de recherche s'est rendu sur le terrain et est allé en première ligne pour obtenir des informations de première main. Par exemple, le groupe de recherche est allé au Jiangsu et au Liaoning pour faire des recherches sur le terrain. Le Jiangsu est la province dont le PIB par habitant est le plus élevé et dont le PIB total est le deuxième plus élevé de Chine. Le groupe de recherche a étudié deux villes de la province du Jiangsu, la ville de Jingjiang au nord du fleuve Yangtsé et la ville de Jiangyin au sud du fleuve Yangtsé (la partie sud du Jiangsu a toujours été l'une des régions les plus dynamiques et les plus actives sur le plan économique pour les entreprises). Le groupe de recherche a également étudié la ville de Shenyang, dans la province du Liaoning. Shenyang est connu comme le « Détroit » de la Chine et a souffert de la « douleur de la transformation » dans le processus d'ouverture au monde extérieur. La ville de Shenyang était autrefois le centre industriel de la Chine, recevant la majeure partie de l'aide industrielle soviétique dans les années 1950. À son apogée, la ville comptait plus de 1 400 entreprises d'État, mais il en reste seulement 26 aujourd'hui. Outre les recherches sur le terrain, l'équipe a également rencontré les dirigeants anciens et actuels de plus de 10 ministères et commissions, notamment de la Commission nationale du développement et de la réforme, du ministère des Finances, de la Banque centrale, du ministère des Ressources naturelles, du ministère du Logement et du développement urbain et rural, de la Commission de réglementation des valeurs mobilières, de l'ancienne Commission de réglementation bancaire et de l'ancien ministère de l'Industrie du charbon. Ils sont des témoins directs de la réforme et de l'ouverture, et ils nous ont fourni des informations utiles sur le processus de prise de décision spécifique. Le groupe de recherche a également examiné un grand nombre d'articles universitaires et de documents gouvernementaux, ainsi que des discussions pertinentes de dirigeants nationaux, telles que *Œuvres complètes de Deng Xiaoping*, *Œuvres complètes de*

Chen Yun, Écrits choisis de Jiang Zemin, Discours de Zhu Rongji et une série de discours importants du Secrétaire général Xi Jinping.

Deux points en particulier doivent être clarifiés. Premièrement, nous ne pensons pas que la réforme et l'ouverture de la Chine aient été parfaites et réussies dans tous les aspects. En fait, le système économique chinois a besoin de nouvelles réformes dans de nombreux domaines. Au cours du processus de réforme et d'ouverture, certaines mesures politiques n'étaient pas tout à fait raisonnables. L'un des objectifs de notre recherche est de discuter du succès de la réforme et de l'ouverture de la Chine et de la nécessité d'apporter de nouvelles améliorations. Deuxièmement, nous espérons explorer les principes économiques généraux qui sous-tendent la réforme et l'ouverture de la Chine sur la base de la théorie de l'économie et des pratiques spécifiques dans le domaine économique.

Résumé de l'économie de 40 ans de réforme et d'ouverture

Si l'on considère les 40 années de réforme et d'ouverture de la Chine, nous pensons que nous pouvons tirer les cinq leçons suivantes au niveau économique.

Le premier enseignement est que la croissance économique passe par la création et le développement de nouvelles entreprises, ce qui nécessite des marchés bien développés et un bon environnement commercial. Cependant, dans la réalité, le marché n'est pas parfait et cela nécessite que les gouvernements locaux aident les entreprises à résoudre leurs problèmes de croissance par des incitations appropriées. Les autorités chinoises de tous les niveaux, en particulier les autorités locales, ont joué un rôle important dans le développement et la croissance des nouvelles entreprises, notamment des entreprises privées, en les aidant à résoudre des problèmes pratiques en termes de coordination des terrains, de la main-d'œuvre et des transports, et en guidant le développement des industries en amont et en aval de manière synergique. Même aux États-Unis, les nouvelles entreprises peuvent rencontrer des problèmes dont la résolution nécessite l'aide du gouvernement. Par exemple, certaines entreprises ont besoin de faire venir une main-d'œuvre hautement qualifiée, ce qui oblige les collectivités locales à assouplir leurs politiques d'immigration ; un autre exemple, le coût élevé du logement dans la Silicon Valley augmente le coût de la main-d'œuvre pour les entreprises, ce qui oblige également les collectivités locales à contribuer à résoudre le problème. L'expérience de la réforme et de l'ouverture de la Chine nous a montré que les incitations des autorités locales à aider les entreprises sont extrêmement importantes pour leur entrée et leur développement, et que ces incitations sont tant politiques qu'économiques. Bien sûr, il arrive que les collectivités locales prennent des décisions irrationnelles lorsqu'elles aident à créer et à développer des entreprises, et il est donc nécessaire de mettre en place un système de contraintes pour réglementer le comportement des collectivités locales. Pour l'avenir, le gouvernement devrait continuer à promouvoir la création et le développement de nouvelles entreprises en réduisant davantage les obstacles au marché et en améliorant continuellement l'environnement commercial.

Le deuxième enseignement est que la conversion rapide des terres est la clé de la croissance économique, ce que l'économie contemporaine dans son ensemble a négligé. Le terrain pour une activité économique peut déjà être occupé à d'autres fins, il est donc crucial que les droits d'utilisation du sol soient transférés d'un acteur économique à un autre. Et ce processus est généralement très coûteux, car le coût de transaction de la négociation Coase[4] lui-même est élevé. En Chine, les autorités locales ont la motivation et le pouvoir d'accélérer ce processus de conversion des terres. Le processus de conversion de la plupart des terres destinées au développement économique d'un usage agricole à un usage non agricole est négocié par les autorités locales, et les parcs industriels aussi bien que les promoteurs immobiliers reçoivent les droits d'utilisation des terres directement de celles-ci : soit par le biais de ventes aux enchères pour développer des projets résidentiels, soit par le gouvernement qui subventionne directement les terrains aux entreprises industrielles en accordant un prix bas. La conversion rapide des terres est également essentielle pour accélérer l'entrée des entreprises.

Le troisième enseignement est que l'approfondissement financier et la stabilité financière jouent un rôle clé dans la croissance économique. Dans ce contexte, l'approfondissement financier signifie que les résidents détiennent activement de plus en plus d'actifs financiers et que les actifs financiers croissent plus rapidement que l'économie. L'approfondissement financier est essentiel à la croissance économique réelle, car il favorise la transformation de l'épargne des résidents en investissement dans l'économie réelle à travers le système financier. Sinon, les résidents disposant de fonds excédentaires doivent créer leur propre entreprise ou trouver individuellement des projets d'investissement appropriés, ce qui entraîne

---

4. NdT : Le théorème de Coase est un théorème économique, énoncé dans un premier temps par George Stigler (1966) qui comporte deux thèses, la thèse de l'efficience : si les coûts de transaction sont nuls et si les droits de propriété sont bien définis, des individus impliqués dans une externalité négocieront de façon à obtenir une allocation efficace des ressources ; la thèse de l'invariance : l'affectation des ressources sera identique quelle que soit la répartition des droits de propriété.

une rotation lente et une utilisation inefficace des fonds. Un indicateur qui reflète l'ampleur de l'approfondissement financier est le rapport entre le total des actifs financiers et le PIB. Selon nos calculs, en 2018, les actifs financiers totaux de la Chine étaient déjà proches de 4 fois le PIB, contre environ 0,6 fois en 1978. La condition préalable à l'approfondissement financier est la stabilité financière, sans laquelle les citoyens réduiront leurs avoirs en actifs financiers, voire se « rueront » sur les banques et autres institutions financières. Pour que l'approfondissement financier serve l'économie nationale, il est également nécessaire qu'il soit basé sur la monnaie nationale. L'approfondissement financier basé sur la monnaie locale permettra, d'une part, aux entreprises nationales de s'appuyer sur la dette intérieure plutôt que sur la dette extérieure, évitant ainsi les crises de la dette extérieure et, d'autre part, la fuite des capitaux. Afin de maintenir la stabilité financière, le gouvernement central doit s'attaquer activement aux risques financiers, notamment ceux liés au système bancaire.

Le quatrième enseignement est que le rôle le plus fondamental de l'ouverture est d'apprendre, plutôt que de simplement exploiter les avantages comparatifs ou de profiter des capitaux et des technologies étrangères. L'ouverture oblige les agents économiques à s'inspirer des connaissances, des systèmes et des idées les plus avancés au niveau international et à les mettre en pratique dans leur propre pays, ce qui est la clé pour favoriser la croissance endogène et transformer et moderniser progressivement l'économie. Pour parvenir à un développement économique durable, tous les acteurs économiques, y compris les entrepreneurs, les travailleurs et les fonctionnaires, doivent apprendre, et l'ouverture est le moyen le plus efficace d'y parvenir. Il est vrai que l'ouverture est en effet propice au développement des avantages comparatifs, mais elle ne suffit pas pour faire pleinement jouer ceux-ci. Dans le cas de la Chine, il existe de nombreux exemples d'ouverture aux économies développées qui ont permis à ses acteurs économiques d'apprendre de nouveaux modèles commerciaux, d'acquérir des compétences en matière de gestion, d'apprendre à ouvrir de nouveaux marchés et à se développer et croître progressivement. Cependant, l'ouverture s'accompagne de chocs et de risques, et les acteurs économiques devront faire face aux chocs externes à un coût considérable et au prix de grands efforts. À ce stade, le gouvernement devrait jouer un rôle en aidant les travailleurs, les entrepreneurs et autres micro-entités à faire face aux effets négatifs de la libéralisation. Les entrepreneurs, les travailleurs et les responsables gouvernementaux chinois ont travaillé ensemble pour désamorcer ces chocs. Dans ce processus, le gouvernement central et les autorités locales ont fait de gros efforts : d'une part, ils ont assuré une sécurité sociale de base aux travailleurs licenciés dans les industries touchées et ont encouragé leur réemploi ; d'autre part, ils ont activement attiré les investissements et stimulé l'économie locale grâce à l'implantation de grandes entreprises et de projets. De ce point de vue, le processus de l'ouverture doit également être géré avec soin.

Le cinquième enseignement est que le gouvernement central devrait réglementer activement la macroéconomie. La croissance économique, en particulier la croissance rapide, s'accompagne inévitablement de chocs macroéconomiques, qui se traduisent par des périodes de chaleur et de froid. Dans le cas de la Chine, lorsque la macroéconomie est dans un cycle ascendant, il y a une concurrence féroce et des jeux entre les entreprises, dont la plupart sont désireuses d'étendre leur échelle de production pour profiter du jeu, croyant qu'elles peuvent réussir si elles peuvent augmenter leur part de marché et obtenir une position de leader. Inversement, si une entreprise ne parvient pas à atteindre une position de leader, elle subira des pertes importantes. Compte tenu des rendements élevés attendus, il est logique que les micro-entités étendent leur production grâce au « jeu du premier arrivé ». Cependant, l'expansion simultanée de la production par tous les entrepreneurs peut conduire à un surinvestissement et par conséquent à une surcapacité. En outre, lorsque la macroéconomie est trop froide, les entreprises existantes ne sont pas disposées à se retirer facilement. Elles estiment que si d'autres entreprises sont forcées de quitter le marché et qu'elles parviennent à s'accrocher et à survivre, elles récolteront les bénéfices considérables du rebond des prix. Dans la théorie microéconomique, ce phénomène est décrit par le « jeu de la guerre d'usure ». Le résultat de ce jeu rationnel de micro-acteurs est un processus de compensation du marché très lent.

Au niveau micro, les décisions prises par les entreprises dans le « jeu du premier arrivé » et de la « guerre d'usure » sont rationnelles. Cependant, au niveau macroéconomique dans son ensemble, le long processus de compensation du marché a conduit à des inefficacités économiques et sociales. Le gouvernement central chinois réglemente activement la macroéconomie dans le but d'accélérer le processus de compensation du marché et d'améliorer l'efficacité sociale au niveau macroéconomique. Lorsque l'économie est trop froide, le gouvernement oblige les entreprises déficitaires ayant des capacités excédentaires à se retirer et aide à résoudre le problème du chômage par le biais de subventions financières ; lorsque l'économie est trop chaude, le gouvernement retient l'approbation de nouveaux projets et ordonne aux banques commerciales de réduire les prêts aux entreprises. Le gouvernement central chinois utilise une combinaison d'instruments fondés sur le marché, notamment des politiques fiscales et monétaires, des ordonnances et des réformes administratives pour faire face aux fluctuations macroéconomiques cycliques.

Globalement, la conclusion économique la plus fondamentale des 40 années de réforme et d'ouverture est qu'une économie performante doit avoir une relation soigneusement calibrée entre le gouvernement et l'économie, et surtout entre le gouvernement et le marché. En tant que participants aux activités économiques, les autorités gouvernementales à tous les niveaux doivent ajuster leurs incitations et leurs comportements afin de pouvoir travailler dans le même sens que l'économie de marché et que l'économie puisse se développer sainement à long terme. Dans les hypothèses de l'économie, les économistes ont tendance à ignorer le rôle du gouvernement, ou à supposer que le gouvernement soit bienveillant, soit malfaisant, selon une approche unique. Cependant, la réalité est beaucoup plus complexe et le comportement de l'implication du gouvernement dans l'activité économique et les incitations qui le sous-tendent sont des questions extrêmement importantes dans la pratique économique et méritent d'être soigneusement étudiées. Dans le cas de la réforme et de l'ouverture de la Chine, le gouvernement a souvent été le moteur du développement du marché.

Sur la base d'une analyse économique des 40 ans de réforme et d'ouverture de la Chine, nous pensons que l'économie chinoise devrait continuer à faire des efforts dans les directions suivantes pour approfondir ses réformes. En ce qui concerne l'entrée et le développement de nouvelles entreprises, il convient d'approfondir la réforme du système fiscal et de la fiscalité, de donner aux autorités locales des pouvoirs financiers et administratifs raisonnables et de mobiliser pleinement leur enthousiasme pour le développement économique. La part des recettes fiscales des collectivités locales devrait être augmentée de manière appropriée afin d'inciter ces dernières à améliorer en permanence l'environnement des entreprises, à créer un marché équitable et ouvert et à promouvoir le développement économique local ; les seuils d'entrée dans l'industrie devraient être libéralisés et les contraintes réglementaires correspondantes renforcées ; enfin, des politiques de réduction des impôts et des charges devraient être encouragées et mises en œuvre. En ce qui concerne les marchés fonciers et immobiliers, les autorités locales devraient cesser de rechercher uniquement le PIB et être encouragées à se concentrer davantage sur les moyens de subsistance des personnes et le développement durable et à s'orienter vers la gestion d'actifs à long terme. En s'inspirant de l'expérience de pays comme l'Allemagne et Singapour, l'offre de terrains doit être orientée vers les moyens de subsistance des personnes et l'offre de terrains résidentiels doit être augmentée. Sur le plan financier, le marché obligataire doit être utilisé comme une poignée et une percée pour approfondir la réforme du système financier chinois, promouvoir la réforme du système d'investissement et de financement pour la construction d'infrastructures par les collectivités locales, et « céder » le financement des infrastructures des collectivités locales du système bancaire au marché obligataire ; il convient de mettre en place et d'améliorer l'infrastructure institutionnelle nécessaire au développement du marché boursier, et de renforcer les efforts d'enquête, de poursuite et d'application de la loi dans le secteur des valeurs mobilières, en prenant des mesures sévères en cas d'infraction. En termes d'ouverture sur le monde extérieur, nous devons continuer à accélérer notre apprentissage de toutes les connaissances, technologies et idées avancées dans le monde avec un état d'esprit ouvert, mature et confiant, et promouvoir l'apprentissage dans des domaines tels que la science et la technologie, la gouvernance sociale, le développement financier et juridique, l'investissement étranger et la gouvernance économique internationale par des mesures telles que l'« invitation », l'élargissement de l'ouverture et la promotion des échanges de personnel. En ce qui concerne le contrôle macroéconomique, il convient de renforcer le marché et l'état de droit des instruments de contrôle macroéconomique afin d'éviter un traitement inéquitable des entreprises privées ; un mécanisme efficace de retour d'information sur les politiques devrait être mis en place afin d'améliorer la prévision, l'opportunité, la pertinence et la flexibilité du contrôle macroéconomique et d'éviter une réglementation excessive et tardive ; une plus grande attention devrait être accordée au rôle de contrôle anticyclique de la politique budgétaire afin d'éviter que la politique budgétaire procyclique n'amplifie les fluctuations macroéconomiques.

En tête du monde sous la dynastie des Song, à la traîne de l'Europe occidentale sous la dynastie des Qing : que nous apprend l'étude du développement économique de la Chine ancienne ?

Personne aujourd'hui ne peut brosser un tableau global de l'histoire économique de la Chine, et malgré les recherches exceptionnelles de nombre de nos prédécesseurs et collègues, la plupart d'entre eux ont une connaissance particulière de certaines régions ou de certains sujets, comme les fluctuations du prix du riz dans le Jiangnan ou le dragage des canaux dans le Jiangnan. Ce n'est qu'en comprenant son passé complet qu'une nation peut mieux comprendre son présent. Le travail de base de la compréhension du passé est de comprendre le développement économique global de cette nation dans l'histoire passée et de faire des comparaisons internationales.

Nos recherches ont abouti aux conclusions fondamentales suivantes.

Tout d'abord, le niveau de développement économique de la Chine ancienne était très arriéré par rapport aux normes actuelles. Par exemple, nous avons constaté que le PIB par habitant en dollars de 1990 était d'environ 920 USD sous la dynastie des Ming et de 760 USD sous la dynastie des Qing, ce qui est inférieur aux niveaux enregistrés après la réforme et l'ouverture. Notez que les valeurs absolues ci-dessus en termes de dollars américains dépendent du rapport entre les monnaies anciennes et modernes. Dans un article précédent que nous avons publié, les niveaux de revenus ci-dessus étaient inférieurs en termes de production physique multipliée par les prix mondiaux actuels. En corollaire, nous pouvons mieux comprendre que la valeur économique de la vie dans les temps anciens était beaucoup plus faible que dans les temps modernes. Le coût économique du sacrifice de la vie en temps de guerre était bien inférieur à ce qu'il est aujourd'hui.

Deuxièmement, le PIB par habitant de la Chine a fluctué à un niveau élevé du début de la dynastie des Song du Nord jusqu'à la dynastie des Ming, puis a affiché une tendance à la baisse pendant la dynastie des Qing. Notre analyse montre que le déclin du PIB par habitant est principalement dû au fait que la croissance démographique a dépassé l'accumulation de capital et de terres. Depuis près de 900 ans, la superficie des terres arables par personne a diminué, un déclin qui n'a pas été compensé par une augmentation de la production céréalière par acre. En d'autres termes, la superficie des terres et le nombre d'outils de travail, y compris le bétail, par habitant ont diminué, ce qui a entraîné une baisse constante de la productivité du travail.

Troisièmement, les comparaisons internationales montrent que le niveau de vie de la Chine était le meilleur au monde pendant la dynastie des Song, mais qu'il était tombé derrière celui de l'Empire romain d'Orient en 1300 (quatrième année de la dynastie des Yuan) et qu'il a été dépassé par le Royaume d'Angleterre vers 1400 (deuxième année de la période Jianwen de la dynastie des Ming). En 1750 (15e année du règne de Qianlong de la dynastie des Qing), bien que certaines parties de la Chine ne soient pas loin des régions les plus riches d'Europe, la Chine dans son ensemble avait pris du retard sur l'Europe occidentale, et le grand fossé Est-Ouest avait donc commencé avant la révolution industrielle. Cette constatation est étroitement liée à la constatation ci-dessus d'un déclin progressif du PIB par habitant, c'est-à-dire que la baisse de la productivité du travail par habitant en Chine est un facteur négatif important pour le développement économique et le progrès national.

Une évaluation objective du développement économique dans les temps anciens pour comprendre le présent et envisager l'avenir.

Les résultats ci-dessus sont le fruit d'un travail de longue haleine mené par notre équipe de recherche au cours des dix dernières années. Récemment, nos recherches ont été soutenues par un projet majeur de la Fondation nationale des sciences sociales de Chine, et nos articles sont publiés dans des revues universitaires en Chine et à l'étranger. Ces résultats ont suscité une certaine attention dans les milieux économiques chinois, mais leur importance n'est pas encore pleinement appréciée. En 2017, le magazine britannique *The Economist* et le magazine japonais *Nihon Keizai Shimbun* en ont fait état, ce qui n'a fait qu'alimenter les médias nationaux et a inévitablement suscité des débats. C'est pourquoi une certaine clarification est nécessaire.

Premièrement, ce projet est un travail de recherche à long terme, systématique et minutieux. Nous avons utilisé l'approche fondée sur la production (L'approche fondée sur la production, ou la valeur ajoutée, consiste à calculer la production d'une industrie ou d'un secteur et à soustraire la consommation intermédiaire (les biens et services utilisés pour générer la production) afin d'obtenir la valeur ajoutée. Le PIB total pour le territoire économique correspond à la somme de la valeur ajoutée brute pour toutes les industries (ou secteurs) d'une province ou d'un territoire donnés. Nous avons utilisé la méthode de production pour mesurer le PIB total, le PIB par habitant et la structure du PIB dans la Chine ancienne, en nous basant sur une variété de documents officiels et privés des dynasties concernées. Par exemple, pour la dynastie des Ming, nous avons utilisé des sources historiques telles que le *Ming Shilu1, les Registres comptables Wanli* et les chroniques locales, qui fournissent des informations plutôt détaillées sur la population, l'alimentation et l'artisanat (notamment la production de céramique, du papier, de fonte brute, de cuivre). Pour la dynastie des Song, les données proviennent du *Song Huiyao Jigao2*, du *Song Shi Shihuo zhi* (Traité sur les denrées alimentaires et les produits de base, sorte de traité sur l'économie d'État de la Chine impériale), du *Zizhi Tongjian Changbian* (longue compilation de la dynastie des Song, recueil historique écrit par Li Tao au XIIe siècle et retraçant l'histoire de la Chine à l'époque des Song du Nord), du *Wenxian Tongkao3*. En fait, les données historiques de la Chine dans ce domaine dépassent de loin celles de tout autre pays au cours de la même période. C'est précisément grâce à l'exhaustivité des données historiques chinoises que nos recherches sont loin devant celles de nos homologues internationaux en termes de méthodologie ou de rigueur des données.

---

1. NdT : *Ming Shilu* ou véritables documents Ming, texte historique chinois qui contient les annales impériales des empereurs Ming (1368–1644)

2. NdT : Document historique couvrant la majeure partie de l'histoire de la Dynastie des Song (960-1279), sur la période 960-1220. Cet ouvrage n'a jamais été terminé du temps de la Dynastie Song ou des dynasties suivantes. Il ne fut publié, en l'état, que plusieurs siècles plus tard, en 1809.

3. NdT : Source documentaire du monde chinois compilé par Ma Duanlin au début du XIVe siècle et publié en 1317. L'ouvrage était destiné à servir aux futurs dirigeants de l'empire en leur présentant les erreurs du passé à ne pas commettre et la sagesse des dirigeants des époques anciennes.

Sur cette base, nous sommes en désaccord avec « l'école californienne » de l'histoire économique chinoise, qui considère que le développement économique de la Chine pendant la dynastie des Qing était le meilleur au monde. Nos données sont plus complètes que celles de « l'école californienne ». De même, nous avons infirmé plusieurs conclusions des recherches de l'économiste britannique Angus Maddison sur l'histoire économique de la Chine.

L'étude très médiatisée de Maddison, selon laquelle le PIB par habitant de la Chine est passé de 450 à 600 USD au cours de la dynastie des Song (il convient de noter que ses ratios de conversion des prix anciens et modernes diffèrent des nôtres) et est resté à ce niveau depuis lors, n'est pas tout à fait identique à nos conclusions. Angus Maddison avait prévu de participer à la deuxième Conférence annuelle asiatique sur l'économie historique en mai 2010, mais il est malheureusement décédé en début d'année et n'a pas pu participer. Auparavant, nous avions correspondu avec Angus Maddison à plusieurs reprises et lui avions demandé sur quelle base il calculait la production économique de la Chine. Enfin, il nous a dit par courriel qu'il avait entièrement supposé le niveau du PIB par habitant pour toutes les dynasties chinoises en se basant sur ses propres estimations, puis qu'il l'avait multiplié par le nombre de personnes pour arriver au total économique. En comparaison, nos calculs et tests rigoureux, utilisant des données spécifiques, constituent une avancée significative par rapport aux estimations de Maddison, bien qu'il y ait encore de nombreux domaines qui doivent être améliorés et affinés.

Deuxièmement, comment expliquer nos résultats ? Certains disent que nos résultats prouvent que la Chine n'était pas si puissante dans l'histoire ; d'autres disent même que le rêve de renouveau de la nation chinoise est en fait un rêve illusoire et que la Chine n'était pas si glorieuse dans l'histoire. Toutes ces déclarations interprètent mal nos résultats.

Le fait que nous avons constaté que le PIB par habitant de la Chine était le plus élevé du monde aux alentours de l'an 1000 et qu'il n'est tombé derrière l'Italie qu'à partir de 1300 et le Royaume d'Angleterre à partir de 1400 n'équivaut pas à dire que la Chine n'a pas été aussi brillante dans l'histoire. Au contraire, cela suggère que le développement économique de la Chine ancienne était plus avancé que nous ne le savions auparavant, que les sociétés anciennes ont atteint leur point culminant de développement par habitant plus tôt que nous ne le savions auparavant, et que l'économie chinoise a commencé à être à la traîne de celle de l'Occident plus tôt que le monde ne le savait.

Comment expliquer alors que le développement socio-économique de la Chine ancienne ait été plus avancé qu'on ne le pensait et qu'elle ait été à la traîne de l'Occident pendant une période plus ancienne que nous le savons ? La communauté universitaire doit avoir une variété de points de vue différents à ce sujet, et cela dépasse clairement le cadre de notre projet de recherche universitaire. Ma préférence personnelle va à l'explication suivante : le système sociopolitique de la Chine a atteint très tôt un niveau élevé de super-stabilité. La Chine est l'un des rares pays au monde à avoir réalisé une unité idéologique très tôt, dès la période des Han occidentaux. Ce qui a suivi, c'est que le système politique de la Chine ancienne a également mûri relativement tôt. La position de la Chine à l'extrémité orientale du continent eurasien lui permettait de ne pas subir trop d'attaques de l'extérieur. Par conséquent, un système politique et une structure politique et économique relativement stables ont émergé en Chine, avec les voies confucéenne et de Mencius comme idéologie centrale et relativement unifiée.

Cette structure a permis à l'économie chinoise d'atteindre rapidement le niveau potentiel de croissance et d'entrer dans un état stable. La stabilité relative de la société chinoise, l'idéologie dominante du confucianisme et de Mencius, qui prône un grand nombre d'enfants et la bonne fortune, ainsi que les techniques plus développées et précoces de la médecine chinoise en matière de soins de santé et de fertilité, ont conduit à une augmentation très rapide de la population. En conséquence, la Chine a rapidement formé un empire grand mais pas fort, stable mais relativement fragile. Cela ne veut pas dire que la civilisation chinoise était en retard sur le monde, mais plutôt qu'elle est l'une des civilisations les plus uniques au monde.

En conséquence, un corollaire est qu'une révolution industrielle à l'anglaise n'aurait pas pu se produire en Chine sans une interaction et un conflit direct avec le monde extérieur. Bien que le PIB par habitant de la Chine ait diminué, elle ne manquait pas de main-d'œuvre, et sa demande d'innovations technologiques permettant d'économiser de la main-d'œuvre était insuffisante. Malgré un PIB par habitant relativement élevé dans certaines régions de Chine, comme le Jiangnan, il était inconcevable qu'un système capitaliste puisse émerger dans certaines régions du pays alors que le pays dans son ensemble restait féodal sous un système de grande unité.

Pour être franc, ces points de vue sont différents de ceux des grandes figures de l'histoire économique et de leurs prédécesseurs, tels que Wu Chengming et Li Bozhong. Nous croyons que l'utilisation de nouvelles méthodes pour faire de la recherche fondamentale et tirer des conclusions différentes constitue la marque du plus grand respect pour nos prédécesseurs.

Aujourd'hui, pourquoi la Chine a-t-elle pu se développer aussi rapidement ? Parce que la culture traditionnelle à laquelle la Chine a longtemps adhéré a une forte stabilité et vitalité, ce système de civilisation cohérent et stable a généré un élan d'auto-innovation et d'auto-changement sous l'influence des puissances occidentales. Cela a conduit à l'autonomie et à l'ouverture progressive de la Chine ces derniers temps, avec en point d'orgue les formidables réalisations des 40 dernières années de réforme et d'ouverture.

L'étude de l'histoire nous renseigne sur le passé dans le but d'envisager l'avenir. L'étude du passé nous a permis de comprendre notre propre développement, et nous a également permis de comprendre l'importance de la réforme et de l'ouverture. C'est ce qui nous motive à aller de l'avant et à persévérer dans la réforme et l'ouverture.

Mise en place d'un système d'évaluation des fonctionnaires centré sur les personnes

Le développement économique de la Chine est passé d'un développement très rapide à un développement axé sur la qualité

La réforme et l'ouverture ont résolu les problèmes de nourriture et de vêtements pour le peuple. Après 2017, la Chine est entrée dans la période décisive de la construction d'une société de moyenne aisance. Le rapport du 19e Congrès national du PCC indiquait clairement : « de 2035 au milieu de ce siècle, partant de la modernisation réalisée pour l'essentiel, nous allons poursuivre nos efforts pendant encore 15 ans pour transformer notre pays en un grand pays socialiste beau, moderne, prospère, puissant, démocratique, harmonieux et hautement civilisé[1]. » En termes d'idéologie directrice pour le développement économique, le rapport du 19e Congrès national du PCC propose également un nouveau concept de développement. La croissance économique rapide qu'a connue la Chine au cours des 40 dernières années a été extrêmement rare dans l'histoire économique du monde. Pour l'avenir, le plus grand défi qui se présente à nous est de continuer à maintenir 33 années de développement régulier et rapide entre 2018 et 2050, ce qui signifie que la Chine vise à maintenir un développement économique solide et stable pendant 73 années consécutives, ce qui créerait un miracle dans l'histoire économique de l'humanité.

---

1. Xi Jinping : « Édification intégrale de la société de moyenne aisance et faire triompher le socialisme à la chinoise de la nouvelle ère - Rapport au 19e Congrès national du Parti communiste chinois », Maison d'édition du peuple, 2017, p. 29.

En fait, pour atteindre cet objectif, l'économie chinoise n'aura pas besoin de croître à un rythme très rapide au cours des 33 prochaines années. Selon les calculs du Centre de recherche sur l'économie chinoise et mondiale de l'université Tsinghua, si le taux de croissance du PIB de la Chine se maintient à 5,5 % pendant les 8 prochaines années, à 4 % pour les 15 années suivantes et à 3 % pour les 10 dernières années à partir de 2017, l'économie chinoise atteindra le niveau médian des économies les plus développées du monde d'ici 2050, ce qui équivaut au développement économique de pays développés comme le Japon et le Royaume-Uni aujourd'hui. Ce calcul tient compte du fait que les pays développés continuent de croître au rythme moyen de ces 20 dernières années.

Par conséquent, la tâche fondamentale de l'économie chinoise au cours des 33 prochaines années est de maintenir un développement régulier plutôt que rapide. C'est l'une des raisons pour lesquelles la Conférence centrale sur le travail économique, fin 2017, a proposé que le travail économique passe de la recherche d'un développement rapide à un développement axé sur la qualité. La condition essentielle d'une qualité élevée est le développement durable, un développement sans heurts, un développement qui ne tombe pas, ne fait pas d'erreurs et ne revient pas en arrière.

Établir de nouveaux indicateurs d'évaluation pour encourager les responsables locaux à améliorer la qualité du développement

La caractéristique la plus importante de l'économie chinoise est que les forces du gouvernement et du marché travaillent dans la même direction et soient combinées de manière organique. Par rapport à d'autres pays, les responsables économiques locaux chinois jouent un rôle extrêmement important dans la promotion du développement, car ils sont les moteurs et les planificateurs du développement économique. Par conséquent, le comportement des autorités locales affecte directement la vitesse et la qualité du développement économique de la Chine.

Dans la période passée de forte croissance de la Chine, les responsables locaux se préoccupaient de leurs indicateurs d'évaluation. Parmi les différents indicateurs d'évaluation, les plus importants sont le taux de croissance du PIB, le taux de croissance des investissements en actifs fixes, la vitesse d'augmentation des recettes fiscales et le classement de ces indicateurs dans les régions concernées. Les fonctionnaires font des heures supplémentaires autour de ces objectifs et s'y engagent pleinement, ce qui constitue le moteur le plus important et le plus caractéristique du développement économique de la Chine.

Pour que l'économie chinoise passe de la vitesse à la qualité, les indicateurs d'évaluation des responsables locaux doivent évoluer en conséquence. Conformément aux exigences du rapport du 19ᵉ Congrès national du PCC, la première tâche consiste à établir des indicateurs d'évaluation centrés sur les personnes. À mon avis, dans la période à venir, les indicateurs d'évaluation centrés sur les personnes devraient inclure les trois aspects importants ci-après.

Premièrement, le pays dans son ensemble doit passer du développement économique global au développement économique par habitant dans toutes les régions. Le développement économique reste un sujet de préoccupation important pour les autorités locales, car un certain nombre de conflits sociaux majeurs doivent être résolus dans le cadre du développement économique. Toutefois, il est important de noter que la Chine est entrée dans l'ère de la grande économie et que les mouvements de personnes et de capitaux entre les différentes régions vont s'accélérer de manière significative. Par conséquent, certaines régions qui gagnent en population et en capitaux en provenance d'autres régions connaîtront une croissance plus rapide du PIB, tandis que d'autres régions qui perdent en population et en capitaux connaîtront une croissance plus lente. C'est la caractéristique naturelle et l'exigence inévitable du développement économique d'un grand pays, et c'est là que résident les avantages de la croissance économique. Par exemple, certaines régions côtières continueront à se développer rapidement, tandis que certaines régions du Centre et de l'Ouest, où l'environnement écologique doit être protégé, connaîtront une croissance économique plus lente. Il s'agit d'une exigence pour le développement de la civilisation écologique dans le cadre du concept de développement du « Plan global en cinq axes » et de la mise en œuvre du concept « les rivières limpides et les montagnes verdoyantes sont une grande richesse[2] ». Dans ce contexte, les dirigeants locaux ne peuvent pas se concentrer uniquement sur le taux de croissance absolu de l'économie de leur région. Que faut-il faire ? Le concept de croissance et l'objectif de croissance devraient se situer au niveau du développement par habitant. À l'avenir, lorsque les indicateurs économiques seront fixés, l'accent devra être mis sur l'augmentation du niveau de développement par habitant dans une région, même si le niveau de l'économie locale dans son ensemble risque de baisser. Il s'agit d'un mécanisme juste et raisonnable.

---

2. Xi Jinping, La gouvernance de la Chine, Volume 2, *Maison d'Édition en langues étrangères*, 2017, p. 209

Deuxièmement, divers indicateurs du développement des moyens de subsistance doivent être pris en compte. Les indicateurs des moyens de subsistance des personnes devraient inclure le taux de croissance du revenu disponible par habitant de la région, le niveau d'éducation des citoyens de la région (en particulier au niveau du lycée), le taux d'augmentation du taux brut d'inscription à l'université, le taux de chômage recensé dans la région, ainsi que l'espérance de vie et la santé des habitants de la région. Il convient également de noter que certains indicateurs ayant un impact sur la stabilité sociale, tels que la proportion de ménages à revenu moyen dans la région, le taux d'accroissement naturel de la population et le taux de fécondité des femmes dans la région, doivent également être pris en compte. Il s'agit d'indicateurs importants pour l'économie chinoise et pour faire face au vieillissement de la population et parvenir à un développement économique et démographique sain et équilibré.

Troisièmement, il est particulièrement important de tenir compte non seulement des indicateurs objectifs, mais aussi des indicateurs subjectifs de la satisfaction des personnes dans chaque région. Une des conditions importantes pour l'édification d'une société d'aisance moyenne est que la perception subjective du bien-être des personnes continue d'augmenter. Cette perception subjective du bien-être est, dans une large mesure, directement liée à la performance des autorités locales. Si, par exemple, la société de la région est relativement stable, que la vie des gens est plus stable et qu'il y a moins d'incidents, alors l'approbation des gens augmentera, ce qui constitue la base de l'opinion publique. Il est recommandé que cette série d'indicateurs subjectifs soit étudiée par le secteur organisationnel en collaboration avec le département des statistiques, indépendamment de l'administration régionale, afin que les données puissent être obtenues de manière plus objective et impartiale.

Si ces indicateurs subjectifs sont correctement mesurés et peuvent être considérés de manière globale correspondant à des indicateurs objectifs, ils permettront une meilleure intégration des opinions de la population dans la gouvernance du gouvernement. Cela permettra, dans une large mesure, d'intégrer certaines des vertus intéressantes des pays occidentaux dits « démocratiques » dans un système socialiste de gouvernance d'État aux caractéristiques chinoises. L'inconvénient du système démocratique est que l'opinion publique peut facilement être manipulée par les politiciens, et l'approche « une personne-une voix » peut souvent aller à l'extrême, entraînant une division sociale. L'arrivée au pouvoir de Trump a en fait exacerbé la division de la société américaine. Toutefois, si des enquêtes objectives d'opinion publique sont utilisées comme indicateur supplémentaire dans l'évaluation des fonctionnaires, cela devrait contribuer à fournir un meilleur retour d'information sur l'opinion publique et à améliorer la tendance actuelle des dirigeants locaux à être plus responsables devant leurs supérieurs.

En bref, la nouvelle ère et le nouveau concept de développement nécessitent un nouveau système d'évaluation des dirigeants. Ce nouveau système d'évaluation devrait promouvoir le développement durable de l'économie à l'avenir, et il devrait également guider les responsables politiques locaux à consacrer leur énergie à l'écoute de l'opinion publique et à l'amélioration des moyens de subsistance de la population, afin de garantir que les grands objectifs proposés par le 19e Congrès national du PCC puissent être atteints avec succès.

L'innovation institutionnelle est la clé du développement de la nouvelle zone de Xiong'an[1]

Depuis la création de la nouvelle zone de Xiong'an le 1er avril 2017, la nouvelle a suscité des débats et des analyses dans tous les secteurs de la société. Certains pensent que la nouvelle zone de Xiong'an sera le point culminant de la croissance économique de la Chine au XXIe siècle, à l'instar des nouveaux districts de Shenzhen et de Pudong à Shanghai. Cette simple comparaison entre la nouvelle zone de Xiong'an avec la nouvelle zone de Shenzhen et Pudong à Shanghai est, je le crains, irréaliste, car la géographie physique de la nouvelle zone de Xiong'an diffère de celle des nouvelles zones de Shenzhen et de Pudong à Shanghai en ce sens qu'elle n'est pas située sur un fleuve ou sur la mer, qu'elle n'a pas d'accès à la mer et qu'elle ne dispose pas de centres économiques dotés d'une économie de marché approfondie. Il n'est donc pas réaliste d'espérer que la nouvelle zone de Xiong'an devienne un nouveau type de ville avec un PIB de plus de mille milliards de yuans et une économie comparable à celle d'une grande ville.

De quelle manière, alors, la création de la nouvelle zone de Xiong'an peut-elle avoir un impact durable et mondial ? Je pense que la nouvelle zone de Xiong'an devrait devenir une étape importante dans l'exploration du système de modernisation de la Chine au XXIe siècle. Plus précisément, il s'agit d'une innovation

---

1. NdT : Nouvelle zone d'urbanisation créée dans la province du Hebei, qui s'inscrit dans la région capitale Jing-jin-ji (Pékin-Tianjin-Hebei). Modèle de développement coordonné et « ville verte », elle permettra aussi de décharger Pékin des fonctions qui ne sont pas essentielles à son rôle de capitale.

de référence dans l'exploration des systèmes de développement économique, de gouvernance sociale et de construction d'une civilisation écologique.

Système économique

Après de nombreuses années de développement, le système d'économie de marché chinois a commencé à prendre forme, et certaines innovations sont apparues qui méritent d'être examinées dans un contexte mondial. Cependant, il est indéniable que de nombreux systèmes existants dans l'économie chinoise doivent continuer à être réformés et à innover.

Tout d'abord, en termes de gestion des terres, le système existant repose excessivement sur un mécanisme de concession foncière basé sur le marché, ce qui rend les gouvernements locaux à tous les niveaux trop dépendants des revenus des concessions foncières. Conséquence directe du financement foncier, les autorités locales ont adopté un comportement à court terme, et le phénomène « d'anticipation des revenus » est très grave.

Dans le même temps, le financement foncier a fait grimper le prix de l'immobilier dominé par le mécanisme du marché, ayant entraîné une série de conséquences sociales. À cette fin, la nouvelle zone de Xiong'an devrait explorer une approche de la gestion des terres qui intègre étroitement la gestion gouvernementale et les mécanismes du marché, par exemple, un modèle de gestion foncière et immobilière à trois niveaux. Premièrement, le gouvernement pourrait détenir un nombre considérable de biens immobiliers à louer à long terme aux résidents qui vivent et travaillent dans la nouvelle zone de Xiong'an. Deuxièmement, le gouvernement pourrait également construire un certain nombre de maisons « à droits de propriété limités » et les vendre aux personnes travaillant dans la nouvelle zone de Xiong'an sur une base permanente au prix du marché, à l'instar des logements construits par l'université de Stanford pour ses propres professeurs. Ce type de logement ne peut être limité qu'à la circulation interne des personnes travaillant localement. Troisièmement, une autre partie de la nouvelle zone de Xiong'an pourrait être totalement ouverte au marché, mais uniquement si elle est accessible aux personnes titulaires d'un permis de résidence de longue durée. Grâce à ces trois méthodes, l'utilisation des terres peut soutenir le développement économique local à long terme, empêcher que l'immobilier ne devienne un outil d'investissement et de spéculation, et également fournir des ressources financières à long terme aux finances locales.

En termes de finances publiques, la nouvelle zone de Xiong'an devrait étudier attentivement les modèles de Hong Kong (Chine) et de Singapour, où la principale source de revenus devrait toujours provenir de l'imposition des sociétés, tandis que l'impôt sur le revenu des particuliers est un impôt à faible taux mais à large base. Cela permettra au gouvernement local d'être plus proactif dans le soutien au développement des entreprises locales, et permettra également à la classe moyenne, dont les revenus proviennent principalement des salaires, d'éviter la lourde charge de l'impôt sur le revenu, et rendrait l'imposition des revenus des particuliers plus simple et plus opérationnelle, en évitant le modèle d'imposition des revenus des particuliers prédominant dans les pays occidentaux. Ce modèle de financement local, basé sur l'impôt sur le revenu des particuliers ajouté à l'impôt foncier, s'est avéré infructueux dans les pays développés car il a conduit à une relation relativement lâche entre les autorités locales et les entreprises et a rendu l'impôt sur le revenu des particuliers extrêmement complexe, transformant le système d'impôt sur le revenu des particuliers en un outil de négociation et de lobbying pour les forces politiques, ce qui est le drame des finances publiques à l'américaine.

En termes de développement économique, la nouvelle zone de Xiong'an devrait également explorer activement, par exemple, la possibilité pour le gouvernement de prendre une participation à long terme dans certaines entreprises locales, mais sans les contrôler directement. Ce modèle est comparable au « Modèle Temasek » à Singapour, où le gouvernement contrôle une partie du capital de l'entreprise, ce qui renforce le lien entre le gouvernement et l'entreprise et fournit une base financière solide pour le développement du gouvernement local, cependant, le gouvernement n'intervient pas dans le fonctionnement de l'entreprise.

Gouvernance sociale

En termes de gouvernance sociale, il est particulièrement intéressant pour la nouvelle zone de Xiong'an d'apporter des innovations significatives. En termes de gestion des transports, les transports publics devraient être le pilier des transports dans la nouvelle zone de Xiong'an. Il est particulièrement important d'insister sur la nécessité d'établir des connexions rapides, pratiques et sans rupture de charge entre les différents modes de transport public, par exemple, du train à grande vitesse au métro en passant par les bus et le vélo en libre-service à côté des arrêts de bus, formant ainsi un service de transport public intégré. En ce qui concerne la gestion des voitures privées, il est tout à fait approprié d'adopter un péage urbain pour inciter les habitants à posséder une voiture mais à l'utiliser moins, afin que ceux qui en ont vraiment besoin puissent se permettre d'en acheter une et de l'utiliser quand ils en ont vraiment besoin. La nouvelle zone de Xiong'an devrait devenir une nouvelle zone de transport dotée d'un tarif de transport intelligent et d'une méthode de guidage dédiés. La nouvelle zone de Xiong'an devrait dire non aux restrictions d'achat de voitures et aux restrictions de circulation.

En termes de gouvernance publique, il est particulièrement important d'explorer l'établissement de canaux de communication directs entre les gouvernements de base (comme le *jiedao*[2]) et les résidents. Des débats et des auditions sur les politiques publiques à l'intention des résidents locaux devraient être organisés régulièrement, de sorte que de nombreuses affaires publiques importantes puissent être soumises au vote des résidents. Certains fonctionnaires de base peuvent être élus sur une base différentielle, et les impôts de base, tels que les impôts fonciers et même les impôts sur le revenu des particuliers, peuvent être administrés et utilisés par les gouvernements de base. Le financement de l'éducation dans la nouvelle zone de Xiong'an devrait être organisé par la nouvelle zone, et il devrait y avoir un équilibre relatif entre les différents districts scolaires de la nouvelle zone pour éviter une disparité dans la qualité de l'enseignement du district scolaire.

Système de civilisation écologique

En termes de civilisation écologique, la nouvelle zone de Xiong'an devrait également devenir une référence pour l'ensemble du pays. Les conditions naturelles de la nouvelle zone de Xiong'an ne sont pas idéales, avec une faible capacité à disperser la pollution atmosphérique et une relative pénurie de ressources en eau, ce qui conduira à la mise en place d'un régime strict pour la gestion des ressources naturelles dans la nouvelle zone de Xiong'an. À cette fin, un mécanisme de marché devrait être conçu et guidé par le gouvernement pour rationaliser l'allocation des ressources naturelles rares. Par exemple, le prix des droits d'utilisation de l'eau et d'évacuation des eaux usées est fixé par le marché, mais le gouvernement a un rôle à jouer dans le maintien du marché et la répression

---

2. NdT : Jiedao : une des divisions administratives de la Chine, ayant le même statut administratif qu'une ville, un canton et est un district administratif de niveau canton sous la juridiction d'un district municipal, d'une ville de niveau comté, d'un comté, d'un comté autonome ou d'une région administrative spéciale ou sous la juridiction directe d'une ville de niveau préfecture.

des pratiques illégales telles que le vol d'eau et l'extraction des eaux souterraines. Le prix des ressources naturelles est soumis aux règles du marché et le prix de l'eau dans la nouvelle zone de Xiong'an sera probablement plus élevé que dans les zones environnantes, ce qui n'est que le reflet de la pénurie objective d'eau dans la nouvelle zone de Xiong'an et ne devrait pas être particulièrement controversé.

En bref, si la nouvelle zone de Xiong'an est en mesure d'explorer certaines innovations institutionnelles avancées et reproductibles en matière de développement économique, de gouvernance sociale et de civilisation écologique, elle deviendra une référence pour un nouveau cycle d'innovations institutionnelles modernes dans le pays, accélérant ainsi considérablement le processus de modernisation global.

Réformer le système d'investissement dans les infrastructures en s'appuyant sur l'expérience de la Banque mondiale

Ces dernières années, l'économie chinoise a considérablement ralenti par rapport à son taux de croissance antérieur. L'économie chinoise a-t-elle, en fin de compte, le potentiel de maintenir un taux de croissance relativement rapide ? Si oui, où se trouvent les nouveaux points de croissance ? Comment promouvoir la formation de nouveaux points de croissance pour l'économie chinoise par la réforme et l'innovation ? Ce sont les trois questions auxquelles il faut répondre pour analyser la situation macroéconomique actuelle.

L'économie chinoise a encore un potentiel de croissance rapide

Pour répondre au potentiel de croissance de l'économie chinoise, il faut replacer le stade actuel de développement de l'économie chinoise dans un contexte historique plus large.

Après des années de croissance économique rapide, la Chine est devenue aujourd'hui la deuxième plus grande économie du monde et son économie est presque deux fois plus grande que celle du Japon, qui occupe la troisième place. Néanmoins, il est important de noter que le niveau actuel de développement du PIB par habitant de la Chine ne représente encore que 20 % de celui des États-Unis en parité de pouvoir d'achat.

Tout au long de l'histoire des économies de marché modernes, il est apparu clairement que le déterminant le plus important du potentiel de croissance d'une économie est la différence de PIB par habitant entre cette économie et les pays développés de référence du monde. Au cours des dernières décennies, les États-Unis ont maintenu le plus haut niveau de développement du PIB par habitant parmi les plus grands pays du monde ayant une population totale de plus de 10 millions d'habitants, et ont été la référence en matière de développement économique dans le monde. Le PIB par habitant des pays européens, y compris l'Allemagne, représente en gros 80 à 90 % de celui des États-Unis en termes de parité de pouvoir d'achat (PPA), le Japon se situe actuellement à 70 % de celui des États-Unis (il a jadis atteint 85 %), et la Corée du Sud et et la région chinoise de Taïwan sont proches de 70 % des États-Unis.

L'expérience historique des économies d'Asie de l'Est en matière de rattrapage des États-Unis nous apprend que lorsque l'écart entre leur PIB par habitant et celui des États-Unis est important, le rythme du rattrapage est plus rapide ; à mesure qu'elles se rapprochent des États-Unis, le rythme ralentit. La raison fondamentale en est que les économies présentant de grands écarts peuvent apprendre des technologies avancées et des modèles commerciaux des économies développées telles que les États-Unis, et peuvent exporter vers les pays développés, augmentant ainsi les niveaux de revenus de leurs citoyens.

Le PIB par habitant du Japon a atteint 20 % de celui des États-Unis après la Seconde Guerre mondiale, tandis que le PIB par habitant de la région chinoise de Taïwan et de la Corée a atteint 20 % de celui des États-Unis dans les années 1970 et 1980 respectivement, avec des taux de croissance de plus de 8 % dans chacune de ces économies au cours des cinq à dix années suivantes (voir tableau 1). Nous devrions donc être suffisamment confiants pour prédire que l'économie chinoise aura encore le potentiel de croître à près de 8 %, voire plus, dans les cinq à dix prochaines années. Bien entendu, ce potentiel doit être libéré par des améliorations du système socio-économique.

À long terme, l'économie chinoise présente trois avantages majeurs en matière de développement. Premièrement, en tant que grande économie, la Chine dispose d'un vaste arrière-pays et ne doit pas trop dépendre des marchés internationaux. Deuxièmement, l'économie chinoise est une économie de rattrapage et d'apprentissage qui se familiarise constamment avec les nouveaux modèles commerciaux et les nouvelles technologies des pays développés. Troisièmement, et c'est le plus important, l'économie chinoise, contrairement à l'économie japonaise de la fin des années 1980, possède toujours l'élan originel pour l'innovation institutionnelle.

Si la Chine peut continuer à améliorer la capacité du gouvernement à assurer une gouvernance sociale intégrée, à améliorer l'efficacité du système judiciaire et à améliorer l'efficacité du système financier, les perspectives de croissance à long terme sont très prometteuses. Selon nos estimations, d'ici 2049, date du 100e anniversaire de la fondation de la République populaire de Chine, la croissance du PIB par habitant de la Chine (en termes de parité de pouvoir d'achat) devrait atteindre 70 à 75 % de celle des États-Unis, et la taille globale de l'économie sera presque trois fois supérieure à celle des États-Unis. Sur la base de cette analyse, nous devrions constater que certaines des difficultés actuelles de l'économie chinoise sont temporaires et que la Chine devrait être en mesure de prendre aujourd'hui des mesures appropriées pour faire face au ralentissement de la croissance économique. En effet, la Chine peut compenser une partie des coûts sociaux liés au maintien de la croissance économique à l'avenir par un taux de croissance économique plus rapide et une augmentation parallèle des ressources financières nationales.

Raisons du ralentissement actuel de la croissance économique chinoise

En substance, la principale raison du ralentissement actuel de la croissance économique de la Chine est que les points de croissance traditionnels s'estompent, tandis que les nouveaux points de croissance n'ont pas encore complètement explosé.

Il y a deux points de croissance économique traditionnels en Chine, l'un est l'immobilier et l'autre les exportations. Au cours de la première décennie du XXIe siècle, le développement immobilier et les industries associées ont été le premier grand moteur de la croissance économique de la Chine. L'investissement dans le développement immobilier a longtemps représenté 20 % de l'ensemble des investissements en actifs fixes et environ 10 % du PIB en Chine. Dans le même temps, en raison de la nature unique du secteur de l'immobilier, celui-ci stimule non seulement la croissance de nombreuses industries connexes, mais entraîne également un effet de richesse considérable, permettant aux familles qui ont déjà acheté un logement de bénéficier d'un grand sentiment d'appréciation de la richesse à mesure que les prix de l'immobilier continuent d'augmenter, ce qui a un effet de levier sur la consommation d'un nombre important de personnes. Les exportations, en revanche, ont connu une croissance à deux chiffres, voire jusqu'à 20 %, depuis l'adhésion de la Chine à l'OMC, pour atteindre plus de 30 % du PIB en 2007, l'excédent du commerce extérieur représentant 8,8 % du PIB.

Mais ces deux grands domaines de croissance économique s'estompent progressivement. La croissance de l'immobilier a rencontré des difficultés pour deux raisons : tout d'abord, les besoins en logement de la population urbaine ont été largement satisfaits, puisque plus de 97 % des ménages sont propriétaires de leur logement et que la surface moyenne par personne atteint 33 m², la surface du logement d'une famille de trois personnes approche 100 m² et augmente chaque année. Deuxièmement, l'accélération des réformes financières a permis à de nombreux ménages d'obtenir relativement facilement des rendements financiers à faible risque et très liquides de plus de 5 %, soit au-dessus du niveau de l'inflation qui est de 2,5 %, ce qui a modifié le modèle longtemps établi d'investissement dans l'immobilier comme moyen de préserver la richesse.

Dans le même temps, les exportations ne sont plus le moteur de la croissance économique de la Chine. La raison la plus importante est que la taille de l'économie chinoise est passée de 5,1 billions de USD avant 2009 à 13,6 billions de USD en 2018, et que le grand marché mondial ne peut plus fournir la demande d'importation nécessaire pour suivre le rythme de la croissance chinoise, sans compter que la propre augmentation des coûts de la main-d'œuvre et la hausse des taux d'intérêt en Chine créent divers obstacles aux exportations.

Où se situent les nouveaux points de croissance de l'économie chinoise ?

Étant donné que l'économie chinoise possède encore un important potentiel de croissance à long terme, où se situent les futurs points de croissance ? Selon mon analyse, il existe trois points de croissance futurs pour l'économie chinoise, énumérés ci-dessous dans l'ordre de leur potentiel d'explosion.

Le premier point de croissance est l'investissement dans les moyens de subsistance de la population et les investissements publics dans les infrastructures axées sur la consommation. Les investissements dans les infrastructures basées sur la consommation publique se réfèrent aux investissements dans les infrastructures qui entrent directement dans la consommation future de la population et qui constituent un bien public par nature. Il s'agit notamment d'investissements dans les trains à grande vitesse, les métros, les infrastructures urbaines, la prévention et la résilience des catastrophes, le traitement des déchets et de l'eau dans les zones rurales, l'amélioration de la qualité de l'air, la construction de logements sociaux. Ce type d'investissement dans la consommation publique se distingue de l'investissement général en actifs fixes en ce qu'il ne crée pas de nouvelles capacités de production et n'entraîne pas de surcapacités. Plus important encore, ce type d'investissement de consommation publique ne consiste pas totalement à la fourniture de biens publics. Par exemple, le train à grande vitesse et le métro sont toujours utilisés par ceux qui en bénéficient, et sont assez exclusifs, puisque tout le monde n'en bénéficie pas en même temps. Cependant, la nature de ces produits est différente de celle des voitures, des réfrigérateurs et des téléviseurs, car la consommation publique doit être effectuée par un grand nombre de personnes. Par exemple, le groupe de consommateurs d'un train à grande vitesse compte plusieurs milliers de personnes. Il est impossible de conduire un train à grande vitesse pour une seule personne, mais un téléphone portable est utilisé par une seule personne. Les biens de consommation publique nécessitent un investissement initial important et, du point de vue du bien-être social, bien que le retour commercial sur investissement dans la consommation publique puisse être faible, une fois la capacité de service développée, elle peut générer un retour progressif sur le bien-être social.

Pourquoi ce type d'investissement dans les infrastructures de consommation publique est-il le premier point de croissance de l'économie chinoise aujourd'hui et à l'avenir ? La raison fondamentale est que ce type d'investissement est ce dont le peuple chinois a le plus besoin actuellement et qu'il est le plus susceptible d'améliorer directement son bien-être futur. L'écart entre la qualité de vie des Chinois, en particulier ceux qui vivent dans les zones urbaines, et celle des habitants des pays développés ne se situe plus au niveau de la quantité de réfrigérateurs possédés, de la popularité et de la qualité des téléphones portables, ni même de la quantité et de la qualité des voitures possédées, mais de la qualité de l'air, du niveau d'embouteillage, de la popularité et de la qualité des transports publics, et de la capacité à faire face aux catastrophes naturelles. Ceux-ci entrent essentiellement dans la catégorie des niveaux de consommation publique. L'augmentation du niveau de la consommation publique nécessite des cycles d'investissement très longs, avec des rendements commerciaux souvent très faibles, et des subventions gouvernementales à long terme sont nécessaires. Toutefois, ces investissements peuvent contribuer de manière significative à la croissance économique et, à l'heure actuelle, environ 25 % des investissements en actifs fixes de la Chine sont consacrés à ce type d'investissements, cette part pouvant encore augmenter à l'avenir. Il convient de noter que ces investissements non seulement n'aggravent pas le problème de la surcapacité, mais contribuent également à le résoudre.

Le deuxième grand secteur de croissance de l'économie chinoise est l'écologisation et la mise à niveau des capacités de production existantes. L'industrie manufacturière chinoise figure déjà parmi les plus importantes du monde en termes de capacité de production et de rendement, mais les différentes installations de production sont souvent très polluantes et consomment beaucoup d'énergie. La mise à niveau de ces installations vers des capacités modernes et efficaces nécessite des investissements, un processus qui sera le moteur de la croissance économique de la Chine à long terme. Selon les calculs incomplets de l'auteur, il faudra 10 ans pour renouveler la capacité de production très polluante et très consommatrice d'énergie de seulement cinq grandes industries consommatrices d'énergie : métaux non ferreux, fer et acier, électricité, produits chimiques et matériaux de construction, qui contribueront à hauteur de 1 % à la croissance du PIB chaque année. En outre, la faible pollution et la faible consommation d'énergie qui en résultent bénéficieront aux Chinois à long terme.

Les dépenses de consommation des résidents constituent le troisième secteur de croissance de l'économie chinoise. Depuis 2007, la consommation des résidents chinois en proportion du PIB augmente chaque année et atteint aujourd'hui environ 54 %.

En résumé, le principal point de croissance que la Chine a le plus de chances va voir flamber à court terme et sur lequel elle peut compter à long terme est l'investissement public basé sur la consommation.

Comment générer des investissements publics basés sur la consommation, le plus grand point de croissance de l'économie chinoise ?

Afin de débloquer la croissance de l'économie chinoise, il est de la plus haute importance de trouver une source de financement stable et efficace à long terme. Actuellement, la principale source de financement des investissements des collectivités locales est constituée par les prêts bancaires et les produits fiduciaires similaires, l'émission de dette publique représentant un très faible pourcentage.

Il y a de nombreux inconvénients à s'appuyer sur les prêts bancaires pour les investissements à long terme. La première est l'asymétrie des échéances : les prêts bancaires de trois ans ou moins destinés à soutenir des investissements en immobilisations de plus de dix ans obligent souvent les collectivités locales à se refinancer continuellement auprès des banques, et chaque cycle de refinancement comporte des risques tant pour les banques que pour le gouvernement.

Deuxièmement, les gouvernements locaux sont sous pression pour rembourser leurs dettes à court terme et s'appuient donc excessivement sur l'aménagement foncier, ce qui agit comme un resserrement, obligeant constamment les autorités locales à mettre les terrains aux enchères, tout en craignant une chute des prix des terrains, ce qui fait que de nombreux gouvernements locaux ne sont pas en mesure de réaliser l'aménagement foncier conformément à une planification à long terme appropriée.

Troisièmement, étant donné qu'une grande partie des investissements en actifs fixes dépendent des prêts bancaires et que ces investissements ont un contexte et une priorité gouvernementaux en termes de sources de financement, cela a considérablement réduit les prêts bancaires aux PME, qui doivent souvent se financer à des taux d'intérêt très élevés, augmentant ainsi les taux de prêt pour l'économie privée dans son ensemble.

Que faire ? Nous devons être innovants dans nos mécanismes pour ouvrir l'accès au financement des investissements en actifs fixes à long terme. La première chose qui devrait être autorisée est une certaine augmentation de l'effet de levier macroéconomique. Le ratio d'endettement actuel de la Chine, c'est-à-dire le solde de la dette du gouvernement, du secteur non financier et des ménages en pourcentage du PIB, est d'environ 250 %. Nombreux sont ceux qui, à l'échelle internationale, considèrent que ce chiffre est trop élevé, mais il est important de noter que le taux d'épargne national de la Chine est de 47 %, et qu'elle n'a aucun problème à utiliser cette épargne pour soutenir une dette d'environ 250 % du PIB. L'économie américaine est également endettée à 250 %, mais le taux d'épargne américain n'est que de 17 % environ, sans compter qu'il s'agit d'une économie dominée par les marchés de financement direct tels que les actions.

Sur la base de cette analyse, nous pensons que la clé de la réduction de l'endettement dans l'économie chinoise est la restructuration de sa dette, essentiellement en transférant certains investissements dans les infrastructures de consommation publique des prêts bancaires vers des prêts gouvernementaux à faible taux d'intérêt ou des emprunts garantis par le gouvernement, libérant ainsi le potentiel des prêts bancaires pour qu'ils soient plus disponibles pour les entreprises.

Concrètement, tout d'abord, l'émission d'obligations nationales devrait être augmentée d'année en année afin que le ratio dette nationale/PIB passe de 16,6 % actuellement à 50 %. Il est possible d'utiliser les recettes supplémentaires nettes provenant de l'émission d'obligations d'État pour créer une société nationale spéciale d'investissement et de développement dans la construction de moyens de subsistance, similaire à la Banque de développement de Chine, mais avec une fonction plus simple consistant à évaluer l'utilisation des fonds d'investissement en actifs fixes à long terme par les collectivités locales. Il faut mettre en place un fonds d'investissement glissant pour fournir un soutien à long terme aux projets de subsistance.

Deuxièmement, les dettes déjà émises et empruntées par les collectivités locales doivent être converties en dettes publiques des collectivités locales (garanties par le gouvernement central) en temps voulu, mais les collectivités locales doivent également en même temps rendre publiques leurs informations financières et leurs bilans.Cela peut constituer un mécanisme de surveillance sociale des finances des collectivités locales, ce qui est également un mécanisme innovant.

Troisièmement, la part des prêts bancaires dans le PIB devrait être progressivement réduite, par exemple par le biais de la titrisation, pour passer des 155 % actuels à 100 %, ce qui contribuerait à réduire les risques financiers des banques et à résoudre le problème de la dépendance de la croissance économique à l'égard de l'émission de monnaie.

En d'autres termes, grâce aux opérations ci-dessus, certaines des fonctions de la monnaie peuvent être progressivement réorientées vers des instruments financiers quasi monétaires tels que les obligations d'État, ce qui réduit considérablement le risque des marchés financiers. Dans le même temps, il est important de noter que les prêts pour les infrastructures actuellement accordés par les banques présentent certains risques. Les banques et les sociétés de crédit devraient donc être autorisées à procéder à certaines restructurations et à permettre à certains projets et produits de faire défaut, afin de stériliser le système financier et de résoudre progressivement les risques financiers systémiques.

En conclusion, l'économie chinoise a encore de bonnes perspectives de croissance future, et le principal nouveau point de croissance que l'on peut voir maintenant est l'investissement dans les infrastructures de consommation publique à long terme, durable et basé sur les moyens de subsistance. Pour libérer ce potentiel de croissance, il est nécessaire d'innover dès à présent dans les canaux de financement, de créer un grand nombre d'instruments financiers quasi monétaires tels que les obligations d'État, et de soutenir un grand nombre d'investissements avec des obligations à long terme à des taux d'intérêt relativement bas, afin d'ouvrir les canaux de financement des entreprises, de réduire le coût du financement et de poser des bases solides pour la transformation et la mise à niveau de l'ensemble de l'économie chinoise.

La réforme des entreprises publiques chinoises à la lumière de l'incident du « dieselgate » de Volkswagen

En 2015, un scandale majeur a éclaté chez Volkswagen : la société a trompé l'agence environnementale américaine en installant un logiciel illégal dans les voitures à moteur diesel vendues en Amérique du Nord, pour réduire de manière ciblée les polluants dans le processus de détection des gaz d'échappement, tout en émettant plus que la norme en conduite normale. Le scandale causera de graves dommages à la réputation et aux finances de Volkswagen, et la justice américaine ne manquera pas de s'y accrocher, l'incident se soldant probablement par un règlement important pour Volkswagen.

Cet incident peut sembler éloigné de la Chine – où les moteurs diesel sont extrêmement impopulaires pour les voitures particulières, principalement en raison de la mauvaise qualité du carburant diesel, et où les moteurs diesel européens tels que ceux de Volkswagen sont souvent inadaptés à la Chine et subissent des dommages mécaniques très rapidement – mais l'incident de falsification de Volkswagen a de profondes implications pour la Chine, notamment pour la réforme des entreprises publiques chinoises.

Scandale de la fraude chez Volkswagen : raisons institutionnelles et opérationnelles profondes à méditer

Je m'intéresse depuis longtemps à l'industrie automobile, en particulier l'industrie automobile allemande, et j'ai quelques contacts avec des dirigeants d'équipementiers. Pour être honnête, les réalisations de Volkswagen sont louables. Volkswagen n'est pas seulement l'un des acteurs mondiaux les plus solides, avec

des antécédents avérés, mais il a également été le premier à reconnaître l'importance et le potentiel de croissance du marché chinois et est devenu le premier
grand constructeur automobile à créer une entreprise commune avec une société
chinoise, jouant ainsi un rôle important dans le développement de l'industrie
automobile chinoise. Dans le même temps, Volkswagen s'est engagé activement
dans des actions caritatives, notamment en faisant des dons pour soutenir l'éducation en Chine. Nous ne pouvons pas rejeter l'ensemble de sa contribution à
cause d'un seul incident.

D'après les personnes auxquelles j'ai parlé, le personnel à tous les niveaux
du groupe Volkswagen est également très compétent et engagé. L'incident du
« dieselgate » de Volkswagen a, à mon avis, des causes institutionnelles anciennes,
et le problème fondamental réside dans le système.

En Allemagne, le groupe Volkswagen est semblable au groupe chinois FAW
et au groupe Dongfeng, une entreprise quasi étatique dotée d'un fort esprit
d'entreprise. Dans sa quête de longue date du titre de numéro un mondial des
voitures particulières, le groupe Volkswagen a lutté pour rattraper Toyota, et il
y est finalement parvenu au premier semestre 2015, en le dépassant en termes de
ventes.

Ce qui a permis à Volkswagen de dépasser Toyota et de remporter la couronne,
c'est son expansion continue. Des sous-marques célèbres au sein du groupe VW,
telles que MAN pour les camions, Bentley pour les voitures de luxe, Bugatti Veyron
et Lamborghini pour les supercars, et Ducati pour les motos, ont toutes fait l'objet
d'une série d'acquisitions fulgurantes. Les dirigeants de Volkswagen me disent
souvent avec fierté que Volkswagen couvre toutes les catégories de véhicules et
est devenu le plus grand groupe automobile au monde. Il ne fait aucun doute que
Volkswagen a adopté une stratégie très agressive dans son expansion, avec un fort
sentiment d'ambition. Cette agressivité reflète la détermination des dirigeants de
haut niveau à façonner l'empire de l'industrie automobile.

En revanche, la gestion interne d'un grand conglomérat est plus hiérarchisée
et hiérarchique. Par rapport à d'autres entreprises automobiles, leur gestion
interne ressemble davantage à celle d'un ministère, où les supérieurs sont stricts
avec leurs subordonnés et où ces derniers doivent travailler dur pour accomplir
les tâches qui leur sont confiées par leurs supérieurs. Le contraste est frappant
avec des entreprises telles que BMW. Le département des ressources humaines
de BMW m'a un jour montré le schéma de sa culture d'entreprise, dans lequel les
employés doivent posséder dix qualités essentielles, dont la première est d'avoir le
courage d'exprimer des opinions différentes.

L'ambition de Volkswagen est évidente dans l'introduction agressive et audacieuse de la boîte de vitesses à double embrayage (DCT) dans la gamme des voitures particulières ces dernières années. De nombreux acteurs de l'industrie automobile me disent que cette décision était extrêmement risquée, car la technologie des transmissions à double embrayage n'est pas très fiable. Effectivement, ces dernières années, il y a eu des accidents où la protection du système a été activée en raison d'une surchauffe, provoquant la paralysie de la voiture.

Les circonstances entourant l'incident du « dieselgate » font toujours l'objet d'une enquête, mais je crois que le facteur sous-jacent est simplement que les objectifs de vente étaient fixés au sommet et que les subordonnés voulaient absolument les atteindre, ce qui les a amenés à recourir à la falsification. Les dirigeants du groupe Volkswagen sont impatients d'apporter la technologie diesel en Amérique du Nord le plus tôt possible, car le marché nord-américain est une faiblesse pour Volkswagen et a été une contrainte pour la capacité de Volkswagen à dépasser Toyota en termes de ventes pendant de nombreuses années. Je pense qu'il est plus logique de supposer que le mécanisme de l'incident du « dieselgate » est le résultat d'une demande venant du sommet pour promouvoir la technologie diesel aux États-Unis et augmenter la limite, et que les niveaux inférieurs doivent faire tout ce qu'ils peuvent pour accomplir cette tâche.

Volkswagen ne représente pas le modèle allemand, c'est BMW qui est le modèle.

Nombreux sont ceux qui considèrent que Volkswagen est l'incarnation de la fabrication allemande et que le groupe Volkswagen est la première entreprise d'Allemagne, et donc représentative de la fabrication et de l'esprit d'entreprise allemands. Je ne suis pas d'accord avec cela.

En 2015, j'ai coédité un livre avec Roland Berger, économiste allemand de premier plan et fondateur de Roland Berger Strategy Consultants, intitulé *La voie à suivre pour l'économie chinoise : leçons tirées du modèle allemand*, qui est consacré à l'économie de marché allemande et comprend un chapitre sur les entreprises allemandes. Nous avons constaté que le groupe principal d'entreprises allemandes sont des entreprises modernes contrôlées par la famille depuis longtemps, gérée par des gestionnaires professionnels et avec la participation de tous les niveaux de l'entreprise. Selon cette analyse, Volkswagen est en fait une aberration.

Volkswagen est une entreprise quasi étatique. L'État de Basse-Saxe, où se trouve son siège social, possède environ 20 % des actions de Volkswagen et a le droit de voter contre les résolutions lors de ses assemblées générales, selon un modèle de vote extrêmement complexe. En outre, en termes de structure de l'actionnariat, Volkswagen est depuis longtemps libre de toute influence familiale. À en juger par l'histoire du groupe Volkswagen, Volkswagen est une entreprise quasi nationalisée en Allemagne qui produit des produits rentables pour ses citoyens.

Au cours des dernières décennies, Volkswagen a également fait l'objet de l'attention du gouvernement et des hauts fonctionnaires allemands. L'ancien chancelier allemand Gerhard Schröder a été l'un des principaux soutiens de Volkswagen, changeant sa voiture Mercedes pour une Phaeton afin de soutenir l'entreprise. Schroeder a également fait de son mieux sur la question de la coentreprise de Volkswagen avec la Chine, mais cela n'a rien changé au fait que Volkswagen n'était pas une entreprise allemande du courant dominant.

Les entreprises familiales telles que BMW, Henkel et Bosch sont typiques des entreprises allemandes. Elles sont le plus souvent contrôlées et soigneusement gérées par la famille pendant une longue période, mais au niveau de la direction, les membres de la famille ne prennent pas part à la gestion eux-mêmes mais engagent des gestionnaires professionnels, tandis que les syndicats et les employés sont institutionnalisés par le biais du conseil de surveillance. Ce mécanisme permet de s'assurer que l'entreprise a un objectif à plus long terme plutôt que de rechercher des ventes à court terme, et qu'il n'y a pas de précipitation à devenir le numéro un mondial. En termes de recherche et développement, ces entreprises sont plus tournées vers l'avenir et se concentrent sur l'innovation fondamentale à long terme.

Parmi les trois grands constructeurs automobiles allemands, Volkswagen est une entreprise quasi nationalisée, Mercedes est une entreprise publique de type américain avec un actionnariat très dispersé, et seul BMW est contrôlé par la famille Quant. Les trois entreprises ont des personnalités complètement différentes. Volkswagen est agressif et a un niveau de gestion interne strict, ce qui a conduit aux erreurs d'aujourd'hui. Mercedes-Benz était une société cotée en Bourse avec un important actionnariat de détail. À la fin du XXᵉ siècle, Mercedes a donc fusionné avec Chrysler pour tenter de suivre une forte complémentarité, ce qui a échoué lamentablement. Cette fusion a souvent été commentée par les milieux d'affaires allemands, certains estimant que Mercedes-Benz l'a fait parce que les dirigeants voulaient imiter les États-Unis, en fusionnant avec une entreprise américaine et en percevant des salaires et des primes super élevés. Il est vrai que, parmi les trois grands constructeurs automobiles allemands, les patrons de Mercedes-Benz sont bien mieux payés que ceux de toute autre entreprise.

En revanche, parmi les trois grands constructeurs automobiles, BMW est plus représentatif du courant dominant des entreprises allemandes. Au cours des dernières années, BMW a dépassé Mercedes-Benz pour devenir le leader des ventes de voitures de luxe. Cette entreprise familiale typiquement allemande a été soigneusement gérée par la famille Quant après la Seconde Guerre mondiale, avec des professionnels recrutés pour la gestion de première ligne, mais la famille ne s'est pas contentée de regarder, adoptant toujours une vision à long terme du développement de l'entreprise sur les questions majeures. Plus important encore, BMW encourage ses employés internes à se dépasser en proposant des idées différentes, voire en étant en désaccord avec leurs supérieurs, mais bénéfiques au développement à long terme de l'entreprise.

Dans le domaine de l'innovation technologique, BMW a été impressionnante ces dernières années. Par exemple, dans le passé, BMW s'appuyait sur la traction arrière, mais a récemment annoncé qu'elle commençait à produire des véhicules à traction avant ; l'acquisition de Mini et de Rolls-Royce par BMW est également admirée pour son opération habile et son positionnement précis. En outre, BMW avait des moteurs atmosphériques mais lorsqu'elle a vu que les économies d'énergie et la réduction des émissions étaient une tendance majeure, elle est rapidement passée à la turbocompression, et de la turbocompression à la construction de voitures électriques en fibre de carbone, puis au lancement de motos électriques.

Contrairement à Volkswagen, BMW ne cherche pas à accroître aveuglément sa part de marché, mais plutôt à se positionner soigneusement sur le marché. Lorsque je me suis entretenu avec des dirigeants de BMW, ils m'ont posé une question à plusieurs reprises : une croissance aussi rapide des ventes de BMW en Chine nuirait-elle à la crédibilité de la marque et inhiberait-elle sa croissance future ? Quelle que soit la réponse, il est rare de trouver une telle réflexion à long terme, qui est inextricablement liée à un contrôle long et minutieux de la famille.

Une autre entreprise allemande très bien gérée, Bosch, est encore plus contrôlée par la famille que BMW. L'entreprise, qui est depuis longtemps contrôlée par la famille Bosch, insiste pour ne pas entrer en Bourse, se concentre sur la croissance perpétuelle, donne la priorité à l'innovation et dispose d'un important réservoir de recherche, de développement et de technologie. Alors que la concurrence entre les constructeurs automobiles du monde entier est vive et féroce, en termes de technologies et de composants essentiels, Bosch est loin devant ses concurrents. Cette position de suprématie est due à sa vision à long terme, à son engagement dans la recherche et le développement, et au fait qu'elle n'est pas soumise aux fluctuations des bénéfices à court terme.

Il en va de même pour Henkel et de nombreuses autres entreprises familiales qui ne sont pas aussi bien connues des Chinois et qui sont l'essence même de la fabrication allemande.

Le capitalisme mondial entre en mode 3.0

Fin juillet 2015, je me suis rendu aux États-Unis pour des recherches plus systématiques et j'ai assisté à un certain nombre de séminaires, et l'une de mes fortes impressions était que le paradigme du capitalisme mondial était en train de changer.

Si l'industrie artisanale du début de l'ère Adam Smith constituait la première génération d'entreprises dans le développement de l'économie de marché capitaliste, l'émergence massive des sociétés cotées en Bourse au début du XXe siècle peut être considérée comme la deuxième génération dans le développement de l'entreprise capitaliste, car elles ont rapidement rassemblé des ressources sociales et développé une capacité de production considérable. Ces recherches m'ont clairement montré que la troisième étape du modèle de développement capitaliste est arrivée, à savoir la détention à long terme plutôt qu'à court terme d'entreprises industrielles par le biais du capital financier, tel que représenté par Wall Street et d'autres.

Le modus operandi typique de l'argent de Wall Street après les années 1980 consistait à acquérir et à acheter et vendre des entreprises par le biais de fonds de capital-investissement, en faisant grimper le prix de leurs actions à court terme et en engrangeant d'énormes bénéfices. Aujourd'hui, cette époque est révolue et est remplacée par le modèle du capitalisme 3.0, dans lequel un groupe de capitaux financiers recherche de manière répétée et attentive des entreprises cotées ou non cotées présentant un potentiel de croissance et les aide à accroître leur valeur à long terme en détenant et en contrôlant ces entreprises industrielles, tandis que l'activité est gérée par des professionnels. Ce modèle coïncide avec le modèle allemand de contrôle familial à long terme et de gestion professionnelle.

À mon avis, il s'agit d'une nouvelle tendance dans le développement de l'économie de marché. Un investisseur de Wall Street m'a dit qu'il contrôlait un certain nombre de sociétés présentant une valeur d'investissement à long terme, et qu'il n'était pas disposé à vendre leurs actions avec une prime de 100 ou 200 %, car son objectif était leur rentabilité à long terme.

Implications pour la réforme des entreprises publiques chinoises

Où va la réforme des entreprises publiques chinoises ? Je pense que l'avenir de la Chine devrait soutenir un groupe d'entreprises familiales axées sur le contrôle stratégique à long terme et dirigées directement par des gestionnaires professionnels. L'État peut prendre une participation dans une telle entreprise au niveau du capital, mais il n'est pas directement impliqué dans la planification stratégique ou les opérations quotidiennes. Grâce à ce modèle, la Chine devrait être en mesure de produire une entreprise de classe mondiale comme BMW.

Le Japon a eu des expériences négatives dans ce domaine. Une grande partie du déclin du Japon est due à la difficulté de maintenir ses entreprises familiales. Dans le cas d'entreprises telles que Panasonic, Toyota et Nissan, le contrôle de la famille était très faible, voire inexistant, ce qui était lié à l'adoption aveugle des lois sur l'héritage imposées par les Américains au Japon après la Seconde Guerre mondiale. Au Japon, les droits de succession sont si élevés que les familles ne peuvent pas transmettre leur patrimoine. Bien que l'Allemagne ait un impôt sur les successions, nos recherches ont montré que l'impôt sur les successions allemand est absolument indulgent pour les entreprises familiales. Tant que la famille continue à gérer une entreprise pendant plus de dix ans, les actifs commerciaux transmis d'une génération à l'autre ne sont soumis à aucun droit de succession.

En Chine, il existe aujourd'hui un grand nombre d'entreprises familiales telles que New Hope. La clé du développement à long terme de ces entreprises réside dans le fait que la prochaine génération devrait hériter de l'esprit d'entreprise de la génération précédente et se concentrer sur les affaires pendant longtemps. Afin d'encourager le fonctionnement à long terme de ces entreprises, il est important d'être indulgent en matière de droits de succession. Une famille qui gère une entreprise pendant longtemps est la plus grande contribution à la société. Au contraire, ce serait une grande perte pour la société si la famille vendait l'entreprise et la transformait en capital financier ou même en capital de consommation, comme un grand manoir ou des voitures de luxe.

M. Liu Chuanzhi a mentionné à plusieurs reprises à différentes occasions que son rêve était de transformer Lenovo en une entreprise familiale sans famille. Personnellement, je pense que cette déclaration est peut-être trop modeste. Pour que Lenovo se développe sur le long terme, il faut objectivement qu'une famille contrôle la stratégie sur le long terme, tandis qu'un grand groupe de managers professionnels travaillent ensemble pour construire l'entreprise, avec une certaine participation des employés. Le groupe Lenovo ne s'appellera peut-être pas Liu, mais certains membres de la famille devraient être autorisés à entrer et à soutenir son développement à long terme. Ces familles devraient être dévouées, travailleuses, bien vivantes et se concentrer sur leurs entreprises plutôt que sur la politique ou la société, et elles devraient être les piliers du développement économique de la nation. Les capitaux publics devraient participer à de telles entreprises pour jeter les bases des finances publiques du pays.

C'est ce que l'incident du « dieselgate » de Volkswagen nous a appris.

Garder un œil sur l'urbanisation d'aujourd'hui pour les générations futures

L'urbanisation a été considérée comme le principal moteur du futur développement économique de la Chine, et elle est devenue une source d'attente pour le développement économique et social de la Chine : un moteur de la croissance économique, de l'amélioration des moyens de subsistance de la population, de l'augmentation de la consommation et de l'amélioration de la structure, etc. On peut affirmer que l'économie chinoise se concentre aujourd'hui sur l'urbanisation pour améliorer la structure et l'efficacité de la croissance. Cependant, sur cette question majeure très médiatisée, il y a un grand nombre de parties prenantes silencieuses qui ne peuvent pas participer à la discussion. Ce sont nos enfants et nos petits-enfants.

L'urbanisation est un événement majeur qui a changé le visage de l'économie chinoise, un événement majeur qui a changé le visage de la géographie économique et du territoire chinois, et c'est un événement irréversible. La voie de l'urbanisation empruntée aujourd'hui modifiera de manière irréversible l'avenir de l'économie et de la société chinoises. Par conséquent, du côté positif, l'urbanisation est une opportunité unique pour le développement économique et social de la Chine. Si elle est bien planifiée et promue, elle rendra la structure économique de la Chine relativement rationnelle et même en avance sur les pays développés actuels ; au contraire, si elle n'est pas réalisée correctement, elle fera peser un lourd fardeau sur l'économie et la société chinoises.

Les décisions en matière d'urbanisation doivent être prises dans l'intérêt des générations futures

Même les pays qui se sont modernisés aujourd'hui n'ont peut-être pas pris le meilleur chemin en termes d'urbanisation.

Aux États-Unis, la grande ville de San Francisco sur la côte ouest et la mégapole de Los Angeles ne sont pas, aux yeux des Américains eux-mêmes, la forme urbaine optimale, car elles sont trop grandes, surpeuplées, extrêmement gourmandes en eau, et le coût des transports élevés. Elles souffrent également de pollution atmosphérique. Tout cela montre que le modèle de développement de nombreuses grandes villes aux États-Unis n'est pas optimal.

En Europe, le modèle de développement urbain est resté largement inchangé au cours des 500 dernières années, et les petites villes d'il y a 500 ans sont encore principalement des petites villes aujourd'hui. Ce schéma n'est pas nécessairement optimal, étant donné que l'Europe est naturellement dotée d'une densité de population relativement élevée. Il en résulte une population relativement dispersée, avec peu d'espace en dehors de la ville pour la randonnée, l'exploration et la découverte de la nature, et un niveau relativement élevé d'aménagement du territoire.

Dans le cas de la Chine, bien que le pays dans son ensemble soit vaste, une grande partie est impropre à l'habitation ou même aux activités économiques telles que l'agriculture, la sylviculture et l'élevage.

Dans un certain nombre de conditions complexes, la politique d'urbanisation et de population d'aujourd'hui est peut-être la décision stratégique la plus importante ayant des implications à long terme pour l'ensemble du processus de modernisation de la Chine. Sur la question de l'urbanisation et de la population, nous devons considérer la question du point de vue des générations futures dans des centaines d'années. Nous devons avoir une vision à long terme et ne pouvons pas nous limiter à la société d'aujourd'hui.

L'échelle des zones urbaines devrait être relativement concentrée et la disposition devrait se concentrer sur la côte et le Sud de la Chine.

Quelles sont donc les principales questions qui méritent notre plus grande attention lorsque nous examinons le processus d'urbanisation actuel du point de vue des générations futures du peuple chinois dans des centaines d'années ?

La première grande question est celle de la concentration relative de l'urbanisation.

Du point de vue des Chinois d'aujourd'hui, ils souhaitent généralement vivre de manière plus spacieuse, ce qui entraînera également une augmentation de la superficie de la ville. Mais à plus long terme, il est important que l'impact des activités économiques et sociales de l'homme sur l'environnement soit aussi faible que possible, afin que l'environnement dans son ensemble soit plus favorable et plus harmonieux pour les personnes. Par conséquent, à long terme, les villes devraient être concentrées et leur densité de population devrait être relativement élevée afin de réduire l'impact des activités humaines sur la nature. Dans le même temps, avec l'amélioration continue de l'efficacité du travail et de la production à l'avenir, les citadins auront de plus en plus de temps libre qu'ils pourront utiliser pour sortir de la ville et entrer en contact plus étroit avec la nature à la campagne, y compris dans les zones sauvages reculées.

Conformément à ce principe, il y a des leçons à tirer du modèle de développement global de l'urbanisation de Hong Kong, en Chine. À Hong Kong, il n'y a que 15 à 20 % des terres aménagées, les 80 % restants étant non aménagés et dans un état largement naturel. Contrairement à ce modèle, le modèle européen continental n'est peut-être pas la meilleure option d'urbanisation pour le développement humain à long terme.

Les États-Unis sont un très grand pays avec une population extrêmement faible et des conditions naturelles généralement très favorables. Par conséquent, l'étalement et l'expansion sans restriction des villes, bien que souvent gênants pour les moyens de subsistance de leurs habitants, n'ont, dans l'ensemble, pas beaucoup affecté leur qualité environnementale à long terme. Le modèle n'est pas nécessairement applicable en Chine, où il y a si peu de terres et tant de gens.

La deuxième grande question est l'aménagement de l'urbanisation.

Conformément au principe d'une faible incidence des activités humaines sur l'environnement et d'une densité urbaine relativement élevée, l'implantation de l'urbanisation devrait être concentrée dans les zones les plus adaptées aux activités économiques et sociales de l'homme.

Au cours des quelque 200 dernières années, le modèle de la vie sociale humaine s'est considérablement modifié pendant la période d'industrialisation, et surtout pendant la période post-industrielle. Avant la révolution industrielle, les grandes villes du monde étaient concentrées dans les zones tempérées et froides en raison des limites technologiques et techniques, ainsi que de l'absence de capacité à réguler les conditions de vie et les températures. Dans ces régions, les maladies infectieuses sont relativement rares en été et les humains peuvent bien survivre en hiver car ils ont déjà maîtrisé toutes les techniques pour se réchauffer et se protéger du froid.

À l'ère post-industrielle, avec les connaissances médicales et la technologie permettant de contrôler la plupart des maladies infectieuses, ainsi qu'une maîtrise complète de la technologie de la climatisation, la tendance fondamentale de la société moderne est à la concentration de la population dans les zones subtropicales, voire tropicales. L'espérance de vie est également plus élevée dans ces régions. En effet, les hivers froids ont souvent un impact négatif sur l'humeur humaine et sont préjudiciables à la guérison de maladies modernes telles que l'hypertension et le diabète, ce qui peut réduire directement l'espérance de vie.

Dans le plan d'urbanisation de la Chine, il convient notamment d'accorder une plus grande attention au développement des grandes villes dans les régions côtières et méridionales. La côte et le Sud sont plus propices à l'habitation humaine que le Nord-Ouest et le Nord-Est, de sorte qu'une augmentation appropriée de l'échelle et de l'intensité de l'urbanisation dans cette zone peut réduire la pression exercée sur l'environnement par le développement économique dans d'autres zones et est conforme aux règles économiques et environnementales de base en termes de schéma national global. Le concept traditionnel d'une population uniformément répartie dans tout le pays n'est pas conforme aux concepts modernes de développement social. Dans les conditions de guerre modernes, la défense repose sur des technologies avancées et est de plus en plus détachée du paysage démographique.

Une approche flexible de l'urbanisation basée sur une planification à long terme

Si nous sommes d'accord avec l'analyse de l'urbanisation ci-dessus, comment le processus d'urbanisation de la Chine devrait-il progresser ?

Tout d'abord, il est nécessaire de planifier dans son ensemble et de mettre en place un comité national sur les stratégies de développement de l'urbanisation, similaire au groupe directeur pour l'approfondissement de la réforme, qui dispose d'un haut degré d'autorité transcendant les secteurs et les régions et qui garantit qu'un plan est mis en œuvre jusqu'au bout et reste inchangé pendant des décennies.

Deuxièmement, il est important d'adopter autant que possible une approche flexible basée sur le marché, plutôt que de recourir à des interventions administratives simples et brutales pour influencer le processus d'urbanisation. Dans la société chinoise actuelle, où les intérêts sont pluralistes et où les gens apprécient de plus en plus la liberté économique, la liberté de mouvement et la liberté d'expression, il n'est plus possible d'utiliser les méthodes coercitives traditionnelles pour opprimer les mouvements de population et le développement urbain, mais plutôt d'adopter les mécanismes du marché pour les guider. Par exemple, les prix de l'eau, de l'électricité et de l'énergie peuvent varier d'une région à l'autre, et des prix plus élevés de l'immobilier devraient être tolérés dans certaines zones écologiquement inadaptées au développement à long terme et déjà surpeuplées. La hausse des prix des logements dans ces zones est en fait un mécanisme pour limiter l'afflux excessif continu de population.

Troisièmement, le plan de développement de l'industrie devrait être utilisé pour guider le développement de la population. Les mécanismes de la recherche économique nous disent qu'il y a deux facteurs qui influencent le développement de l'urbanisation, en dehors des facteurs climatiques et des conditions de vie, l'autre facteur est l'emploi. L'emploi, quant à lui, est étroitement lié à l'industrie. Dans les zones où les ressources et l'environnement ne favorisent pas le développement durable, l'échelle de l'industrie devrait être contrôlée par des approches basées sur le marché, telles que les tarifs de l'électricité et de l'eau, afin de limiter la taille des villes.

En bref, l'urbanisation d'aujourd'hui doit être planifiée du point de vue des générations futures du peuple chinois, planifiée au plus haut niveau et mise en œuvre de manière flexible en utilisant des méthodes basées sur le marché. Si la Chine peut développer un mode d'urbanisation qui résiste à l'épreuve de l'histoire, elle apportera une contribution majeure à la modernisation du monde.

LI DAOKUI, professeur d'économie à l'université Tsinghua est le premier économiste en chef de la Nouvelle banque de développement. Premier diplômé de l'Institut d'économie et de gestion de l'université Tsinghua, Li Daokui a obtenu son doctorat en économie à l'université de Harvard en 1992 et a enseigné au département d'économie de l'université du Michigan. Il a été National Fellow de la Hoover Institution de l'université de Stanford et consultant auprès de la Banque mondiale et du Fonds monétaire international. En avril 2018, il a fondé l'Institut de la pensée et de la pratique économiques chinoises de l'université Tsinghua et a pris le poste de directeur. De 2014 à 2017, il a été le premier directeur du Schwarzman College de l'université Tsinghua. Il est actuellement vice-président de la Chinese Society for World Economics et professeur émérite de la Changjiang Scholar. Il est également membre consultatif du Conseil consultatif économique sino-allemand et membre de l'agenda du Forum économique mondial de Davos. En tant qu'économiste chinois de premier plan, il se consacre depuis longtemps à la comparaison entre pays des opérations macroéconomiques, des modèles de développement économique et des changements institutionnels de la Chine. Il s'attache également à l'étude des théories économiques modernes pertinentes dans le contexte de la réforme et de l'ouverture de la Chine.